八十回眸

政法亲历记

王增铎／著

法律出版社
LAW PRESS · CHINA

国务院授予作者一级警监警衔（1993）

夫人陈丽珠（1956）

王增铎、陈丽珠结婚照（1961.1）

小学同学照片（左张振江、中作者、赵根群）

辛集中学乐队合影（右三打鼓者为作者）

作者中央公安干部学校(1951)

公安部一局三处战友（左起：王增铎、苏英刚、王立业、秦祖仪、孙玉玷）

1965 年全家合影［前排左起：母亲史小多、岳祖夫陈续武、儿子王东强（3 岁）、岳母刘蕴英 后排左起 ：王增铎、陈丽珠］

公安部六局战友（自左起詹和凯、作者、姜群、肖秉权、代珠英、陈敖达、陈国芳、朱家骅、池应春）

王增铎、陈丽珠在深县与大哥王铭波之子、女、孙子、孙女、重孙子、女合影

1960 年下放陕西洛川县曹马村劳动时与房东一家合影

公安部七局（作者）与代文芳（左1）、何林标（中）（1980）

与“雷锋式民警”邵裕桥合影（1999）（左为王明新）

1970 年下放五七干校时与农场任尤元队长合影

1964年10月16日毛主席接见《东方红》演职人员（毛主席后右三排一为作者）

1964年10月16日毛主席、刘少奇、周总理、朱德接见《东方红》演职人员合影（周总理身后第四排四为作者）

1989 年在劳教局会议上发言

1990 年在山西固庄煤矿井口（左起：郭运付厅长、作者、贾润民矿长）

1991 年在全国劳改专业会上发言

陈元龙烈士遗像（1940 年）

访问日本照片（前 2 陈佛局长、3 作者、4 陈晓帆）

泰国司法部长接见中国司法代表团（1990）

作者访问巴基斯坦于拉哈尔珠际饭店（1993.4）

1994 年作者于瑞士日内瓦湖畔

1994 年作者于法国巴黎凯旋门

中国劳改学会代表团访问香港（1995）

金鉴会长接见香港惩教署代表团（1997、左三金鉴、四 黎明基，左一 杨世光、二 王喜文、五 王明迪、六 作者）

陪同台湾矫正协会代表团访问上海（右一作者、二 上海监狱学会会长王飞、四为台湾林茂荣团长、六为颜锦章副会长）

中国监狱学会代表团访问加拿大与加拿大矫正总局副局长露西、麦克兰女士（中）合影（左起：李德天、董正言、陶国元、王飞、杨睦松、作者）

夫妻游洛阳牡丹节（1996）

夫妻游内蒙古锡林郭勒草原（1994）

夫妻游江苏镇江金山寺（2012）

夫妻游海南岛木瓜树下（2000）

第七党支部舞蹈队演出（2008）

金婚照（2011）

金婚照（2011）

金婚全家照（2011）左起：廖羿、王东胜、王东强、廖雨嫣、王依爽

两院四部北京少管所帮教活动（2004）

作者为未成年犯过生日（2009）

作者与北京市未成年犯过春节（2012）

作者到未成年犯家家访（2007）

作者回访回归社会工作的帮教对象（2010）

吴爱英部长（2011）接见司法系统出席“全国政法系统先进基层党组织、优秀党务工作者、优秀党员干警表彰大会”代表（中为吴部长，右旁为作者、右二为张彦珍副部长）

目　　录

第一章　苦难的童年

我于1934年5月28日晚出生，当时母亲已是41岁的高龄。大哥比我大18岁，正在一家商铺学徒；姐姐比我大11岁。一家五口的生活，全靠父亲耕种一亩半地旱田维持，全家过着吃不饱穿不暖的日子。邻居大婶们见我生下时不足4斤，枯瘦如柴，母亲又无奶水，劝母亲把我扔掉算了，说是养不活的。儿是娘身上掉下来的一块肉啊，母亲怎么舍得丢弃，说什么也要养活我。父亲见我瘦小的样子，顺便说了一句："真像个小狗，喂着吧！"我的小命才保了下来，"小狗"便成了我的乳名。母亲含辛茹苦，每天喂我一些小米汤或玉米糊糊，间或恳求有奶水的大嫂们施舍几口奶水喂我。就这样，日复一日，年复一年，在母亲耐心呵护下，我慢慢地、奇迹般地活下来了。真是穷人家的孩子命硬啊！

1937年"七七"事变，日寇的侵略激起了全国各族人民的义愤和抗日热情。1938年1月，吕正操领导的抗日队伍——人民自卫军开到深县，父亲毅然带领大哥参加了自卫军。并在团长赵承金(解放后任辽宁省军区副司令员,少将)率领下,随部队在深县、武强、饶阳、安平县一带游击作战。次年,日本鬼子占领县城,父亲同家里失去了联系。母亲带着姐姐和我,日子更加艰难,常常是吃了上顿没下顿。母亲无奈,一手拉着我,一手拿根烧火棍,沿街乞讨要饭。那种遭白眼、被推出门外、被狗追赶的屈辱景象,使我终生难忘。生活太艰难了,好心的邻居大娘劝母亲把我姐姐嫁出去,母亲只好忍痛将刚刚 15 岁的姐姐嫁到本县唐奉乡七弓张村一户殷实农家,实际上是做了童养媳。虽说姐姐生活有了着落,但母亲和我生活依然无着,依旧过着颠沛流离的日子。我依稀记得,那时我经常饿得晚上睡不着觉,哭啼不已。母亲只好一面搂我入怀,一面轻轻拍打着我的肩膀,念叨着说了无数遍的歌谣哄我入睡。至今,我仍记得母亲常说的一些童谣。诸如:“娃娃、娃娃睡觉啦,猫来了,狗来了,吓得孩子睡着啦!”“小老鼠上灯台,偷油吃,下不来。”“小小子儿,坐门墩儿,啼哭吗呼要媳妇儿,要媳妇儿做嘛?做鞋、做袜,通脚儿说话。”在母亲不断轻柔地念叨声中,我吮吸着母亲略显下垂和干瘪的奶头,仿佛滴滴乳汁流入心田,这才安然入睡了。坚强的母亲没有被贫困的生活所压倒,她去富人家当了老妈子(保姆),给人家做饭洗衣、沏茶倒水、看护孩子,打扫庭院,终日累得直不起腰来。而狠心的主人,不给工钱,每天只给几个窝窝头和剩饭,娘俩凑和着度日。我大哥的干爹住在城内西街,无儿无女,是个孤老头子,我叫他大伯。他靠卖馒头为生,见我母子可怜,让我去帮忙烧火。这样,天不亮母亲叫醒我,我朦胧着睡眼,顶着满天星斗赶到大伯家,为大伯拉风箱烧火。大伯和面蒸馒头,直干到早晨 7 点多,几笼馒头蒸好,大伯挑担到街上去卖,只给我 4 个小馒头(约半斤)算作报酬。我总算吃到了馒头,高兴地带回家交给母亲作为一天的干粮。那时我天真地想,如能和母亲天天吃上馒头,那是多么幸福啊!但好景不长,大伯因劳累不久便去世了,这个活儿也就此终止。

1940 年夏,因战争形势需要,父亲的部队改编为八路军冀中军区南进支队,奉命开赴冀鲁豫作战。我大哥家庭观念较重,思虑母亲和弟弟无人照顾,加之他有腿疾,长途行军不便,故请准回家。大哥回来后,先是做些小买卖,后经人推荐到县商会做了会计。虽然收入低微,但终使母亲脱离了寄人篱下的保姆生活。而母亲生性勤劳,仍坚持为人做些针线活,获得少许收入,以贴补家用。次年,大哥和本县赵家岭村农家姑娘赵玉琴结婚。嫂子浓眉大眼,身体健壮,勤劳能干,地里活都会,只是脾气暴躁些。那年闹灾荒,家家生活困难,能吃上糠菜饼子算是最好的生活了。糠菜接济不上,嫂子领我扒些榆树皮,晒干后碾成面拌野菜吃。榆树皮扒光了,又吃秫秸穰(高粱秆心)拌柳树叶蒸着吃。有时，嫂子让我捡些棉花柴碾成碎粉做成饼子充饥。饼子吃时难咽，吃后难以消化，几天拉不出屎来，憋得我嚎啕大哭。母亲劝慰我不要着急，让我蹲下来说："攥紧拳头，使劲，使劲！"同时用手轻轻插进我的肛门里，将干屎蛋慢慢地抠出来，我才立感通身轻松。到夏天时，常以少许玉米面掺些野菜熬制成糊而食。有几天粮食断顿，母亲只得用盐水熬一锅菠菜当饭吃。连吃几顿后，我腹泻拉稀不止。有时来不及上茅厕，滴滴黄汤全拉在裤子上，浑身松软无力，日子真是难熬啊！我小时候，没有穿过一件新衣服，全是大哥、姐姐穿过的旧衣服改制而成。夏天单衣常露着屁股，冬天穿着带补丁的棉裤棉袄，一穿就是一冬，没有一件换洗衣服。因而虱子浑身爬，多得捉不过来。母亲只好在晚上睡觉时，把我的衣服搭在院子里冻着，将虱子冻得不能爬了，再用笤帚扫，用手捉。这样，虱子大部分被消灭，可过不了几天虱子又长了出来，身上痒得烦躁不安。我们家住的是破旧老房，夏天漏雨，角落里放着脸盆接水；冬天漏风，晚上跳蚤、臭虫轮番上阵，被咬得彻夜难眠。记得这时母亲端着棉花籽油灯，冲着炕墙缝里的臭虫用灯火烧，爬出的臭虫被母亲用针一个个扎死。被烧死、扎死的臭虫尸掉满地，我们这才得以上炕入睡。

记得我 6 岁时，家里来了一个 20 多岁的青年人，我大哥让我叫他"等哥"。他是我大姨的儿子，大名叫冯善奇，小名叫小等。他同大姨夫在汉口经商，是回乡探亲，顺便来看看我母亲。大哥大嫂一再推荐让我跟着等哥去汉口学徒，说到了汉口既能吃饱饭，又能学些手艺，此事因母亲极力反对而作罢。母亲说："家里再穷，也要让小狗上学。"那时，日伪政权在县城办了东学和西学两所小学校，收费较多。母亲说这是日本办的学校咱不去，于是领我去了县城西街东头路北的天主堂小学，见到了一位黄头发、蓝眼睛、钩鼻梁的法国神父。母亲说明了家里的情况，并答应入教后，神父才准许我免费上了天主堂小学。天主堂小学挂牌为深县崇德私立小学校，分南北两个院。南院为"修女院"，修女们均穿黑色长服，布包头，胸前挂着十字架，一、二、三年级女生在这里上课。北院除一座教堂外，有一个大操场，五、六个教室，男生全部、女生四年级以上在此院上课，学校共有教室十余间。男教师多为天主教徒或修士，女教师全部是修女。这里学生有200多名，课程有国语、算术、音乐、体育、美术、珠算等，偶尔教教日语。同学们不愿学，老师也不勉强。每个星期日，老师让学生们参加教堂的礼拜日活动。学生们在教堂里跪着念经，由神父领着做弥撒，最后每个人在胸前画十字，口喊"阿门"算是结束。记得小学同学里，比较熟悉的有南街的男生郑汉民、赵德山、张明偶、赵根群兄弟俩、赵文鹤等。女生有朱兰芳、赵淑贤、李藏书、代兰芬、赵增蕊等。北街的有冯士斌、张茂头；东街的有魏建明兄弟俩、高永才、刘振川等；西关的有吴建波兄弟俩。由于都是家庭贫苦或是不太富裕的同学，大家谈得来，常在一起玩耍。

天主堂小学管理比较规范，纪律特别严格，学生无故迟到、早退或学习成绩比较差，都要受到老师的严厉训斥处罚。或罚站，或罚跪，或打板（用一把戒尺打手心）。因我自知上学不易，学习非常用功，成绩常常名列前茅，因此从未受到老师的惩戒。那时，女同学朱兰芳经常在班中考第一，因而在同学中流传着“男学王增铎，女学朱兰芳”的赞誉。

我在小学三、四年级时，开始读小说。乡间只能借到《水浒传》、《三侠五义》、《施公案》、《大小八义》等线装旧书。我如饥似渴、手不释卷，常常读到深夜，直到被母亲强令禁止。说实在话，虽然是囫囵吞枣地读，也并未懂得其中真意。但小说中的人物，特别是侠肝义胆的英雄形象，潜移默化地影响着我。我学着书中的样子，和同村的发小赵金泉、周刁、赵德山、石拴住等，在庄稼地里插上几根草，磕头拜盟，成为结义兄弟。后来在高小，又和张宗贤、张振江（党公开后才知道他俩是党员）、郝兰津、王福康、郑汉民等八名同学结拜为盟兄弟。这些同学后来多数参加了革命工作，我们的友谊一直保持到晚年。

学是上了，但大哥、大嫂规定，让我每天早晨去拾（捡）

粪，为地里添些肥料。大哥说：“庄家一枝花，全凭粪当家。”于是我每天早早起来，背着个小筐到街上转悠着去拾粪，用一个小木锨铲到筐里。牛粪、马粪、猪粪、狗屎、人屎都拾。有时运气好捡到几泡牛粪、马粪，筐满而归，心情无比高兴，就连早饭的稀粥也觉得格外香甜。礼拜天放假时，我还得到地里砍一筐草背回家晒干，留作柴火用。放学后的空闲时间，帮大嫂推碾子，挑水、扫院子这些活我都干。虽然活不累，但却锻炼了我养成热爱劳动的习惯。

1942 年初夏，家里突然接到河南一封来信。大哥看后告诉母亲说，这是部队以商家名义来的信，告知父亲病重，让家里去看他。母亲预感凶多吉少、心急如焚，决意去河南探视，便和大哥商定，让我陪母亲去河南看看父亲。于是，大哥向亲友借了一些路费，送母亲和我到城南磨头镇坐上火车。这是我第一次坐火车，看着一节一节的铁房子奔驰如飞，感到新鲜好奇。到石家庄又换乘京汉线火车，再到河南彰州府（今安阳市）下车。按来信地址，还要到内黄县井店镇。彰州距内黄六七十里地，只有汽车通行。母亲舍不得花钱买汽车票，便说：“小狗，咱们走着去吧。”那时，母亲已是五十来岁的老人了，她不顾两双缠足小脚走路困难，毅然领着我朝目的地走去。沿途经过几处日伪哨卡，被搜遍全身才放行。那年河南灾荒严重，灾民扶老携幼四处可见。只见路旁柳树叶全被捋掉，榆树皮均被扒光。母亲见我走累了,就和我坐在路边休息,啃着带来的玉米面窝窝头。这些窝头没有水实在难咽,我看到大路中间每个马蹄印窝里存有雨水和马尿的混合水,只好用手捧起来喝。快到天黑时,终于走到了井店镇。我们按信址找到一家商铺,老板见信后,十分热情地安置我们住下,说第二天再送我们去部队。第二天,老板亲自送我们坐着马车到了解放区的一个村子。这是部队的宿营地,只见一排排战士正在操练,威武雄壮。口号声、歌声此起彼伏,一片欢乐景象。一位年轻的张干事和政治处李主任出面接待我们。当李主任说到"玉行同志在战斗中已经牺牲了"时,他的话音未落,母亲已是声泪俱下泣不成声。李主任、张干事态度亲切,耐心地轮番劝慰,连连说:"请节哀、节哀,保重身体。"李主任抚摸着我的头说:"孩子,记住,你父亲是被日本鬼子打死的,长大了要报仇!"李主任的话牢牢地扎根于我的心中,萌生了长大后一定要当八路军的夙愿。当天下午,张干事领着我们母子俩到了一片沙岗地,只见上面无数个坟丘,坟前插着一块木牌子,写着烈士的名字。我们走到插有"王玉行烈士之墓"的坟前,母亲点上香,放上两块点心,拉着我跪在坟前哭泣了一场,我幼小的心里也感到十分悲痛难过。返回部队后,李主任拿出几十块钱对母亲说:"现在部队困难,给家属的抚恤费不多,你们拿着部队开的烈士证明信,回家后交到八路军县政府,政府会再给家里一些补助的。”李主任还盛情挽留我们在部队住了两天，为照顾我们，每餐有白面馒头，有菜有肉。我8岁前从未吃过这么丰盛的饭菜，觉得这是世界上最好吃的饭了。第二天，李主任派专人把我们母子俩一直送到彰州，并给买了火车票送上火车。回到家后，母亲将烈士证明信交给了四舅父史庆丰。四舅母家是城西旧州村人，他弟弟是村干部。由他将证明信转交给了八路军县政权。那时，深县城里由日本鬼子和皇协军控制把守。城外除了几个大乡镇修了碉堡炮楼，住有少量日伪军外，大部分农村都是解放区。各村分散驻扎着八路军和地方游击队，县、区政权也比较健全。从此，我们家的生活不断得到八路军县政府的暗地接济，使家里生活还能维持下去。但母亲告诫我，千万不要把父亲当八路军牺牲的事告诉外人，有人问起只说在外地经商就行了，免得招来想不到的麻烦。

1944年秋季的一个星期天，我和发小石拴住相约到城外地里割草，走到城门时，只见许多人上了城墙探头向外观望，个个神态严肃。出于好奇，我和拴住也上了城墙。我们从墙垛里向外一瞅，立即被一种残暴场面惊呆了。只见城外沼泽地里，树立起五个木桩，每个木桩上捆绑着一位八路军战士。一排排日本鬼子端着明亮的刺刀，在呀呀地疯狂叫喊中，轮番刺向八路军战士的心窝，顿时人人鲜血喷出,有的肠子露出肚外,地下沼泽被染成一片红色,真是惨不忍睹。但八路军战士没有一个屈服的,而是怒目圆睁,破口大骂,高喊着:“打倒日本帝国主义!”“中国共产党万岁!”悲壮的喊声振聋发聩,撕裂人心。一种对日本鬼子的刻骨仇恨、对八路军战士英勇就义的敬佩,在我幼小的心灵里烙下了深深的印记。

第二章　欢乐的少年

1945 年 8 月 27 日拂晓，淅淅沥沥的秋雨下个不停。睡梦中听到街上人声嘈杂，邻居发小石拴住跑来喊我："小狗，快起来，小日本跑啦！"我赶紧穿好衣服，顾不得洗脸，匆匆和他跑到街上。只见大人们纷纷奔走相告"日本鬼子投降了！""小日本滚蛋了！"，兴奋之情溢于言表。大街上一群群日本鬼子和伪军士兵耷拉着脑袋，衣冠不整地扛着枪狼狈地拥向南门。昔日那种昂首挺胸、牵着狼狗、凶神恶煞的样子一扫而光，日伪军慌忙弃城逃窜。听说日军是到衡水投降，伪军跑到石家庄投靠国民党。日伪军仓皇出逃，武器弹药、大米、白面、油料、衣物等来不及运走，丢弃的满街都是。乡亲们捡些有用的东西拿回家去，我和拴住一人捡了一袋大米(约 50 斤)扛回家去。当天下午八路军开进县城，深县党政机关和各群众团体也随之进驻县城。从此，深县城乡全部解放，人民真正过上了不再担惊受怕的日子。城里到处红旗飘飘、锣鼓喧天，老百姓欢天喜地自动跑到街上。我和发小石拴住不约而同地加入到人群中，高喊着口号，扭着秧歌庆祝日本鬼子投降，欢庆深县城的解放。欢乐的人群直到天黑才兴犹未尽地慢慢散去。

县城解放后，随着政府进行的清匪反霸、土地改革等运动，我家的生活得到了彻底的改变。我家被评定为贫农成份，分地三亩半。加上原有一亩半，共有五亩旱田。还分了半头牛，一些农用工具和三百多斤粮食。在没收地富浮财分发时，烈士家属的母亲第一个进场，挑选了一件羊皮棉袄和几件丝绸衣料。我的大哥被群众推举到村贫农团（后改为村委会）当了会计，这时家里真正过上了吃饱穿暖的日子。我家大门前政府给挂上了"光荣烈属"的牌子，受到人们的尊敬。记得 1946 年春节时，县委书记赵明之亲率县委班子成员携带慰问品到我家慰问。赵书记是县里最大的官，没有一点架子，平易近人，态度和蔼，对母亲十分尊重。在询问了家庭生活和有无困难后，放下慰问品立即操起大扫帚"刷刷"地扫起院子来。跟随的人有的挑水、有的干杂活，不一会儿院落收拾得干干净净，他们来不及喝水，就又到别的军烈属家慰问去了。那时，党和人民的亲密关系真是感人至深。

天主堂小学停办后，我和同学们均到县城东街公立完小学习。我被分到六年级一班，校长是陈光，老师有温涵斋、谢玉如、郭新池、马林章、邵泽芳、陈金才等。那时，我真像一只小鸟被放出笼子，任意飞翔般地喜悦，无忧无虑，一改过去沉默寡言的样子，整天乐呵呵地哼唱歌曲，并且积极参加学校组织的各项活动，是校内知名的活跃分子。

参加儿童团。县城刚解放，为了锄奸反霸维护治安，学校成立了儿童团，我们轮流到城门站岗放哨。大家拿着红缨枪，盘问行人、查看路条，防止坏人进城破坏。我清楚记得老师教我们的一首儿童歌谣非常动听，我背得滚瓜烂熟，至今还能记下。

歌谣是：

小小儿童团，真是不简单。
别看人儿小，心红志更坚。
打倒小日本，立功也有咱。
别看没枪高，大事咱也干。
查路条，为了清除狗汉奸；
送情报，为了消灭大坏蛋。
红缨枪，握在手，眼睛盯得远又远。
前边来了小货郎，挑着担子颤又颤，
走路怎么左右瞅，一看就是大坏蛋。
小团员忙藏起，一个个向前看，
来的这人是：搜集我军情报的狗汉奸。
小团长一眨眼，一个小点子升心间，
他忙招来小团员，故意朝他们大声喊：

“八路军今天来，准备接待别迟延。”
说着各奔东西边。
货郎一听心欢喜，不由心中暗盘算：
“赶紧报告太君爷，一定赏给大把钱。”
美滋滋地往回走，快跑成了一溜烟。
再说儿童小团员，找到村长把信传。
村长动员民兵队，地雷埋在道中间。
话说汉奸去报信，日军深信把头点。
半夜时分出兵来，步入地雷阵中间，
轰隆轰隆几声响，大地震得颤几颤。
日军伤的伤来残的残，赶紧逃命往回返。
个个后怕又愤怒，一枪崩死狗汉奸。
儿童忙来扫战场，欢蹦乱跳笑开颜。
你拾枪来我捡刀，争着要去把军参。

参加宣传队。为了配合当时的政治形势需要，负责文艺的邵泽芳老师组织了课余宣传队，经常带领我们下乡宣传演出。邵老师除教唱同学们一些革命歌曲外，还排练一些小型快板、歌舞、活报剧之类的节目。为配合土改，邵老师教我们的一首“佃户诉苦”的歌谣下乡演出，效果非常好。这首歌谣是：

耕地人有多难，咱们不值个尿泥钱。
有大号他不叫，偏喊咱老二或老三。
咱对东家大相反，连人家大名也不敢喊，
男东家叫爷爷叫叔叔，女东家叫婶子叫奶奶。
操他娘：还嫌咱叫的嘴不甜。
东家财大气又粗，是个小孩子也把咱来管。
有钱买得鬼推磨，咱要犟嘴就被踢饭碗。
伺候人真遭难，刮风下雨不得闲。
刮风起圈下雨磨面，夏日炎炎去浇园。
深更半夜喂牲口，一宿起卧不得眠。
东家放个屁，就该伙计腿跑断。
一天起来忙个死，不敢吭声说腰酸。
东家有点儿不高兴，马上他就把脸翻：
“要嫌累你别干，屎壳郎搬家——快滚蛋！”
骂咱眼瞎不睁眼，那是咱的“家常饭”。
挨了骂不敢辩，满口唾沫肚里咽！
受尽人家的窝囊气，只好哑巴吃黄连。
共产党真是好，领导穷人把身翻，
地主老财滚他去，苦日子终于熬到边！
幸福不忘毛主席，跟党革命永向前。

表演这首歌谣后，不少老乡上台使劲拉着我们的手说:“你们演的太好了,当年我们给地主当长工受的苦、受的气就是那样!”邵老师还给我们排练了小型歌舞剧,最受群众欢迎的有“王大娘赶集”。这是表现农民翻身过上好日子的兴奋心情,由女同学李宗娟、代兰芬扮演母女俩。记得还排练了一部歌剧“暴风雨之夜”,在县新兵营慰问演出,反响很好。剧中的哥哥大豆由我扮演,妹妹豆花由李藏书扮演。一开幕就是一个暴风雨的夜晚,只有两个孤独的孩子唱着:“寂静的夜呀,广大无边,愤怒的火呀,压在了心间。什么时候才能冲出这无边的黑暗! 什么时候才能打碎这千斤的锁链!”灯光是黑暗的,又是电闪雷鸣,句句唱的振人心弦。由同学吴建波扮演的汉奸,女同学刘鹤平扮演的汉奸太太,闯进这两个孩子的家里去搜查八路军,百般拷问两个孩子。两个孩子奋力反抗,坚持不说,遭到毒打后仍不低头,汉奸无奈,又到村里去迫害百姓。残酷的场面激起了台下新兵们的阶级仇恨,他们高呼着口号,怀着对敌人的憎恨,发誓要到前线去杀国民党反动派。

参加土改工作队。为了完成土改任务,县委成立了十几个土改工作队下乡,并下令完小也抽几个学生参加。我有幸被选派,跟着工作队到李门寺村搞土改。土改就是把地主的土地没收,分给无地或少地的贫下中农。土改第一阶段是发动群众,由群众诉苦,揭发控诉地主的罪行,而后定成份,分田地。分配给我的任务是用白灰在墙上写标语,斗地主时带领群众高呼口号。土改队吃住在贫下中农家里,乡亲们见我年纪小,对我格外照顾,净给我吃好的。他们像对待自己的孩子一样,每天中午给我吃烙饼摊鸡蛋。贫下中农,特别是长工们斗地主时的血泪控诉,给我印象极深。他们辛苦一年,交完租子后所剩粮食不多,只能吃糠菜半年粮;有的妻女被地主奸淫无处申诉,落得个家破人亡;有的卖儿卖女妻离子散。血泪的控诉激起了全场农民的共鸣与愤恨,也给我上了一堂生动的阶级教育课。

参加学校组织的生产互助小组。完小学校的节假日是按农村季节安排的,麦假 2 周,秋假 3 周,由住地比较接近的同学自愿组成生产互助小组,三、五人不等。麦收时,按家乡风俗,不是用刀割,而是用手拔麦子。这样一是拔的净,二是连根拔,可多些麦秸做柴用。但这可苦了同学们,几亩地麦子拔下来,人人手上起了水泡。到秋收时,大家互相帮助砍高粱、割谷子、掰棒子(玉米)、刨花生、摘棉花。大家一起干活,不时唱唱革命歌曲,个个精神振奋,并不觉得活苦、活累,在丰收紧张欢乐的气氛中,同学们培养了团结互助、勤劳持家的精神。

为了打败国民党反动派对解放区的经济封锁,学校号召自力更生发展生产,女同学们组织纺棉花、互线子。互线子就是把纺成的线穗子用一个木拐子拐成一捆一捆的线,拿到集上能卖些钱。男同学则糊纸盒或到集上卖花生糖果挣点钱，补贴学校公用。那时，在群众中开展的生产自救运动也轰轰烈烈。没有洋油（煤油）、洋火（火柴）、食盐、肥皂就用土办法克服：用棉花籽油、花生油点灯照明；用当地的碱土淋出来的咸水再熬成小盐当食盐；用火镰猛擦石头取火；用硫磺作火柴；把灶膛里做饭的柴灰用水淋成碱水代替肥皂，洗出来的衣服很干净。解放区的人民深深认识到：只要自力更生，生产自救，没有克服不了的困难。

1946 年下半年，国民党反动派彻底撕毁了国共签署的"双十协定"，挑起了全面内战，向解放区大举进攻。因战争形势需要，解放区的青壮年踊跃参军，深县报名被批准的青壮年，组成了一个团。1947 年 2 月 16 日，在县城天主堂东侧广场举行了欢送新兵入伍大会。群众敲锣打鼓，新兵带着大红花，会场气氛热烈，我和几位同学都去参加了。正当县领导致欢送词时，两架国民党飞机突然飞来，用机枪哒哒哒地扫射人群。突如其来的空袭，闹得人仰马翻，人们四处逃散。当时，我和几位同学迅速跑到城墙下的防空洞内，看着国民党飞机的疯狂扫射。弹壳纷纷落到大水坑的冰面上，哧哧作响，我心里不由激起对国民党的极端愤恨。后来听说，这次空袭是潜藏特务告密引来的。空袭造成新兵被炸死 7 名，伤 12 名。国民党的空袭更加激起了全县人民的义愤，青壮年要求参军的热情丝毫未减，新兵团很快全员补齐，迅速开到前方去了。

第三章　红色摇篮里成长

1946年秋我高小毕业了。大一些的同学有的参军，有的到地方当干部，有的和家长做小买卖，有的回家务农。我一心想继续学习，但那时全县没有一所中学。听说辛集有一所中学，我向马林章老师谈了自己的想法。马老师说："那是冀中解放区第二中学，实际上是一所培养青年干部的学校，随时准备参军、参干。李延云同学（女，比我大5岁）也想去，你家长如同意，我领你们去吧。"我征得母亲、大哥的同意后，拿着村贫农团开的推荐信，由马老师带领李延云和我徒步走到70华里外的束鹿县辛集镇都大营村二中驻地报考。考试凭高小毕业证书，主要是面试。记得是陈挹芬校长亲自面试学生，他问我："你这么小舍得离家吗？敢到前线当兵打仗吗？"我一一作了肯定性的回答。陈校长慈祥地笑着说："你这种精神很好，但你年龄小，个子又矮（当时身高不到1.6m），明年再来吧。"结果李延云同学被录取入校，我无奈地怀着郁闷的心情又回到了深县母校继续蹲班学习。

1947 年 8 月，我如愿被二中录取入校。陈挹芬校长面试时说："你又来了，人小志气大，留下吧。"终于能上中学了，我高兴地简直要蹦起来。我入校时，学校新组建了 7、8、9、10 共 4 个队。前几个队的学员陆续参军去了，剩下的分到七至十队，我被分配到九队。入校后，我才逐渐得知这所学校是冀中区党委为适应革命斗争需要，向前线和地方输送军政干部、培养师资而决定创办的。1945 年 8 月 7 日在都大营村正式挂牌，名为："晋察冀边区第六中学"。1946 年 6 月又更名："冀中解放区第二中学"，1948 年 8 月更名为"河北辛集中学"。

二中校址是在都大营村一座逃亡地主的宅院里。这个院规模很大，分南院、北院。南院是主院，又分内院、外院。内院有三排九个四合院，外院北、东、西三面是排房。北院是个闲院，有牲口棚、菜园，南面、西面也有一些排房，两院合起来有上百间房屋。由于抗战期间地主全家出走，房屋长年无人居住和维护，院内残垣断壁、杂草丛生，垃圾成山，满目荒凉。为了满足学校建设的需要，从 1945 年 8 月第一批入校学员起，即一面整修学校一面学习。老师带着学员打通旧民房的隔间墙，改成教室或宿舍，学员们肩负起脱坯、和泥、搬运砖瓦、运送木料等活计。直到 1948 年初，才使学校的建设初具规模，用房逐渐宽松，校容日趋美观。

我刚入校时,有两件事印象十分深刻。一是刚踏进学校,迎面映入眼帘的是书写在南墙壁上的“为人民服务”五个大字,每个字有一人多高,十分显眼。使我一下子记住了“为人民服务”这五个大字,并逐渐了解其含意牢记终生。二是陈校长给我们讲的办校方针:“一切服从革命战争需要,一切为了革命战争胜利。”陈校长反复告诫我们,“你们一跨进学校大门,就是走上了革命道路。要一边学习一边劳动,不断提高自己的思想政治觉悟和文化知识水平,随时准备奔赴祖国需要战斗的岗位。”陈校长的教导,学校教育的熏陶为我的人生革命道路,打下了坚实的思想基础。

为了适应办校方针,学校的领导体制和编制是仿照军事学校的模式设置的。学校有正、副校长、党总支书记(当时党组织尚未公开),学员编制为队。每队百人左右,队下设 3 个分队,分队下设 3 到 4 个班。当时师生的衣着也近似八路军、解放军的干部战士,校领导如陈挹芬老师全是抗日时期的打扮,上身穿一件四个口袋的灰色土布制服,打绑腿,头戴军帽,腰挎手枪,十分威武。学员则一律穿紫花土布制服,戴军便帽,腰扎皮带。起居作息统一吹号起床、熄灯,后改为敲钟。每天早晨起床后,以队为单位出操跑步。学校聚会都以队为单位整队入场,会前各队间相互拉歌,大唱革命歌曲。常常是你队唱一个我队唱一个,歌声此起彼落，一片军营气氛，会后整队退场。学员享受供给制待遇，一日三餐以队为单位，整队到厨房周围空场。饭前唱一首革命歌曲，然后以班为单位围蹲一圈开饭。主食是窝窝头或小米饭，菜是炒萝卜条或大白菜，很少有肉，每逢星期天改善吃一顿包子。每周日晚上召开班生活会，开展批评与自我批评。

我入校时，学校仍处于艰苦创业阶段。上课没有正规课堂，就在大房间或房廊里、树荫下上课；没有黑板，就卸下门扇作黑板；学校没桌凳，开始坐砖头或草捆，后来给每人发一马扎，以膝代桌；晚上复习或讨论，每班发一盏黑油灯，全班围灯而坐；一个班住一间屋里，开始睡地铺，后来有了铺板。那时，我们男生还没有穿内裤的习惯，都是光着身子钻到被窝里，大家嬉闹一阵才睡觉。

按照战时需要，教学内容重点是注重政治教育、军事常识教育和学会做群众工作。因此，没有固定的课程设置，也没有课本。政治课主要是进行形势、政策和社会发展史、马克思主义基础知识、毛主席著作的教育。军事课程主要是战备演练和队列训练。战备演练是不定期地进行打背包、紧急集合、短距离的急行军，队列训练主要是练习立正、稍息、左右转等基本动作和整队行进、跑步等。每周一节课，文化课有语文、数学、地理、历史、生理卫生课。课本是老师自己编的，有的油印，有的手抄，用的纸是当地用麦秸做的又糙又厚的黄草纸。授课时间没有严格规定，都是机动性的安排。因为那时正是国民党大举进攻解放区的时期，盘踞在石家庄市及周围一些县城的国民党军经常袭扰解放区。他们对火车站、工厂、学校等重要目标进行轰炸扫射，学校常常处于高度戒备状态。一方面是加强防空。我们和老师在学校内挖了许多防空洞，洞内掏了许多洞。敌机来时，师生迅速躲进防空洞；敌机走了，抖抖身上的尘土继续学习。为了学校南侧的石德线铁路不被破坏，我们还参加了修复路基工程的工作。铁路恢复通车后，国民党飞机又常来对火车扫射，学校又组织我们协助火车站在站台两端各垒起两条土坯高墙，待敌机来时机车及时开进藏身。另一方面是加强战备，进行必要的军事训练。有几次敌军偷袭到离学校较近地区的时候，师生们立即打起背包，转移疏散到东北方向的一些村庄，吃住、学习暂时在那里。老师和学员借此机会学习联系群众，做群众工作，给群众唱革命歌曲，讲革命故事，宣传党的政策，教妇女和文盲识字，课余为老百姓挑水、扫地、干杂活。通过短暂时间的实践，使师生经受了爱护人民、为人民服务的锻炼。

由于国民党反动派对解放区实行经济封锁，解放区经济极为困难，教育经费更加缺乏。因此，学校响应政府号召“以生产养学校”。由常一真老师领头，成立了生产委员会，掀起了农业和手工业的生产热潮。农业方面，主要是种菜、种庄稼。学校北院有约十亩地的一个菜园，一口水井伴有水车，稍加修复后，种了白菜、豆角、茄子、白萝卜、大葱、大头菜等，还在地主留下荒芜的二百多亩土地上种了玉米、谷子、小麦和棉花等，所收获的粮食蔬菜补充了师生的伙食。棉花则作为学校加工棉纱、棉布的原料，开展了纺棉、纺纱生产活动，女同学两人一架纺车。记得我和几位男同学也分到了一架纺车，学会了纺线。课余时间大家集中在院子里，一排排、一片片进行纺纱竞赛，欢声笑语充满校园。另外，学校还在辛集镇设立了油坊、醋坊，为学校创收。轰轰烈烈的"以生产养学校"的活动不仅获得了可观的经济收入，大大弥补了学校经费的不足，切实改善了师生的生活，而且有力地培养了学员们吃苦耐劳、艰苦奋斗的思想品德，增进了师生间的革命感情。

1947 年，解放军由防御转入大反攻，由解放农村集镇转入解放大中城市。这年春，解放军发动"石东战役"，即扫清石家庄东的藁城、正定等县城的敌人。学校除一部分学员直接参军外，还组织了学员运输队、救护队，由老师带领奔赴前线。学员们冒着枪林弹雨，不怕流血牺牲，协同民兵担架队为前线运送给养、弹药和救护伤员。9 月后石家庄战役即将打响，学校奉上级指示，在各队爱好文艺的队员中抽掉了三十余名学员组成二中文工团开赴前线。

此时因我刚入队,没有参加排练文艺节目,老师没有让我参加。二中文工团由彭松年副校长带队,李凌(女)老师担任导演,王斌老师负责化妆。二中文工团经过简短而认真的排练后,他们打起行李背包,携带服装道具,不顾敌机盘旋扫射,徒步行军140多里,奔赴石家庄战场前沿,首先为石家庄新解放区村民演出。演出之余,每到一地,即帮老乡挑水、扫地、洗衣服、烧火做饭,尊老爱幼,以礼待人,借机宣传党的政策。学员们的举止言行,使国民党对我党的造谣污蔑不攻自破。老乡们对共产党由害怕、怀疑变为信服,坚决拥护支持共产党解放军。

1947年11月12日,石家庄市宣告全部解放,二中文工团随即进入石家庄市演出。主要剧目有反映农民受地主剥削压迫的大型歌剧"白毛女";反映解放区生活的"兄妹开荒"、"夫妻识字"、"王大娘赶集"、"小姑贤";反映军民鱼水情的"咱们是一家人";反映前后方一条心的河北梆子"王宝山参军"等小型歌舞剧。二中文工团的演出,受到了石家庄市人民的热烈欢迎,场场满座,群情激动,演出效果极佳。演出间隙,文工团还参加了石家庄市政府组织的"大清查"活动,协助公安部门查户口,清匪清特,维护社会稳定。石家庄市政府对二中文工团2个多月演出、宣传取得的成绩十分满意。因此,在文工团归来前受到了政府的表彰,赠送了一面锦旗,并给每个人颁发了一枚奖章。

1947 年底,文工团圆满完成任务胜利回校后顾不得休息,又全力投入到土地改革的文艺宣传工作之中,我和留下的几名学员也加入到这个行列。老师领着我们到附近集镇、农村巡回演出大型歌剧“白毛女”和“王秀鸾”,演出场场轰动。朴实的农民随着剧情的变化心情跌宕起伏。孟运输同学扮演的杨白劳忠厚善良,一出场满头白发的他蹒跚地走在大雪纷飞的山路上,边走边唱:“十里雪飘一片白,躲账七天回家来……”那悲怆的唱段马上把观众的心揪住了。当韩建民同学扮演的喜儿大年初一清晨醒来,看到爹爹被逼喝卤水而死,立即扑到杨白劳身上失声痛哭,抽泣着唱到:“昨天黑夜爹爹回到家,心里有事不说话,天明倒在雪地里,爹爹、爹爹你为什么?”那撕心裂肺的唱段,使全场观众无不泪流满面,台上台下哭声一片。最后一场斗恶霸地主黄世仁时,观众按耐不住心中的愤恨,纷纷高喊:“打死他”,有的情不自禁地拿起砖头向扮演黄世仁的王凤歪(后改名王惠民)同学身上砸去。艺术的感染力激发了农民兄弟们深深地阶级仇恨和对旧社会的控诉,从而由衷地拥护、支持、信赖共产党、解放军。

“王秀鸾”一剧是根据解放区女劳动模范张化泉的事迹编写的。张化泉(1922～1983 年)是河北省深县东张家庄村人,18 岁加入中国共产党,历任妇女自卫队长、妇女主任。她同日寇作战勇敢,率领群众生产度荒,事迹突出,

1944 年被评为冀中第六分区一等生产模范。据此编写的“王秀鸾”一剧，演遍了整个冀中解放区，受到了解放区军民的普遍好评。我校文工团演出时，主角‘王秀鸾’由李延云同学扮演。我演王秀鸾的儿子(B 角)，台词不多。演出的效果很好，群众看到了一个勤劳能干的女劳动模范，是他们学习的榜样，从而激发了群众发展生产、支援前线的高涨情绪。文工团还穿插表演了赴石演出的一些群众喜闻乐见的短节目，同样受到群众的欢迎。演出任务完成后，队员们分散到新编的各队中去，但文工团员仍保留。每逢节日或有重大庆祝活动，文工团再集中到乡镇演出；在校内也定期为师生及当地村民演出。后来，在贾登老师的指导下，我们又新排练了大型歌剧“刘胡兰”。年仅 15 岁的刘胡兰在敌人铡刀面前，毫无惧色，不畏强暴，壮烈牺牲的场面，使在场观众为之感动。同学们高呼“向刘胡兰学习！”表达出对英雄人物的崇敬与热爱之情。我在随剧团演出中，多是扮演群众角色，兼做些舞台杂务。为了配合文工团演出的需要，学校专门组织了一个十几个人的专职乐队。由段安国、张福成同学拉提琴，郑铁奎同学拉手风琴，高涛等同学拉二胡。段安国、郑铁奎两同学多才多艺：拉京胡、二胡、小提琴、手风琴，段安国件件拿得起；拉二胡、吹唢呐、吹笛子，郑铁奎样样都行。我打鼓，焦兵站同学打锣，方中秋同学打钹，王书铭同学打小锣。每逢学校演出、节日欢庆、扭秧歌、打腰鼓，都离不开这支小乐队的配合。每逢节假日，小乐队还和爱好京剧的同学们一起唱唱京剧，甚是热闹快乐。

1948年初，解放军与国民党部队开始大决战。根据战争需要，有一百多名同学被批准参军，加之前两年参军、参干走的学员共有五百多人，全校学员剩下不足二百人。学校随即于1948年2月招收学员，编为11、12、13队；同年4月又招收了学员编为14、15、16队，这时学员总数已达到600人。同年8月，国民党节节败退，解放战争胜利在望。记得那时，每座城市解放，我们学校都要到集镇敲锣打鼓进行宣传，欢欣庆祝。为了迎接建立新中国和未来社会主义建设的需要，根据上级指示，冀中二中由短期训练班性质向3年制普通中学过渡，并定名为河北辛集中学，将原来的队改制为班。学校对六百余名在校学员按高小毕业水准进行文化测验，根据测验结果，年龄较大、文化合格的一百多人编成两个一年制短训班，一个师范班（称9班），一个会计班（称10班）；年龄适当、文化合格的二百四十余人编成4个3年制正规班，称11、12、13、14班；年龄适当、文化偏低的一百七十余人编成三个补习一年的班，称15、16、17班；其余文化较低的编成一个长期补习班，称18班。这样共计10个班，每班60人左右，设班主任由老师担任。我和原9队学员段安国、郑铁奎、任振基、方中秋，以及同乡刘铁练、高洪榜、孙德禄等编入13班,原9队学员孟运输、王惠民、李延云、曹剑峰、李桂珍、张福成等人编入了14班。从此,学校走上了正轨。我们有了固定的课本、教材,教学、考试均按初级中学规定实施,“学员”的习惯叫法也改称为“学生”了;教学条件逐步改善,在北院原菜地上修建了两排用红砖盖成的六间大课堂,课堂内全部添置了二人学习桌、坐凳;晚自习时一个课堂一个吊式大汽灯,不久有了电灯;所有宿舍都搭起了木板通床,伙食也有改善,隔些天就吃炖肉包子或大米蒸饭;教学仪器、标本、图表和图书、乐器等也陆续从新解放的大、中城市购进;学校党组织公开了,校部设党总支部,每个班有党小组,同时还建立了毛泽东思想青年团。我于1949年1月16日由同班同学高涛、张永祥介绍,加入了青年团(后改名共青团)。

学制的改变,给学校带来了新气象。同学们过去学政治、学军事、学文化是为战争需要,现在学习正规初中文化课是为未来建设新中国。经过战争时期洗礼的同学们政治觉悟较高,认识到学习的重要,因而个个自觉勤奋学习。晚自习下课了,同学们都舍不得离开教室,常常被老师催着回宿舍,读书学习的气氛尤为浓厚。

辛中,由为培养军政人才的短期训练班转为正规普通中学的变化是巨大的,但经过三年战争洗礼所铸成的光荣传统依然长存不衰;虽然办校方向变了,但坚决服从党和国家需要,时刻关心人民群众利益和艰苦奋斗的优良传统作风始终未变。

一是劳动建校的艰苦奋斗作风未变。学校改制后,虽然同学们集中精力学习文化,但课余时间和假日时间都参加了学校修建课堂、宿舍的义务劳动,还整修了一个十几亩地的标准田径场。在翟风止、王一然、曹澄泉老师培育下,学校的体育运动全面发展,进展迅猛。当时,学校组织了男、女生篮球队,经常与驻地工厂、部队进行友谊赛。1949 年秋,石家庄地区召开中学生运动会,辛中篮球队打遍了石家庄各个中学无敌手。田径赛囊括了前 6 名,11 班女同学刘春芬堪称飞毛腿,一人获得了女子 100 米、200 米等 5 项冠军。运动会结束,辛中获得了总分第一的骄人成绩。为了学生德、智、体全面发展,辛中每年秋季都召开一次全校运动会。记得在一次全校运动会上,我参加了 800 米赛跑。尽管我拼尽了全身气力,但还是落在了后面。有的同学坚持不住退下场来,但我咬牙坚持,两旁的同学们齐声呐喊为我助威,“加油! 加油!”之声不绝于耳。终于,我气喘吁吁地坚持跑到了终点。同学们并未笑话我,居然还得了个“安慰奖”。王一然老师拍着我的肩膀说:“坚持下来就是胜利!”这件事虽小,但磨炼了我的意志,影响我一生。它使我认识到不管做什么,不管遇到什么困难,坚持就是胜利。

二是保持关心人民群众利益的优良作风不变。1949年夏初,束鹿县东南和深县南部一些农村发生了严重的蝗虫灾害。学校出动了二百多人,由常一真老师带队,用了一个月时间,帮助群众把蝗虫捕灭,保住了庄稼。同年秋初,学校驻地都大营村及附近村庄又发生蝗虫灾害。蝗虫繁殖极快,若不及时铲除,谷子会被全部吃掉。于是学校立即停课,六百多名师生全部出动,帮助村民除治。我们和村民一起挎着斗子一垄一垄地拍打,一块一块地的挖沟掩埋,用七八天时间消灭了虫害蔓延,保住了收成。都大营村村民敲锣打鼓给学校送了一块刻有“学不忘民”的木匾表示感谢。

三是配合中心任务开展文艺宣传工作不变。在贾登老师带领下,分散在各班的文工团员常常集中排练一些中小型文艺节目,配合当时政治形势到乡镇农村演出。我因爱好文艺,常常练习写一些散文、诗歌、通讯等。其中,有几篇被《中国青年》、《说说唱唱》、《河北文艺》分别采用刊登,内心十分高兴,更加激发了我对学习文学的兴趣。

四是响应祖国召唤随时参军的热情未变。我们已进入3年制学习的11、12、13、14班,由于国家和军队建设的需要,仍有大批同学不间断地参军、参干。1949年8月和1950年11月,学校先后抽调了一批学生到北京通县接受译电训练,结业后分配到军队和中央国家机关工作。第一批学生有骆顺奇、李占凯、吴立志、孔祥斌、李桂珍等 18 人;第二批学生有李琦、王同维、李永昌、王文光、赵德昌、张学文、丁义芬等 17 人。

1950 年 6 月 25 日朝鲜战争爆发,美军在仁川登陆,大举进攻北朝鲜。唇亡齿寒,为了把美帝赶出朝鲜,防止其将战火烧到我国。同年 10 月,我国派出志愿军跨过鸭绿江抗美援朝。与此同时,国务院号召全国知识青年学生踊跃参军,支援抗美援朝。根据形势需要,学校开展反美宣传教育。必须仇视美国,因为美帝是中国人民的死敌;必须鄙视美国,因为美帝在本质上是腐败的、反动堕落的大本营;必须蔑视美国,因为美帝是外强中干的纸老虎。仇视、鄙视、蔑视美帝国主义的“三视教育”,使同学们认识到美帝国主义和一切反动派都是纸老虎,正义战争一定会得到胜利,从而激起了同学们的爱国热情。同学们纷纷报名参军,我们 13 班 44 名同学全部报了名。热血沸腾的我也争先报了名,坚决要求到朝鲜去和美国鬼子拼杀。虽然班主任张辅汉老师劝我继续学习,但我铁了心要参军打仗,多次找校领导请求。最后,我找了团总支书记张俊台,得到了她的大力支持而遂愿。最后,学校于 1950 年 12 月 20 日正式公布批准参军的 55 人名单时,我看见自己榜上有名才如释重负,心底踏实了。1951 年 1 月 10 日,在开完全校欢送会后,我和被批准参军的 55 名同学戴着大红花,高唱着“雄赳赳、气昂昂，跨过鸭绿江……抗美援朝打败美国野心狼”的志愿军战歌，迈着豪迈地步伐，乘上飞驰的火车奔赴石家庄地委招待所集中待分配。

就要离开辛中了，心中无限感慨，像父母一样的老师给同学们留下了一生难忘的印象。建校有功的陈挹芬校长，是历届学生最崇敬、最爱戴的老师。他毕业于河北省冀州师范学校，抗战前即参加了党的地下斗争。抗战初期，他是经民主选举的束鹿县抗日政府第一任县长，作战勇敢、治县有方，创造了束鹿县模范抗日根据地。他还担任过冀中解放区六专署教育科长，负责六专署各县的教育工作。因此，晋察冀边区第六中学成立时，他被首选任校长。因当时他正在冀中区党校学习，冀中六地委暂派任克非担任校长，半年学习结业归来才接任。陈校长平易近人，学识渊博，他作形势报告深入浅出，言简意赅，极具鼓动性，学生们听得热血沸腾；平时他处处以身作则、指挥若定，显示出他的高超领导才能和感召力；他知人善任，能发挥来自解放区、国统区多方面人才的才智，因而在教师员工中有很高的威望。我在校时，陈校长很关心我，只要见了我都要说些鼓励我的话。哪个学员病了，他都要亲自查看，安排校医细心诊治并叮嘱伙房做好细软饮食。所以，凡是辛中出来的学生都和陈校长感情甚好。“文化大革命”中，听说他受到冲击，我们都很难过。“文化大革命”

后他恢复工作,我们都为他高兴。陈校长全心扑在教育事业上,可谓是桃李满天下。解放战争时期,他为革命输送了上千名青年学生参军、参干;解放后,他又培养出成千上万名学生进入高等学府,并领导辛集中学成为全国知名的教育部重点中学。陈校长为此积劳成疾,常常生病住院,我曾专程到辛集医院看望过他。后来他到北京军区总院住院期间,北京的同学互相转告,几乎天天有人去看望。有个假日,在京同学相约有 80 余人一同前往医院探视,陈校长高兴地和大家摄影留念。陈校长回辛集后,不幸于 1983 年 7 月 30 日病逝。消息传来,我深感悲痛。辛中为纪念陈校长,专门在学校北院东北角修建了墓碑。我和北京、石家庄几位同学曾相约专程去学校,在墓碑前向陈老师致哀悼念。

常一真副校长(后调任河北省师范大学副校长),教政治课的刘献之老师、马林章老师(我到二中不久马老师由深县完小调任二中政治老师,新中国成立后调任北京河北省高中学校校长、通州中学校长,他和李延云同学于 1951 年结婚)。陈西老师;教语文课的江凯老师(女)、谢右军老师、张辅汉老师、张建南老师;教数学课的雷静波老师、王子贞老师、王旭老师、王刚老师;教历史、地理和自然科学的冯再生老师、魏丹臣老师、屈竹贤老师、刘普义老师、张悟生老师、张淑云老师;教美术课的张仁裕老师、王斌老师;教音乐课的李凌老师(女)、贾登老师、钱韵玲(冼星海夫人)等老师;教体育课的翟凤止老师、王一然老师、曹澄泉老师。这些老师各有特长,性格各异。但有一个共同的特点,即教课认真、爱生如子。在那艰苦的年代,老师和同学同吃同住、同劳动,白天上课,晚上到宿舍和同学们谈形势、讲历史、话人生、叙家常,亲密无间。老师不仅教我们学习文化科学知识,更言传身教以德育人。他们亲切的教诲,恰如清泉之水,潺潺流入学生们的心田,使学生们感到了革命大家庭的温暖,从而激发出自觉学习、报效祖国的决心。因此,以后同学们不管工作在什么地方,不管年龄多大,只要相聚在一起,一谈起母校来个个眉飞色舞、滔滔不绝。大家数说着诸位恩师的谆谆教诲与音容笑貌,一致感到母校老师们的教诲真是受益终身啊!

辛中三年多的学习、劳动,紧张而愉快的校园生活让我一辈子也忘不了。老师如父母,同学如兄弟。在这红色的摇篮里,党哺育我们成长。她使我树立了为人民服务、随时听从党召唤的坚定信念,培养了我艰苦奋斗、勤俭朴素的传统作风,养成了我热爱劳动、热爱集体、热爱生活的良好品德。一句话:红色摇篮的培育,为铸成我革命人生观的确立夯实了坚牢的根基。

到了石家庄地委招待所,看到同时参军待分配的还有石家庄市一中、二中、女中和正定中学的二百多名学生。

几位解放军干部分别询问了我们的家庭历史、社会关系、个人志愿等情况，听过几次形势报告。几天后宣布，我们这二百多名学生，一部分到解放军北京军区第六后方勤务学校学习，毕业后分批开往朝鲜；一部分到中央公安干部学校学习，结业后分配到中央或地方公安部门工作。我被分配到中央公安干部学校，当时我一门心思到朝鲜去打仗，对分到公安工作很不情愿。解放军干部说这是组织决定，不能变通，我只好服从了。

和我同时分到中央公安干部学校的有王顺宏、王欣(女)、王文昭(女)、王瑞芬(女)、王世琮、王永双、刘春芬、张福成、赵同海、刘镜波(女)、刘汉光、刘淑英(女)、邱彦庭、郭金相、曹剑峰(女)、樊志芬(女)、于国昌等20名辛中同学。分配到北京军区第六后方勤务学校的有孙德录、高洪榜、牛宝振、刘铁练、崔延斌、李世显、宋青壮、史建华、曹润田、姚秉钧、闫运筹、尹进峰等35人。

还有一件与辛中有关的事，值得记述。

1999年春季，仍在辛中工作的老同学孟广平，要找一位名人为辛中校训题字，说是刻在辛中新盖的一座教学楼的墙壁上。为母校尽点义务，是我不可推脱的责任。恰好，我的老战友、好朋友肖秉权同志时任中国佛教学会副秘书长、赵朴初会长的秘书，我当即找他帮忙恳求赵老为辛中题字。但当时赵老身体欠佳，正在住院，基本上不参加会议、不见客、不题字。四月的一天，肖秉权同志在医院陪护赵老时提出了辛中题字的要求，并简要介绍了辛中的历史情况。赵老欣然提笔写下了“团结、严谨、求实、奋进”八个大字，并签名盖印。这是全国政协副主席、中国佛教界领袖、当代大书法家赵朴初的亲笔题字！我看到后欣喜万分，立即于同年 5 月 6 日寄给母校，母校很快将赵老的题字校训篆刻在教学楼的墙壁上。但赵老不幸于 2000 年 5 月 21 日驾鹤西去，他为辛中所题的校训已成绝笔，更是弥足珍贵。

【注：文中有些内容参考了老同学任振基编著的“陈年旧事”片段，特此致谢】

第四章　在中央公安干部学校学习

在石家庄地委招待所，我们被分配到中央公安干部学校的20名辛中同学，连同也被批准到中央公校的石家庄市一中、二中、女中和正定中学的学生共99人，由中央公校派来的杨满才队长带领，于1951年1月16日乘火车开往北京。一路上，各地学生相互交谈、兴高采烈、欢声笑语、歌声不断。不觉间，火车抵达北京。我们下车后，被接到复兴门外白云观里。这是一座道教寺庙，中央公校的临时校址。白云观里各个大殿内的神像已被请出，四周墙壁用白灰粉刷一新，殿内搭了些木板做成大通铺，作为学员们的宿舍，二十多人挤住在一个殿堂里。杨满才队长告诉我们，公校校长由中央公安部部长罗瑞卿兼任，副校长是老红军周仲英，教育长是老干部张德含。老师学员一律着军装，实行供给制，学员享受副排级待遇，并说等其他地区学员到齐后，编好队，就正式开学学习了。等了几天，我们看到了北京、天津、山东、上海等地陆续来的大、中学生，都住到了白云观里。他们都是响应祖国抗美援朝号召而参军的,连我们石家庄这一批共有1066名学生。过了几天,校部为每人分发了军装。军装穿在身上个个显得格外精神,我和辛中同来的同学相约,到市内照相馆每人照了一张军人像,寄给了同学和亲友们。学校宣布,这批学员分编成十几个队,一个女生队。我和辛中来的女同学曹剑峰,石家庄同来的李基晨、刘跃陶等同学分到了19队。这个队是文艺队,所以有女学员。19队队长郭峰是位抗日时期参加革命的老干部,和蔼可亲;组织干事任殿举,教育干事高林、刘思敬,都是有知识、有修养的青年干部,颇受学员们尊敬。编队后学校开始军训,记得那是在白云观东面一个大院子里,据说是傅作义部队用过的仓库。军训都是一般科目,立正、稍息、正步走,列队行进。这对经过辛中锻炼的我并不陌生,也从未感到累。学校的生活安排很好:每个学员发一马扎,以班为单位,大家围在一起在露天用餐;午、晚餐两菜一汤,顿顿有肉,大米饭,白馒头随便吃。有些大城市来得学员觉得饭菜单调无味,但对我而言,真的感到是天堂般地幸福生活。我们19队除学校统一安排的学习任务外,还排练了几部苏联话剧,如"在西伯利亚某地""团的儿子"等,在假日或周末晚上为师生演出,甚受欢迎。每个话剧的主角都由北京、上海、青岛等大城市来的学员担当,我们解放区来的几个"土包子"因方言语音重,普通话不标准,只能跑跑龙套做群众演员或做些剧务杂事,但心情是高兴的。那时队里有位北京来的大学生学员,叫周森,年龄比我大了五六岁,能说能唱能写,异常活跃。平时唱歌跳舞都由他组织,无形中便成了学员们的“头”。他和几位大城市来得几位同学饭量较大,每餐都比着看谁吃得多,相互间戏称“饭桶”。后来不知什么人开玩笑说“咱们就是桶中央了”,并指定谁是组织委员、谁是宣传委员。这本来纯属开玩笑的事,谁知却带来了想不到的严重后果。1951 年 7 月,周森分配到公安部政治部工作,他和“桶中央”的几位同学常常假日聚会游玩。为此,他们在“三反”运动后期被打成“反动小集团”而受到批判。周森等人被调出公安机关,我对他们甚感同情和惋惜。

同年 3 月 26 日举行开学典礼。我们第一次见到了身材高大、严肃威武,讲话铿锵有力的罗瑞卿部长,对他十分敬畏。周仲英副校长、张德含教育长分别讲话,介绍了学校性质、教学内容以及对学员们的要求,明确学校是为了培养全国公安保卫干部而办。从此,我们进入了正规地学习。

入校后,从老师和干部们的陆续介绍中,我逐渐得知中央公校的历史沿革情况。中央公校的前身是 1948 年在河北省平山县西冶村开办的华北保卫干部训练班,由华北社会部副部长杨奇清担任班主任(他是 1928 年参加革命并参加过二万五千里长征的老红军，红军时期即担任过军保卫部长，抗日战争时任八路军野战政治部锄奸部长、华北社会部副部长、部长，新中国成立后任中央公安部副部长），时任华北局社会部办公室主任的刘复之也兼任过一期班主任。1949 年 1 月经中共华北局批准，华北保卫干部训练班扩建为华北公安干部学校。杨奇清兼校长，校址在河北省井径县威州镇。1949 年 2 月，公校迁入北平，地址在东西北大街汪家胡同和安定门内方家胡同，共办两期。1949 年 7 月迁入西便门外的白云观内。1950 年 1 月 11 日，经政务院周恩来总理批准，华北公安干部学校改名为中央公安干部学校。学校由地方性的短期培训，开始进入全国性大规模地培训公安干部的新时期。中央公校直接受公安部领导，罗瑞卿部长兼任校长。

中央公校共办了 3 期短训班（2、3、4 期），主要训练党政军各部门在职的公安保卫干部和新参加工作准备从事公安保卫工作的青年学生和工人，以业务训练为主。第 2 期（沿用华北校序列）于 1949 年开办，1950 年 3 月结业，培训学员 538 名。第 3 期于 1950 年 7 月开办，1951 年 1 月结业，培训学员 518 名。结业学员均回原单位或分配到中央及各地方部门从事公安保卫工作。第 4 期即我们这一批，是在抗美援朝中参加军事干部学校的大、中学生。入校后，实行军事化管理，组织纪律相当严格，学员一律着解放军军装(臂章戴公安字样)。学员必须学习起码的军事知识,日常生活按军事学校的办法管理;见领导人必须敬礼,进首长办公室要报告;两人以上上街时要自行成队,保持军姿。要求军风军纪特别严格,以养成服从命令、听从指挥、严格的组织纪律性和严肃紧张、行动迅速的良好习惯。那时,学校还组织大会操,罗瑞卿部长、杨奇清副部长亲临检阅。“五一”国际劳动节时,学校组织了一个大队、五个分队列队到天安门前,接受毛主席、党和国家领导人的检阅。“五一”国际劳动节晚上,学校以队为单位,到天安门广场和群众一起狂欢。这是我第一次到天安门参加这种大型活动,既激动又兴奋。同学们手拉着手围成一圈,跳啊、唱啊,置身于十几万群众狂欢的海洋之中,尽情欢呼歌唱,感到无比幸福。直到深夜二点多钟,广场高音喇叭不断播出“晚会至此结束,晚会至此结束”,沸腾的群众开始疏散时,我们才不情愿地整好队伍,高唱着革命歌曲,徒步走回学校。

为了培养我们成为合格的公安保卫干部,学校制定了以业务学习为主的教育方针,学制由半年改为一年,学习安排大体分为四个阶段。第一阶段是理论教育。以社会发展史、中国革命的基本问题为中心内容,分理论学习、测评、思想总结三个步骤。第二阶段是公安业务学习。以敌情和对敌斗争的基本路线和政策为中心内容,以写本人历史自传作结束。第三阶段是民警治安业务教育。以民警业务基础知识和有关条例规章为中心内容，以测评、评卷作结束。第四阶段是民警专门业务教育。以刑警、治安等专业分队教育和实习，最后写出心得体会和进行毕业鉴定。听队长说，我们这一期才有了业务教材和比较固定的兼职教员，各队教育干事为辅导员，这样形成了讲授、自学、辅导三者结合的教学形式。每一单元讲授完后，各队教育干事组织讨论，使新学内容更加深入系统，学习成果得以巩固。我印象最深的是在讲授公安业务课时，学校都是聘请公安部各业务局及全国公安系统的领导干部来讲课。既有理论，又有实践，讲得深入浅出，特别生动，学员们都爱听。比如时任公安部一局局长的陈龙（后任副部长，侦察专家）、办公厅副主任刘复之、治安局局长卓雄以及侦察、治安、保卫、预审、文秘等业务处室负责人李广祥、苏宇涵、姚伦、孙振、王仲芳等，北京市公安局负责人谭政文、冯基平等人都先后来校讲过课，向我们传授了内容丰富的公安保卫业务知识。还有中央党校的杨献珍、范若愚、孙定国等全国知名理论家给我们讲授理论课。

学校非常注重思想政治教育，坚持上党课。党课教育的中心内容是党史、党章、党的基本政策和共产党员修养等，并围绕自我思想改造这个中心环节进行。我们听过徐特立讲过党课，专讲党的性质及党史；听过中组部安子文副部长讲干部政策,和青年同志入党问题;听过团中央书记蒋南翔讲怎样做一个好团员的专题报告。新华社社长吴冷西到校作过时事报告;作家肖也牧到校作过知识分子改造问题的报告。此外,还听过老红军及劳模代表作红军长征和抗日战争英勇事迹的专题报告等。内容充实、寓意深刻的报告,不仅提高了学员们的政治觉悟,而且也大大加深了学员对党的认识,使我们懂得了革命道理,明确了党的性质、任务和奋斗目标,坚定了跟党走的决心。

课余时间,我们全体学员还参加了建设校园的劳动。经国务院批准,学校在白云观东面木樨地选定了新校址。1951 年 4 月,周仲英副校长主持开工仪式,破土动工,修建新校舍。学员们轮流参加义务劳动,新校址内野草、坟丘、土坑、粪坑、瓦砾满地皆是,同学们用自己双手铲除野草,填平土坑,搬走碎石烂瓦,平修道路。同年 7 月建成了八幢平房宿舍,校园呈现出幽静、整洁的新面貌。因为我和一批同学提前结业,以后的建校劳动未能参加。1952 年 10 月,学校又建成三幢正、边办公楼及附属用房,学校各部门随后陆续迁入新办公楼办公,学员全部搬进新校舍,从此告别了白云观。1953 年中央公校经国务院批准改为中央人民公安学院,步入更规范的公安高等院校。1984 年 2 月,经国务院批准,学院又改名为中国人民公安大学,一直沿袭至今。

1951 年,随着全国镇压反革命运动的深入,公安部及各地公安机关任务十分繁重,干部十分短缺。因此公安部决定,在中央公校选调一批学员提前毕业分配工作。经学校研究,决定从各队学员选定 368 名学员提前结业报公安部分配工作,我被通知在待分配之中。同年 7 月 9 日,我和本队的曹剑峰、李基晨、刘跃陶等与其他队学员共 70 余人被分配到公安部各业务局工作,其余 200 多名同学分配到全国各省、市、自治区公安机关工作。这些同学以后都成了公安战线上的业务骨干。

半年多公校的紧张学习与生活,虽然时间短暂,但为我政治思想、业务知识奠定了根基,可以说影响了我的一生。一是政治觉悟进一步提高,为人民服务、跟党走的决心更加坚定。二是对公安工作的重要性有了比较深刻的认识,感到做一名公安工作者是组织的高度信任与个人的光荣。当然,对公安工作也有一种好奇和神秘感,内心幻想着做个侦察员该多好。三是我们这批学员可算是公安工作"科班"出身,在校学习的系统公安业务知识,自信基本上能适应公安业务工作的需要。

是年,我已经满 17 周岁了,个子长高了。由于公校规律的生活和物质的保障,我由进校时不足 1.6 米的身高迅速长到了 1.68 米。我感到混身是劲,似箭在弦上,是到了为祖国奉献的时候了。因此我满怀信心,做好了迎接新的战斗生活的准备。

第五章　在公安部工作

公安部位于天安门东侧南池子大街对面,中国历史博物馆隔壁。这里原是英国驻华大使馆兵营,1949 年 11 月公安部迁入办公。1952 年英国使馆搬入朝阳区新建使馆区,英国驻华使馆整个院落即归公安部全部占用。

我国的公安保卫工作由来以久。公安保卫包括情报工作,是随着党的创立、发展而逐步建立、发展与健全的。首先是党中央特科的建立。1927 年“四・一二”反革命政变前,是我们党和国民党第一次国共合作时期,那时党创建不久,并没有建立自己的保卫机构。当时蒋介石在上海发动“四・一二”反革命政变,我党遭到突然袭击,革命事业受到严重损失。后来汪精卫又公开叛变革命,大肆屠杀共产党人。蒋、汪合流,反革命势力十分猖獗,党内一些投机分子则叛变投敌,出卖革命者,出卖党的机密,我党被迫转入地下斗争。在这样恶劣环境中,没有我党的保卫工作,革命工作就难以开展,革命者就难以立足。因而在当时的上海,打击反革命和叛徒对革命的破坏活动,保卫党中央负责同志和领导机关的安全,已成为当时十分紧迫的任务。经过短期筹备,1927 年 11 月正式成立了中央特科。这是我党第一个专职保卫机构,也是我党保卫工作最早的组织形式。中央特科是在当时任中央特委周恩来同志的直接领导下建立起来的。其主要任务是在党中央领导下,依靠党组织和革命群众深入敌人警察、特务机关探取敌人破坏我党的阴谋,及时向党组织报警,从而保卫党的领导人,保卫领导机关革命活动的安全。中央特科在当时极端困难条件下,勇敢机智地完成了保卫党中央机关的安全任务。早期特科负责人有陈赓、潘汉年、陈云等人。

国家政治保卫局的建立。1931 年 11 月,中华苏维埃共和国临时中央政府在江西瑞金革命根据地成立。同时,在临时中央政府组织机构中成立了外交、军事、劳动、土地、财政、司法、内务、教育、检察九部及国家政治保卫局,简称“九部一局”。国家政治保卫局主要任务是“在政府领导下,进行公开的、秘密的与一切军事的、政治的、经济的反革命作斗争和保卫苏维埃政权的一个机关”,“消灭一切公开的,尤其是秘密的暗藏的反革命的组织与活动,以保卫巩固苏维埃政权”。为完成这一任务,政治保卫局内建立了侦察、情报、内部保卫、治安等各项业务工作。国家政治保卫局实行垂直领导,下级绝对服从上级。这是我国公安保卫工作的初创时期。

抗日战争时期的公安保卫工作。这一时期先后有两种组织形式。

一是延安保安处及各抗日根据地公安(保安)机关的建立。1935 年 10 月,中共中央经过长征到达陕北。在建立西北中央局和中央工农政府西北办事处的同时,中共中央将原国家政治保卫局改建成西北政治保卫局。1937 年抗日民族统一战线形成后,西北办事处改为陕甘宁特区政府,西北政治保卫局则改为陕甘宁特区保安处(周兴任处长)。它是特区政府的一个部门,同时隶属于保安司令部。保安处下设若干分处和一个延安市公安局,负责机关、团体、企业、学校的锄奸保卫工作和社会治安管理工作。在开创时期,其他各抗日根据地的锄奸保卫工作一般由军队的锄奸保卫部门负责。随着根据地的建设发展,抗日民主政权的建立,地方公安(保安)机关先后成立,锄奸保卫工作就有了地方和军队的分工。

二是党中央社会部的成立。根据革命形势发展的需要,1939 年 2 月,中共中央书记处作出"关于成立社会部的决定",在延安建立中央社会部(部长康生,副部长李克农、潘汉年),并要求各中央局、中央分局和地方党委都要建立社会部。中央社会部是当时历史条件下,领导全党和全国各抗日根据地锄奸保卫工作的最高领导机关。1948

年,中社部从延安迁到河北省平山县,1949 年 2 月进驻北平。1949 年 7 月 6 日,党中央成立中央军委公安部,罗瑞卿为部长。部机关工作人员是由中社部与华北社会部合并而成,办公地点在东堂子胡同。1949 年 10 月 1 日,毛泽东主席在天安门向全世界宣告:“中华人民共和国成立了。”10 月 9 日,中央人民政府任命罗瑞卿为公安部部长,杨奇清为副部长。11 月 5 日,中央公安部举行成立大会。12 月,党中央又从各野战军抽调一些军级干部充实加强公安部局级领导班子,如一野的蔡顺礼任武装保卫局长,四野的卓雄任治安保卫局局长,二野的雷荣天任经济保卫局长,三野的邓少东任边防保卫局长,十八兵团的徐子荣任办公厅主任兼人事局长。他们都是解放战争中赫赫有名的将军,战功卓著。1949 年 10 月 15 日至 11 月 1 日,经中央批准召开的全国公安高级干部会议(后称第一次全国公安会议)确定公安机关的总任务是:完全学会同敌人作隐蔽斗争,特别是同国际特务作斗争,镇压国内外敌人的一切捣乱和破坏,建立革命秩序,保卫国防,保卫建设,巩固人民民主专政。

从 1951 年 7 月进入公安部,直到 1984 年 10 月调转司法部,我整整在公安部工作了 33 年,青春壮年的岁月,全部奉献给了公安事业。

一、分配在一局三处工作

1951年7月9日，我们到公安部工作的70余名学员，分别被分配到部内各业务局，我和王立叶、苏英刚、孙玉玷、沈增生(女)分到一局三处工作。一局是政治保卫局，主要担负同国内、外间谍、特务作斗争的任务。三处是机关保卫处，具体负责中央国家机关除经济部门以外的机关内部保卫与侦察工作。当时三处共有工作人员二十多名，处下设秘书室、一科(侦察)、二科(保卫)三个业务科室。处长是孙振，他是1937年3月参加革命的老干部，曾任延安中央社会部二室副主任，工作认真细致，业务经验丰富，待人宽厚诚恳，党性原则强。副处长是尚山羽和欧阳天，他们都是抗日战争时期的老干部。欧阳天在延安保安处工作过，熟悉侦察业务，后调云南省公安厅任副厅长；尚山羽后调中国科学院工作。一科科长是蔡中，二科科长是胡鸣孔，他们都是抗日时期的县公安局长，对党忠诚，有丰富的对敌斗争经验。秘密室主任是余海宇(女)，1938年参加革命，延安中国女子大学毕业，后在中社部工作。她是时任一局局长、后任公安部副部长陈龙的夫人，工作细致，办事干练。

尚山羽副处长个子不高，说话轻声慢语。他首先找我们几个“小青年”谈话，重点介绍了处里的工作性质，任务与要求,特别强调了保密,告诫我们不仅对亲属朋友不能泄露工作情况。而且各科之间的业务也不能打听与交谈,工作只对科长、处长负责。谈话后,我被指定到二科工作。虽说我内心极想到一科搞侦察工作,但无条件服从组织分配的纪律意识,使我未能说出口来。二科胡鸣孔科长,矮胖,说话和气。他十分热情地接待了我,简要介绍了二科工作任务是负责中央国家机关的科学、教育、卫生、文化艺术、新闻广播、政法、群团单位的内部保卫工作。若发现敌特案件转由一科负责,同时还通过中直保卫处联系中共中央直属机关单位的内部保卫工作。胡鸣孔科长还对我提出了三点希望。一要努力学习。除了学习马列主义理论、毛主席著作外,还要向老同志们学习。他说:“处内老同志都是从延安或根据地来的,久经战争考验,有丰富地工作经验,要尊重老同志,向他们学习。比你们早来的年轻同志,有的是从华北人民革命大学转到中央公校毕业分来的。秘书室的张庆琴(女)、张纯蔚(女)、孙秀(女)、一科的秦祖仪就是,二科的陈敖达、赵丁文(女)和其他科室的肖秉权、姜群、戴姝英、顾士良等是从苏南公校毕业分配来的,他们已工作一两年,有一定的工作经验,你也要虚心向他们学习”。二要努力工作。他说:“保卫工作是公安工作的一个重要组成部分,保卫中央国家机关的安全任务重大,涉及面广,专业性强。虽然你在公校学了些业务知识,但没有实践。因此要通过实干、增加才能,不努力、不钻研是干不好工作的”。三要搞好团结。处内同志来自五湖四海,个性爱好、脾气秉性都不一样,要多看别人的长处、优点,团结才能搞好,只有大家团结了,工作才能做好。胡科长语重心长地谈话,使我这个初入工作门的“小青年”明确了工作方向、目标和要求,终生受益。胡科长指定科里老同志杨秀清和年轻干部陈敖达带我工作。陈是江苏人,身高 1.80 米,面目清秀,高中文化,1950 年从苏南公校分配到部工作。他聪明能干,业务熟悉快。这之后,我与杨秀清特别是和陈敖达一起下机关、搞调研、整材料、写报告,逐渐进入了工作角色。

1951 年正值全国大张旗鼓地镇压反革命深入发展阶段。在一些地区特别是新解放区,国民党残余在帝国主义指挥下,采取武装暴乱和潜伏暗害等活动方式,组织特务土匪,勾结地主恶霸,不断地从事各种反革命活动。据领导传达说,在各地国民党溃散武装演变成政治性土匪的约有 200 万人,反动党团骨干分子和特务分子有 120 多万人,盘踞城乡的土匪恶霸、反动会道门头子以及封建把头和流氓恶棍为数也很大。他们无恶不作,聚众暴动,烧杀抢劫,攻打新生政权,引起群众恐慌与痛恨,不镇压不足以平民愤。因此,中共中央于 1950 年 3 月 8 日发出“对镇压反革命活动的指示。”同年 7 月 23 日,政务院连同最高人民法院又联合发出“关于镇压反革命活动的指示”。但各地贯彻不平衡，有的不得力，有的“宽大无边”，反革命气焰仍然十分猖狂。因此，为了打击帝国主义的阴谋，破坏和彻底消灭蒋介石残余匪邦，保证土地改革和经济建设的顺利进行，巩固与发展中国人民的胜利，必须镇压一切反革命活动，必须坚决地肃清一切危害人民的土匪、特务、恶霸及其他反革命分子。1950 年 10 月 10 日，中共中央再次发出“关于镇压反革命活动的指示”（简称“双十”指示）。从此，镇压反革命活动在全国轰轰烈烈地开展起来了。

1951 年 3 月 13 日晚 9 时，在济南市政府礼堂出席军队文化座谈会的山东军区政治部主任黄祖炎，被反革命分子王聚民（时任山东省惠民军分区政治部宣传科副科长）枪击身亡。在镇反运动轰轰烈烈开展之际，一名身经百战、功勋卓著的高级干部竟命丧暗藏在党内的反革命分子之手，其所产生的轰动效应十分巨大。为引起全党全军的高度重视，1951 年 5 月 21 日中共中央发出《关于清理“中层”内层问题的指示》。“指示”要求，清理运动分为学习动员、坦白检举与审查处理三个阶段进行。“指示”强调指出，采用整风方式有计划、有步骤地对机关工作人员普遍地、初步地加以清理，对首脑、要害部门进行重点清查，打击对象主要是各种反革命分子。

根据“中共中央关于清理‘中层’‘内层’问题的指

示”，结合中共中央关于镇反“双十”指示，中央国家机关迅速贯彻，在机关内部开展坦白检举，内查外调，清查五个方面的反革命分子工作。五个方面反革命分子是指土匪、恶霸、特务、反动党团骨干分子和反动会道门头子。其中反动党团骨干分子，中央政策界定为国民党区分部书记、三青团区队长以上，反动会道门头子界定为“一贯道”点传师以上。我们二科的主要任务，是密切注意和配合中央国家机关各单位的运动清查工作。一是负责接收各地报来揭发检举有关中央国家机关工作人员的材料，再转到有关单位参考。二是到各单位人事保卫部门具体了解审查出的重点嫌疑人情况，帮助分析确定够否反革命分子条件。对其中证据充分的反革命分子，整理出书面材料，报部长审批，或逮捕，或清除出中央机关，或继续审查。开始，各地转来揭发检举材料，处、科长批阅后由我负责转递，每天都有数十件到上百件，各单位审查对象需请外地公安机关协助查证的也由我负责函调。后来，胡科长和陈敖达同志分别带领我跟着下机关、听汇报、了解情况。我负责记录，回来后整理简报，科长修改后呈处长阅批。陈敖达同志在文字上对我帮助很大，他亲手教我如何简练准确地整理简报。之后，我起草的简报，科长、处长改动很少，并夸我进步很快。后来向部长呈送的报告，也让我练着起草。慢慢地，我可以独立地整理材料了，基本上适应了大机关工作的需要。那时，每一两个月或重大节日都要召开中央国家机关保卫处、科长会议，由孙振处长通报敌情、布置任务。这些会议的电话通知由我负责，一百多个保卫处的电话及负责人姓名，我记得清清楚楚，不用看本，拿起电话即打，很快完成任务，受到胡科长和科里同志的赞扬。

胡科长还指派陈敖达带我实施过几次抓捕任务。当时，中央各机关团体初步审查出的重大嫌疑人员，经部长批准，一律送到新生公校审查（新生公校于1948年8月由华北社会部建立，新中国成立后归公安部管理。校长为杨奇清副部长兼，具体工作由一局预审处负责，1954年后归劳改局管理）。对于证据确凿的反革命分子经部长批准，送公安部在德胜门外的功德林监狱关押审查。

新中国初期成立的华北人民革命大学，学员除青年知识分子外，相当一部分人是社会上招收和敌伪机关的留用人员，成份相当复杂。镇反中，该校查出一批有重大政治嫌疑的人员，经我处报部长批准，送新生公校继续审查。这个任务由陈敖达带我执行。那时我年轻气盛，什么都不怕，每次执行任务，腰里插上一把左轮手枪，即跟随陈敖达到了华北革大，先由学校宣布送新生公校名单，陈敖达一一核对无误后，将50多名被审查人员送上一辆大客车内。两名持枪的公安战士一前一后站立在车上，陈敖达坐在前面，我在最后一排。说实在话，第一次面对50多人的押解任务,内心真有些紧张,两眼紧紧盯住前面被押人员,生怕出什么意外,直到安全送到新生公校,心才踏实下来。后来,我又和陈敖达去执行同样押送任务,就没有那么紧张了。还有一次,陈敖达和我奉命去中央某单位抓捕一个历史反革命分子。此人当过国民党县长,有五条血债,民愤极大。到机关后,陈敖达宣布逮捕令后,我迅即给他戴上手铐,并押他坐进小轿车内。此人在路上一直低头不语,但当到达功德林监狱下车时,我发现他脸色苍白,疼痛地弯腰不止。经监狱医生赶来检查,此人坦白是把自己戴的金戒指上车前吞进腹内,企图自杀。经医生采取紧急措施,金戒指排泄出来,这才幸免于难。这是我失去警惕性造成的,教训深刻。回处后,我向胡科长主动作了检讨。胡科长说,你们没有经验,以后注意吧!没有想像的那样严厉批评我。有了这次教训,以后在执行类似的抓捕任务中,我异常小心,处处警惕,以后再没有出现过差错,每次都顺利完成任务。

通过镇反运动和清理中、内层工作,在中央国家机关、群众团体、高等院校查出一批反革命分子,约占机关总数的1%。相当多的人交代出隐瞒年龄、成分学历及参加反动党团、会道门分子,从而纯洁了组织,教育了干部,保障了中央国家机关内部的安全。

1951年12月1日,中共中央发出"关于实行精兵简政，增产节约，反对贪污，反对浪费和反对官僚主义的决定”（即“三反”运动），12 月 8 日，中共中央又发出关于“三反”斗争必须大张旗鼓进行的指示。党中央强调指出，应把反贪污、反浪费、反官僚主义的斗争看作如同镇压反革命斗争一样的重要。要一样的大张旗鼓去进行，一样的首长负责，亲自动手。其号召坦白和检举，轻者批评教育，重者撤职惩办，判处徒刑，甚至枪毙一批最严重的贪污犯，才能解决问题。从此，在全国范围内，一场以反贪污、反浪费、反官僚主义为内容的“三反”运动，大张旗鼓地开展起来了。罗瑞卿部长和公安部党组，贯彻坚决而迅速。听处长传达说，罗部长连夜召开扩大的党组会，传达毛主席关于“三反”运动的有关指示。罗部长带头作了自我检查，局长们也相继作了自我批评。迅即，公安部机关掀起了“三反”运动高潮，群众揭发、个人交待，发现了很多问题。部、局两级领导班子中，主要是存在官僚主义和公私不分，以不同方式购买了贵重物品等。大家还揭发出不少大、小贪污分子，其中最严重的是办公厅行政处处长宋德贵和副处长刘玉泽。宋德贵是 1936 年参加革命的老红军，抗战期间曾任太岳军区总务科长，1950 年从部队调公安部任行政处长。他在负责新建公安部北院办公大楼中，和奸商赵溪桥勾结。赵对宋百般拉拢奉承，请宋住高级大饭店、大吃大喝，并高呼“宋处长万岁”，宋被拉下了水。按照国家规定的价格标准，公安部应付赵溪桥基建款5亿元（旧币，1953年2月1日起国家发行新币，新币1元等于旧币1万元），宋德贵却给了12亿元（旧币），国家实际损失7亿多元（旧币）。“三反”运动开展起来后，宋与奸商赵溪桥和刘玉泽订立攻守同盟，抗拒运动。1952年1月16日，公安部在北京劳动人民文化宫露天剧场召开全部大会，面对面揭发批判宋德贵一伙的贪污罪行。办公厅主管行政处工作的刘复之副主任，上台作了官僚主义和公私不分的检讨，记得刘复之副主任这篇检讨全文刊登在人民日报上。同时，我从报刊得知，各地都处决了一批贪污分子，震动较大的有天津刘青山、张子善贪污案件。天津地委书记刘青山、地区专员张子善都是老干部，均因严重贪污腐败被判处死刑。这些案件的判决，有力推进了全国“三反”运动深入开展。

1952年2月1日，经中央批准，最高人民法院临时法庭在中山公园音乐堂召开公审大会，被宣判的有宋德贵等中央各部门的贪污犯7人。中央节约检查委员会主任薄一波在会上讲话，最高人民法院院长、临时法庭审判长沈钧儒宣布对大贪污犯宋德贵判处死刑，立即执行。刘玉泽被判处死刑，缓期二年执行。会上群情振奋，我随公安部机关队伍参加了这次大会，受教育颇深。此后，部机关陆续揭发出的一些中、小贪污犯分子，分别受到了党纪、政纪处分。

轰轰烈烈地"三反"运动，对于刚参加工作不久的我来说，真是上了一堂生动地、现实地廉政教育课，它使我懂得了作一个清醒的革命者，必须高度警惕资产阶级的腐蚀与影响，无论何时何地都要公私分明、不贪不占；让我时时刻刻告诫自己保持艰苦朴素的作风，不可贪恋舒适享乐，这些成为我以后工作中的行为准则。我之所以在一生革命生涯中没有犯过类似错误，"三反"运动这支"强心剂"起到了关键作用。据我所知，当时和我一起从公校分配到部内工作的青年同志，后来不管工作如何变动，职位高低，没有一个犯过贪污腐败的错误，这不能不说是经历"三反"这场反腐洗礼运动教育的结果。

一局三处有十几位青年团员，他们组成了一个团支部。比我早到公安部的肖秉权任团支部书记，戴姝英（女）任组织委员，我被选为宣传委员。那个时代，团组织的生活比较健全与活跃。每周末过一次组织生活，每个人都主动作自我批评，谁对谁有什么意见或建议都当面说出来。有时为一个问题争得面红耳赤，但丝毫不影响同志间的团结与友谊。每逢周末或节假日，团支部组织大家文娱活动，或看场电影，或骑自行车到北海、颐和园划船、游泳，有时还组织横渡昆明湖比赛。形式多样、丰富多彩的活动，使青年同志们相互交流，增进了解，加强了团结，使生活充满阳光。1953 年肖秉权同志辞去团支书,我当选为团支书。同年,在公安部机关团代会上,我被选为公安部机关团委常务委员。

当时上、下级的关系非常融洽,节假日时处、科长们经常请我们这些未成家的小青年到家里吃饭解馋。孙振处长和夫人张珍(她是从延安来的青年)每次都请我们吃顿丰盛的美餐,说是让我们“打牙祭”。胡鸣孔科长及夫人曹玉梅(抗战时期村妇女主任),每到节假日都让我去家里吃饺子。每次吃饭时,各位领导都给我们讲些革命经历和国内外形势,寓餐于教,无形中使我们受到了革命传统的教育。上下级的和谐团结,同志间的真诚友谊,使我们这些年轻人感到了革命大家庭的温暖。

1953 年 2 月 3 日是值得纪念的日子。因为这一天,我和肖秉权、戴姝英同时被批准加入中国共产党,并一起在党旗下,举行了入党宣誓仪式。我的介绍人是胡鸣孔科长、姚树松副科长(姚是山东某县武工队大队长,作战十分英勇,为人豪爽,工作雷厉风行,后调昆明铁路局公安局任局长)。我是党培养长大的孩子,加入党是我最迫切的愿望。如今被批准如愿,内心的高兴自不待言。但我深知,自己身上还有许多缺点与不足。老同志们告诫我防止骄傲情绪和加强理论文化学习,不断提高政治、业务水平,早日成为合格的精通业务的公安战士,这就是我前进的目标。作为一名党员，我身上担子更重了，更要严格要求自己，处处带头，事事起模范作用。我暗下誓言，我要把一切献给党，遵守党的纪律，永远听党的话，为了共产主义事业，随时准备献出生命。

1952 年“三反”运动结束后，中央国家机关由供给制改为薪金制，按行政职称发工资。当时规定，国家主席为一级（工资 500 元），总理、副总理为 2 ~ 4 级，正副部长为 4 ~ 6 级，正副局长为 7 ~ 10 级，正副处长为 11 ~ 13 级，正副科长为 14 ~ 16 级，科员办事员为 17 ~ 24 级。我们新来不久的年轻同志分别被评为 22、21 级办事员，我被评为 21 级。记得补发工资时，我们每个年轻人一下子拿到了二、三百元钱。大家高兴地相约到王府井百货大楼，每人买了一块外国名牌手表。我买了一块瑞士牌的“山度士”，一直戴了几十年。1953 年底国家机关第 2 次调级，我被破格提拔为 19 级科员。次年再次调级，我被提为 18 级科员。当时，部内近百名同资历的青年中，被评为 18 级的仅有 3 人。18 级科员工资是 87.5 元，这在当时青年中工资算是比较高的了。以后国家再未调资，直到粉碎“四人邦”后国家又调整过 2 次工资，我被调进到 16 级。20 世纪 80 代末，国家改为按行政职务发津贴后才取消了按级别发工资的制度。

二、在文保局工作的日子里

新中国成立伊始，随着国家经济建设事业的发展，文化教育事业也迅速发展。根据文化战线对敌斗争的需要，经中央批准，公安部于1953年3月下旬成立文化保卫工作局（内部序列为第六局）。文保局是在一局三处的基础上扩建而成，我们三处全体工作人员均划归六局，同时又从各省、市公安机关选调一些同志充实到六局。1954年冬，各大区公安部撤销后又分配来一些同志，这样六局从机构到人员比较健全。局长是陈钟（1903～1982年）是原东北公安部副部长，1932年在东北参加抗日武装斗争，1935年加入中国共产党，任中共北方局特科交通员，抗日时期任八路军一二零师敌工部副部长兼晋绥对敌斗争委员会副主任，东北解放后任东北公安部处长、副部长。副局长夏印，1936年老党员，原北京大学生，1937年赴延安在中央社会部工作。解放战争时期任察哈尔省社会部长，解放后调湖南省公安厅任副厅长（陈钟局长1956年调任长春市市长后，夏印接任局长）。副局长还有孙振，他是我们老三处处长。局下设办公室等5个业务处室，分别负责科技、教育、卫生、新闻出版、广播通讯、文化艺术、政法群团等单位从中央到地方的内部保卫与侦察工作。其中对中央机关是直接管理，对全国是负责业务指导。

为了加强文保工作，1953 年 8 月 5 日，中共中央批转了“公安部关于文化保卫工作的指示”。指示说，现在我们已进入大规模经济建设与文化建设时期，今后敌人必更加百般地施行阴谋破坏。如果我们不采取有效办法，加强这一方面工作，将来就一定会受到难以估计的损失。对文化保卫尚未采取积极措施的地方，应迅即采取积极措施，加强文化保卫工作。从此，各省(市)公安机关内部相继建立了文保处、科，充实了文保部门的力量，明确了文保部门的任务、工作方针、管理范围。

为了进一步推动文化保卫工作的深入开展，1954 年 11 月 20 日至 12 月 1 日，公安部召开了第一次全国文化保卫工作会议。陈毅副总理到会，并就文化战线的重要性和知识分子队伍特点等作了重要讲话。会议总结了几年来的文化保卫工作，分析了文化战线上的敌情，讨论了今后文化保卫工作的方针、任务和若干具体措施，并通过了《第一次全国文化保卫工作会议决议》。会议确定，今后一定时期文化保卫工作的方针是：在党的领导下，密切结合有关部门的工作，依靠机关、学校广大干部和群众，团结知识分子，打击隐藏在我内部的敌人，从保卫文化建设事业方面来保卫国家的社会主义建设的顺利发展。主要任务是：以科研机关、高等院校、卫生医疗等部门为重点，迅速加强文化保卫机构；以隐蔽斗争为中心，大力加强侦察工作，有系统有重点地进行调查研究，并相应地加强群众性的防奸保卫工作，以保卫首脑要害机关和文化建设事业的安全。1955年1月26日，中共中央批准转发了会议决议和罗瑞卿部长关于这次会议的情况报告。

根据中央确定的文保工作总任务，六局结合公安部各个时期的中心任务，本着预防为主、确保重点、打击敌人、保障安全的原则，开展了一系列地业务工作。

六局成立后，我被分配在文艺保卫处工作。后来局机关内部机构虽经多次调整，但我基本上没有离开文艺保卫工作岗位。我的历任处长有伊彤、秦乘刚、乔庄、冯国英、海伦（女），他们都是“三八”式老革命，对党忠诚，工作敬业。而且，对我政治思想上、业务工作能力上的提高起到了恩师般的教导作用，使我逐步能独立地开展工作和完成领导交办的任务。在各位处长的领导下，我具体参与以下几方面的工作。

（一）确保分管的有关单位的内部安全

预防为主是做好保卫工作的指导思想，也是做好保卫工作的出发点，我们主要是围绕两方面来进行工作的。

第一是政治摸底工作。对分管单位内部工作人员的政治情况进行调查摸底，做到心中有数。通常做法是在单位人事部门审干的基础上，通过查阅档案，找有关领导人员访谈等方法，对有政治历史问题的人、有敌特嫌疑的人、对社会主义现实严重不满的人以及家庭当时有被杀、关、管的人、有海外复杂关系的人，按照当时中央的政策规定，进行分析研究、分类排队，写出“调查摸底”报告，对该单位政治情况做一个基本评价并提出处理意见。对政治不可靠的人需调离要害单位或转到其他部门；有的需要继续考察；有暂时不能定性的则要继续外调；有重大敌特嫌疑的人则建议专案侦察。调查报告与建议，一般需与该单位人事保卫部门和单位主要领导人商研一致，再报上一级党委审批。通过这样一个单位接一个单位的调查摸底，从而在加强单位内部安全保卫工作上做到胸中有数。

第二是做好以防火、防盗、防事故为主要内容的安全检查。安全检查是做好预防、保证机关安全的有效手段。我们对机关内部的安全检查采取了定期安全大检查、不定期的安全大检查和专项安全检查三种形式。定期安全大检查是在每年的“春节”、“五一”、“十一”等重大节假日前，会同机关保卫部门、当地公安、消防、供电等部门联合进行。对查出的隐患及不安全因素，一一列出提出整改措施，有的则限期整改。不定期的安全大检查，通常是在机关单位发生了重大安全事故后或有中央领导或重要外宾到该单位视察参观等。专项安全检查，一般是对消防、供电方面的单项检查或是专对机密要害部门、物资仓库等部门的抽查。

安全检查的主要内容有“四查”，即查思想、查制度、查隐患、查措施。查思想是看该单位从领导到群众对安全的重视程度，有无麻痹思想等；查制度是看安全制度是否健全，大家是否遵守；查隐患是安全检查的重点，要找出不安全的隐患与漏洞，明确整改和加强的重点；查措施是看其针对性和是否落实，是否指定专人负责。

通过以上两方面的经常性的细微工作，我分管的中央文化艺术单位，到“文革”前没有发生重大事故，基本上保障了机关内部的安全。当然，这是多方面工作的结果，我只是组织者与参与者之一罢了。因我工作积极认真，每次都能较好地完成交办的任务，1956 年我被评为先进工作者，受到公安部机关党委的表彰。

（二）参与专案侦察工作

如上所述，在对各单位人员政治情况调查摸底中，发现的敌特重大嫌疑人员或有关部门转来的情报线索，经局长审定并报部长批准后，方可立案侦察。对敌特嫌疑人员的侦察立案工作，分别由各业务处执行。20 世纪五六十年代，我们处侦办了几起案件，其中我参与的有三件。一件是由老科长张玉文负责侦办的“美特嫌疑”案，嫌疑人是在北京文化机构工作的美国人。我协助张科长做了些具体工作，后因我另有任务退出此案件工作。另一件是台湾国民党保密局派遣的“特务案”该人原是香港印刷工人被国民党保密局发展为特工,趁国内招聘工人之机打入北京某国营印刷厂。由于事前我们得到确切情报,此人一到北京立即被我们掌控起来。经过缜密侦察,我们发现他不定期地向香港国民党特务机关密写情报,并积极发展特工对象,保密局定期为他寄来可观的经费。鉴于此人没有长期侦察的价值,为避免更多人上当受骗,经批准后将其逮捕。审讯中,他全部交代了参加特务的经过以及密送情报、收取活动经费、准备发展特工的罪行。审讯结束后,我们将其移送北京市人民检察院起诉。经北京市人民法院审理,判处有期徒刑,后送至北京监狱服刑改造。此案从立案、侦察到结案移送司法机关,是由何大贵同志和我承办的。何比我大 3 岁,比我成熟老练,是从西南公安部撤销后调六局工作的。他办事认真,工作细致,我们同在一处工作多年,配合默契,相互间感情甚好。20 世纪 80 年代中期,他调至中央人民公安大学任教授。90 年代,他因病不幸去世,每每想起他我都感到痛惜难过。

还有一件案子是“法特嫌疑”案。这是在处长直接领导下,由我负责经办的。嫌疑人胡某,于 20 世纪 50 年代初从法国留学归来后在中央一个出版社工作。我们在该单位摸底调查中,发现有人检举他在法国读书期间有特工嫌疑,处长令我认真调查后再作定论。1954 年春,我首先到江苏江阴他的老家,调查他的家庭情况。这是我参加工作后第一次独立外出办案，虽说事前写了调查提纲，但还是心中没底，处事小心谨慎。到江阴后，在当地公安机关协助下，查清了胡某的家庭是地主成分，家里很有钱，十余岁即送他到法国某城市读书，直到大学毕业。回国后胡家老人均已去世，因此胡在老家短暂停留后即到上海一亲戚家暂住，不久即到北京工作。家乡很多人都没有见过他。为了进一步了解情况，我又赶赴上海调查，上海市公安局主管政保工作的马敬铮副局长热情地接见了我。听了我的调查要求后，他立即在我的介绍信上指示，要有关部门大力协助。我一个小小的科员，为什么获得局长的亲自接见与支持？原因是 1953 年秋天，我随时任公安部六局局长的陈钟到上海市参加该市文化保卫工作会议时，是由马副局长接待的。马曾在延安和东北工作，是陈钟局长老部下，公安部许多老同志都是他在延安工作时的同事战友。因此，他对陈钟局长的接待特别热情周到。他安排我们住在上海最有名的锦江饭店，住的是一个大套间，内有主卧、秘书单间、会议厅、小餐厅、两个卫生间，主卧及客厅均铺设细软地毯，室内装修典雅别致。老实说，我这个“土包子”秘书是第一次看到这样豪华的房间。加之是第一次跟随大首长出差，第一次到全国最大而繁华的城市上海，真有些不知所措，每天都不知道该干什么。好在马副局长人非常热情细心，处处指点我、帮助我。陈钟局长又是个和善长者，他沉稳睿智，阅历丰富，处事随和，和蔼可亲，随时告诉我该做什么。他的讲话稿我不知道怎么办？陈局长说：不用着急，我说你记就行了。这样由陈钟局长边口述，我边记录，一篇讲话稿很快形成了。那天开会时陈局长又临时发挥，演讲生动、深刻，收到了很好效果，我真是从心里对陈钟局长佩服的五体投地。期间还有一个小笑话，陈局长和我每天就在房间内的小餐厅吃饭，马副局长和市局警卫处长轮流陪同，每餐很丰富。有一天午餐，上菜较多，服务员站在桌旁端菜上水，笑容可掬。桌上那么多菜我根本叫不出名字，有的看着也不敢吃。其中有一盘带硬盖的有头有尾似鱼非鱼的菜，想用筷子夹，不知从何下手。陈局长笑着说：那是王八，学名叫甲鱼，掀开盖就能吃了！会后，马副局长还带我们乘边防艇到黄浦江并进入黄海边畅游一番。这也是我第一次看到大海，极目远眺，海连天，天连海，一望无际，景色迷人。通过近一周的接触，马副局长纯朴、干练、热情、细心地作风，拉近了我们之间的距离感，我同他很快熟悉了。所以，我再次来上海，得到了他的破格接待和大力支持，使我的调查工作得以顺利进行。首先，我到了嫌疑人胡某回国后在上海所居地的派出所，通过查户口、访邻居，获悉了一些基本情况，但没有什么价值。派出所一位民警无意中说出的一句话，引起我的注意。他说，年前分局曾来人了解过这家人的情况。我问：

哪个分局。他答：可能是普陀分局，我们归他们管。我顺藤摸瓜，赶到普陀分局，约见了分管政保工作的副局长，查问此事。他当即高兴地说，我们不知道胡某到哪里去了，一大堆侦察材料不知转到哪里去，原来他到了北京。说完，他立即叫人拿出一个大卷宗，让我阅看。我急忙翻阅，看到卷内材料目录完整，群众检举胡某特嫌的原始材料。分局对胡某的家庭、亲友的详细调查以及侦察所获材料，近百页的资料，清清楚楚。我认真看后，真有如获至宝之感，一再对分局局长表示感谢，并提出将卷宗带回北京，分局领导当即表示同意。这样，我上海之行的调查顺利结束，满载而归地回到了北京。

回机关后，当时主管处长伊彤，听了我的汇报，非常满意和高兴，当场表扬我调查工作深入细致，并亲自看阅了我带回的全部材料，指示我立即起草立案报告报部长审批。我很快写出立案报告，经处、局长审阅修改后抄清呈报罗瑞卿部长。罗部长很快批示：“同意立案侦察。”从此，这一案件在伊彤、秦乘刚、冯国英三位处长先后指挥下，对胡某展开了全面侦察工作。从建立耳目到运用其他技术侦察手段，都由我具体承办。可以说，此人的一举一动，全在我掌控之中。我经过两年多细微缜密的侦察，确定了胡某是法国情报局特工的身份。但其回国主要任务以及有哪些具体间谍活动，尚没有侦察到确切证据，因此局领导批示还需“内线侦察，专期打算”。此时因我另有任务，案子移交给另外同志继续侦办了。

（三）参与大型活动的安全保卫工作

20世纪五六十年代，国家举办的大型活动和重大国事活动，主办部门都要求文保局派人参加，协助做好安保工作。凡属有文化艺术方面以下5种活动内的，六局必须派人到现场。一是国家举办的全国文艺、戏曲汇演或调演以及地方剧种进京汇报演出；二是大型美术书画、重要文物展览；三是为国宾举办的文艺专场演出（一般都是在中南海怀仁堂、人民大会堂三楼小礼堂、政协礼堂、钓鱼台等地）；四是中央领导陪同外宾参观故宫、中国历史、革命博物馆等场所；五是中央领导到剧场审查戏剧、电影歌舞新排节目。这些活动场合，按照规定，凡属毛主席、周总理以及中央常委、中央政治局委员或“四副两高”领导人到场的，我局必须派人参加。因业务工作关系，我出勤的次数居多。“四副两高”是指中共中央军委副主席、全国人大副委员长、国务院副总理、全国政协副主席，全国最高人民法院院长、全国最高人民检察院检察长。因为有幸参加这些场合的保卫工作，所以也无数次目睹了中央领导人和有关国家诸多首脑们的风采。在中央警卫局领导下，在有关部门密切配合协作下我们完成了保卫中央领导和重要外宾的安全。

(四)反“右倾”运动

1959年8月2日至16日,中共八届八中全会在庐山举行。全会开展了对所谓“彭德怀、黄克诚、张闻天、周小舟反党集团”的斗争。8月7日中共中央发出“关于反对右倾思想的指示”,提出现在右倾已成为工作中的主要危险。全会通过了“为保卫党的总路线,反对右倾机会主义而斗争的决议”,从此全国开展了“反右倾”斗争,公安机关也不例外。所谓“反右倾”斗争,实际上是对于“总路线”、“大跃进”、“人民公社”持不同看法、不同意见同志的斗争批判。公安部直属机关因保卫国庆10周年任务繁重,于10月正式动员开展“反右倾”斗争。不到20天,公安部机关即掀起了一个群众性的“反右倾”斗争高潮,大字报贴满了办公大楼的各个通道墙上。我当时虽然对运动并不理解,但还是以一个党员服从党中央号召的纪律意识,积极投入写了几篇表态的大字报。不几天,六局群众的大字报集中揭批王立业同志的“右倾”言论。没想到还有几张点名批我的大字报,说我和王立业是“穿一条裤子的好朋友”,为什么不见我揭发他的大字报。王立业确实是我的好朋友,因为我们都是从石家庄老解放区参军,一起到中央公安干部学校学习,一起分配到一局三处,又一起转到六局工作的战友。他比我大3岁,在中学时即已入党,政治上比较成熟。当时我们都未结婚,所以常在一起,可以说是无话不谈。他平日爱学习,学习讨论会上爱发议论,对时事问题常有独到见解,可能有些话被误解。但我并未发觉他有“反党”言行,所以尽管大字报攻我,我仍采取沉默态度。当时,许多关心我的同志劝我“站稳立场”。我的处长海伦专门找我谈话,告诫我要勇于揭发,说这是政治考验。我感到压力很大,苦思冥想,终于想起两件事。一是前两年国家动员人民买公债,他说:“买公债等于纳税。”二是我们一起对公社大办食堂有过议论。1958 年“大跃进”时,我去河南出差,到孟津县一个先进公社参观。公社食堂每天杀一头猪招待来客,但我进了几家农户看到社员家里老少都喝南瓜汤。我说这样下去够呛,王立业接茬说“中央可能会犯大错误”。我将这两条写成大字报贴在墙上,被有的同志引用无限上纲,批判王立业是“反对三面红旗”,“居然狂妄说中央要犯大错误”,继续开会对王立业进行批判。运动后期甄别阶段,六局领导很有政策水平,对王立业的“右倾”言论,逐条分析,分别找揭发人认真核实。余海宇副局长找我谈话说:“揭发王立业的‘右倾’言论,其他同志都否定了,你说的两条还坚持吗?”我听出领导的意思,便顺口说,“我不认为那是右倾言论,就当我没说吧!”结果王立业同志没有被定成“右倾分子”,只是某些言辞偏激而已。而我被作为“帮助对象”被批判、帮助了两个半天,有的同志批我“思想上实质是右倾”对待王立业的问题立场有问题，出尔反尔，甚至有的上纲说这是“意识品质问题”。我怎么检讨都说“不深刻”，感到非常委曲难过。据说，是夏印局长听汇报时说了一句“小王的言论不算什么问题”，这才停止了对我的批判帮助。夏印局长工作上要求严，但非常爱护干部。记得1954年我入党转正后，夏印局长曾约我作过一次长谈，大意是一个年轻同志成长，要经得起各种考验。既要经得起表扬的考验，也要经得起批评的考验，更要经得起冤枉的考验。夏印局长结合延安整风时的所见所闻，讲了许多真实的例子。我当时虽感很受教育，但对其深意并未明白。直到这次挨批，才又想起夏印局长这些富有哲理的话。在这以后，不管遇到什么挫折或问题，夏印局长的教导，始终是鼓舞我继续前进的动力。

党的十一届六中全会通过的《关于建国以来党的若干历史问题的决议》指出：1959年7月庐山会议后期“毛泽东同志错误地发动了对彭德怀同志的批判，进而在全党错误地开展了反右倾斗争。八届八中全会关于所谓彭德怀、黄克诚、张闻天、周小舟反党集团的决议是完全错误的。”公安部党组据此认为，公安部和公安系统开展的反右倾斗争也是错误的。公安部对机关“反右倾”中错误批评的同志都给予平反，并把每个同志写得检查材料退还本人。王立业同志因为没有带“右倾机会主义分子”帽子并不在平反之列,但他所说“中央可能要犯大错误”真是不幸而言中了。我被牵连受点批判,又算得了什么呢!

（五）到陕北洛川农村劳动锻炼

后右倾运动结束后,公安部党组决定,组织一批干部到陕北、甘肃农村劳动锻炼。我积极报名后被批准,六局同时被批准的还有陈斌、李志民、何大贵。陈斌在延安保安处做过侦察员,他哥哥陈伯钧是著名的解放军上将。李志民、何大贵同我一起工作多年,相互都谈得来。20 世纪 50 年代,国家机关有项干部参加劳动的规定,处级以下干部一般每年至少参加 10 天劳动,公安部机关干部分批到过秦城农场或北京郊区农村参加劳动。

1960 年春节过后,被公安部批准下放到农村进行劳动锻炼的 60 多名同志,编为两队分赴甘肃和陕西。我所在的队分到陕北洛川县土基公社,队长为陈斌,后为佟涵尘。全队 30 多人由部办公厅、群众出版社、六局、十局、十二局、十三局的下放干部组成,编成四个班分驻在土基公社四个村(生产队)。我们班由六局、十三局 8 名干部组成,李志民任班长,住在土基公社土基镇生产大队西街生产队。

洛川县土基公社位于陕北黄土高原中部,境内多是塬、梁、峁、沟壑的地形。一座座黄土高山,放眼望去,光秃秃的,树草不见,景色虽独特,但使人顿生荒凉之感。

我和李志民、何大贵同志同住一家贫农老乡的窑洞里。窑洞是我第一次见到，同北方砖坯房不同，是顺山坡或平地而建，基本上不用砖瓦，室内是扁长穹形顶，洞内黑黑的，只有洞前一面窗户可进阳光，但窑洞里冬暖夏凉。1960 年农村仍在吃食堂，农民都打饭回家吃，每个下放干部都分散在老乡家，我因分在食堂干活所以和炊事员一起在食堂吃。这时，大跃进带来的困难已在农村凸显。我刚到时食堂还是干、稀搭配，干的是用糜子面蒸的馍，稀的是面条汤，当地人喜吃面食，作法多样，菜是以咸菜、辣椒面为主，春天见不到青菜。不到一个月，生产队存粮全部吃完，只得用 8 名下放干部每人 20 多斤的口粮，到县城粮库拉回来供全生产队 300 多口人吃。“巧妇难为无米之炊”，食堂只好顿顿做糊糊汤，每家打回去根本吃不饱。老百姓家家有些私留粮食，背着干部可以充饥，但苦了下放干部。凭着共产党员的觉悟，虽然饿着肚子，但大家没有一个人有怨言，而且还带头下地劳动。我在食堂负责挑水，这是个累活。地处高原的土基镇西街生产队，全村只有一口井，井深 30 多米，井上辘轳架上缠满绳子，钩个洋铁桶放下去汲水，搅水、挑水十分吃力。井口离食堂 50 多米，食堂每天需水四五十担，每天下来我的肩膀红肿，甚感疲乏。慢慢地，我的肩上长了茧子，这才习惯下来。4 月，陕北高原渐入春季，地内麦苗葱绿，各类野菜也随之长出来。为了改善食堂生活,我隔两三天即带领几十名小学生到麦地里、沟壑边采些野生的荠菜、马笕菜、曲曲菜送到食堂,洗净放到锅里,与面糊糊混合煮。菜粥稠而香甜,喝两碗立增饱感,觉得混身增添了气力。

6 月即将麦收时节,公社根据县委指示,抽调一些干部派驻各村负责协助征粮等工作,我被抽调派至离土基镇十多公里的木吕桥管理区(乡)的桥梁生产队(村)。这是一个偏辟的塬上小村,农民生活更显艰苦,特别是吃水十分困难,每天队里派青壮年到两三里地深的塬底小河沟里挑水,往返需一个多小时。因此,村中有"宁给一个馍,不舍一碗水"的说法。我自觉节约用水,每天用半盆水,刷牙后的水倒在盆里留着洗手用。我住的窑洞房东,是一位 60 多岁的老大娘,无儿无女,独身一人。她一辈子没有出过塬(村),看到我带去的搪瓷脸盆底部有条游鱼画面,很感新奇,问我:"真好看,这是啥?"我答是鱼。老太太从未见到过鱼,更没有吃过鱼,可见当地农民生活之苦。离村时,我把脸盆送给了老太太留念。

我从6 月 12 日到7 月 5 日征粮结束,共在桥梁村住了 26 天。幼年参加土改、下乡演出、辛中参加宣传队的经历,使我对做群众工作并不陌生。因而,我每天上午和社员一起出工下地干活,和群众打成一片,社员们和我无话不谈,下午和晚上协助村干部们研究生产、做麦收预分及征购方案等,常常忙至深夜二点。麦收后因提前和超额完成了各项任务,我们被公社评为上游队(即先进队),我因此也得到了队干部和社员们的好评。生产队和村党支部给我做了一个书面鉴定,说我:“工作积极,认真按党的政策办事”,“吃苦耐劳,每天下地劳动”“团结干部,帮助会计算账并整理了养猪和小麦丰产等几份经验材料在公社推广”,“群众关系好,随时随地耐心解答群众提出的政策上、生产上的疑难问题”,“干部、群众百分之百的要求他多住几天,并希望秋收再来帮助工作”,桥梁生产队和党支部书记董建杰郑重地在鉴定书上盖了印。在桥梁村时间虽然不长,但基层干部的辛勤苦干、不计报酬的奉献精神,农民们诚实、敦厚、朴素、吃苦、拥护党的真情,给予我深刻的教育并留下难忘的印象。

回到土基镇后,下放干部调整驻村,我们六局 3 名同志被合并到曹马村。该村距土基 3 公里,下放干部班长为冯树梁,副班长田士秀(女),该班由部办公厅、群众出版社及部印刷厂的干部组成,我们去后增加了李志民任副班长,我仍被分在食堂劳动。曹马村以农业为主,当年麦子收成不错。但公购粮后,村里留粮不多,因此公共食堂里仍是瓜菜带,干馍很少吃,每顿基本上是野菜面条汤。社员按每人两碗打回家吃,我被派到一名炊事员大嫂家里吃饭。她家上有老父母,下有两个娃娃,每次打回饭后稠些的先供老人、娃娃吃，我喝两碗稀的就说饱了。有一次大嫂给我碗里放了二勺辣子面，我本不吃辣的，但不好意思拒绝，硬着头皮吃下去，辣的满头大汗。大嫂见状说："你不能吃辣子吗？"我轻轻点头称是，但从此我慢慢适应了辣子。由于营养严重不足，我从来时 130 多斤消瘦到 90 多斤，而女同志个个腿部浮肿，行路艰难，但大家仍坚持下地干活，没有抱怨。直到秋收后，全村生活才有所改善，每天能吃上一顿饱饭。洛川县归属延安专区管辖，地委为了照顾公安部的下放干部，特别邀请我们到延安参观访问，改善生活。我们下放干部一行 30 多人，住在延安地委招待所，地区专员出面讲话并热情招待我们，还特意杀了几只羊。色香四溢的炖羊肉，黄澄澄的小米干饭，白白的馍让大家吃个够。大家着实吃了几天丰盛的饭菜，包括我在内的一些同志过去不吃羊肉，现在也感到羊肉特别好吃了。

延安是革命圣地，1937 ~ 1947 年，中共中央驻在这里领导全国抗日战争和解放战争。大家怀着兴奋与崇敬的心情，先后登上了象征延安古城的宝塔山，顺着延河水边尽情嬉耍漫步，参观了仰慕已久的凤凰山、王家坪、扬家岭、枣园，瞻仰了毛泽东、朱德、周恩来庄重简朴的故居，看到了中共中央、中央军委、八路军总司令部以及中共中央各部门及抗大、女大、鲁艺等院校旧址。5 天的参观活动紧张而快乐，领袖们艰苦朴素的生活，密切联系群众的工作作风，给同志们留下了难忘的印象。大家体会到中国革命的胜利和中国共产党的发展壮大，确实来之不易，一致感到此番延安之行收获颇丰，也受到了一次生动深刻的革命传统教育。

12 月，全体下放干部奉命回到北京，结束了农村的锻炼生活各自回到原单位工作。我被评为劳动锻炼积极分子，得到了公安部机关党委的奖状。

第六章　参加胡风案件审查工作的几件事

我参与胡风案件的审查工作分三段，一是参加“胡风分子”徐放的审查；二是参与胡风判刑后参观及安置；三是参加胡风案复查组平反工作。

一、对“胡风集团分子”徐放的审查工作

1955 年 5 月 13 日上午，上班后我看到人民日报以通版篇幅刊登了舒芜写的“关于胡风反党集团的一些材料”，并发表了“人民日报”的编者按语。按语明确指出，胡风集团是“反党集团”、“老早就敌对、仇视和痛恨中国共产党的和非党的进步作家”，我敏感地意识到“文艺界要出大事了”！此前对胡风文艺思想的批判似乎性质要变了。果然，舒文发表后，全国立即掀起了对胡风的声讨与批判。

当年 5 月 18 日上午，秦乘刚处长和我被通知到局长办公室紧急开会，同时被通知的还有六局各业务处处长和

一名工作人员。到会议室后，我看到北京市公安局邢相生副局长和市局文保处高克处长也在座。大家都不知道会议内容，相对无语，会议室里气氛显得十分严肃。陈钟局长落座后郑重宣布，党中央决定对胡风及其集团立案审查，并说胡风夫妇已于昨天（17 日）被实施隔离审查，由夏印副局长负责审讯。胡风集团在京人员，路翎、绿原、谢韬、徐放、刘雪苇、牛汉、严望等人于今日分别实施隔离审查，每名审查对象由一名局、处长负责审讯并配一名记录员。陈局长当场宣布了分工名单，秦乘刚处长负责对徐放的审查，我作记录。陈局长还讲了注意事项及纪律要求，并说胡风专案办公室设在六局，对外称公安部六局第二办公室。会议不到一个小时结束后，各组办理了搜查证，分别到各审查对象单位执行任务。

徐放当时是人民日报文教部编辑。当天临近中午，秦乘刚处长带我到人民日报社（那时人民日报社在王府井大街办公）。在报社保卫科长冯宝及文教部党总支书记陪同下，由秦处长向徐放宣布："因胡风问题，即日起对你实行隔离审查，你要老实交代和胡风的关系，"在对其家搜查后，将他送到报社宿舍煤渣胡同一房间内隔离，不准回家，由两名便衣战士日夜轮流监护。

经过一个多月的审讯，基本上弄清了徐放和胡风的关系。

徐放,原名徐德绵,1921 年 11 月 28 日生,辽宁省辽阳市灯塔县人,地主家庭出身,中共党员。徐放在中学时酷爱文学,思想比较进步,18 岁便写出不少诗篇,21 岁出版第一本诗集《南城草》,反映当时沦陷区人民的苦难生活。1941 年 12 月 30 日,东北爆发了大规模的反满抗日斗争(史称"一二三"事件),许多进步人士遭到逮捕监禁。徐放也受到通缉,因而只身逃到关内,辗转到了四川,考进流落到四川三台的东北大学。他在校内参加了中共东北局秘密组织的"读书会",成为该校学运领袖之一。其于 1944 年加入中华全国文艺界抗救协会,任川北分会理事及机关刊物"文学期刊"编委、"东北文化周刊"主编。"八一五"日本投降后,徐放在重庆东方中学教书,同时继续参加"东北救亡总会"的活动,还和作家骆宾基、王亚平、沙鸥等编辑进步书刊。此时期,徐放发表了不少进步诗歌,长诗《妈妈的黑手》在当时国统区诗坛很有影响。1946 年徐放到达陕北,曾任陕甘宁边区陇东中学教员,后到晋察冀边区北方大学文学组任教,华北大学第三部教员兼文艺研究室研究员。1949 年后,历任军管会文教委东北组组长,接管东北大学联络员、军代表。接管工作完成后,其被调到"人民日报"社文教部任编辑(行政 13 级)。

徐放和胡风的关系:徐放在重庆时期很崇拜胡风,他带着自己的诗稿到胡风家中求教,得到了胡风较高的评价，从此与胡风建立了联系，成为胡风扶植的青年诗人之一。

1949 年胡风从上海来京，出席全国第一届文学艺术工作者代表大会期间，徐放到代表驻地北京饭店看望了胡风，恢复了与胡风的联系。但因和胡风在某些问题上看法上有分歧，来往不多。1954 年胡风文艺思想受到批判，徐放同情胡风，成为胡风家中常客。当胡风决定反驳对他的批判，开始撰写《关于解放以来的文艺实践情况的报告》时（即《三十万言书》），徐放积极主张胡风上书中央。

审讯中，徐放对和胡风交往过程如实作了交代，但不承认胡风是反革命，更不认为自己有反党罪行。因而，其在审讯中屡屡和秦处长发生争执，被认为“认罪态度不好”。

审讯告一段落后，秦处长带我赴东北等地对徐放家庭历史进行了调查。调查证实，徐放没有政治历史问题。我们如实写了调查报告，从而否定了案件开始时某领导批示所说“徐放有日本特务或国民党特务嫌疑”的分析判断。

到 1955 年底，对徐放审查基本结束。其他在京被审查的胡风分子，除胡风外也都基本结案。

1956 年初，秦处长和我回处工作。徐放和在京其他“胡风分子”的审查均告一段落（胡风除外），因此被转移到西总布胡同（原公安部家属院）集中管理待处理，由六局办公室主任胡鸣孔负责统一管理，池应春同志做具体工作。1956年冬，徐放等“胡风分子”被转移到安福胡同，1960年关进秦城监狱。胡风判刑前后，在京被关押的“胡风分子”被先后释放，是党员的开除党籍，一律作降级安置工作。

二、陪同胡风判刑后的参观及安置工作

经上级批准，1965年11月26日，由北京市人民检察院检察员公诉，北京市高级人民法院开庭审判“胡风反革命罪行”。经法庭听证、审理，最后宣布，判处胡风有期徒刑14年（刑期从1955年5月17日起算），剥夺政治权利6年。余刑4年，准予监外执行。

对胡风判刑后的监外执行的安置方案，事先已经有关部门批准。局领导决定由局办公室主任胡鸣孔同志牵头，我做些具体执行工作。胡风判决后被押回秦城监狱没几天，即由胡风妻子梅志接其出狱回家，与家人团圆。我陪同胡鸣孔主任到胡风家，向他宣布了监外执行期间的纪律，主要是外出报告、不接待外宾、有事请示报告等，胡风表示坚决遵守。1966年新年刚过，胡主任和我再次到胡风家里，商谈安排胡风参观事宜。胡主任说：“为了使胡风先生了解这几年祖国发生的新变化，准备请胡风先生夫妇在北京参观一些新建筑物和工厂，您们有何意见？”胡风夫妇

连连点头，欣然同意。胡主任当面交代说："参观事项由王增铎同志具体安排和陪同。"于是，我将准备参观的单位计划简要作了介绍，胡风表示同意。按照参观单位顺序安排，我事先和各单位保卫部门进行了沟通，得到了他们的配合与支持。因而，十余天的参观非常顺利、安全。公安部为这次参观配备了专车，每日早晚由我乘车接送。我首先带领胡风夫妇参观了人民大会堂，服务员引领我们在不断讲解中先后参观了宴会厅、大礼堂、三楼小礼堂、以省市命名的北京、湖南、台湾等二十多个厅。大会堂的宏伟壮丽，各省大厅富有地方特色的布局及精美展品、墙壁走廊中著名书画家的传世之作，胡风看得异常高兴，兴趣颇浓，不时向服务员询问几句细节。第二天，我们参观了中国历史博物馆和人民英雄纪念碑。胡风在瞻仰人民英雄纪念碑时，对每个时期的英雄群雕看得认真仔细，表情肃穆恭敬。第三天参观了石景山钢铁厂，工厂规模较大，参观时间长，距城区又较远，因此事先我订好午饭。参观后在工厂食堂一个单间，我和司机陪同胡风夫妇进餐。我点了四菜一汤，其中有一盘红烧肉。我看胡风不顾旁人的样子，大口大口地吃菜，尤其夹起红烧肉一口填进嘴里，吃着津津有味，梅志却显得雅静斯文。以后几天，大体上每半天参观一个单位。先后参观的有北京市第一机床厂、北京市国营第三棉纺厂和北京市清河制呢厂。参观国棉三厂时，胡风饶有兴致地向纺织工问长问短；参观清河制呢厂时，胡风轻轻地抚摸着精致的兰呢，工人趁机说，“这都是将军们用的衣料啊！”已是64岁高龄的胡风，几天参观下来丝毫不显疲惫。我随机说，胡先生可否写写感想呢？胡满口答应“要写，要写”。很快胡风交来了富有诗意题目的参观感想：《祖国，我听到你胸脯里面心跳的声音——参观后的杂感》。通篇透露着他的真诚喜悦和对祖国的敬仰。胡风的这篇诗文般的感想，我迅即送呈领导。

春节过后第4天，按照上级批准的安置方案，胡鸣孔主任和我再次到胡风家里。胡主任向胡风宣布：“上级决定让你和梅志到四川成都安家，子女也可同去。胡风每月生活费200元，梅志按行政19级待遇，70多元，安排在四川图书馆工作。”胡风毫无思想准备，颇感突然，一再表示希望留在北京，并说了留在北京对思想改造有利等等的话。胡主任向他耐心解释这是上级决定不能更改，而且成都已作好了安排。最后胡风勉强表示服从，但只和梅志同行，坚持子女留京，胡主任当即同意。胡风的书籍包括需带用品、杂物甚多，考虑到胡风夫妇年老体弱，我从搬家公司雇来两三名工人，到胡风家里帮他们整理打捆打包，以便托运。此前，我们已同四川省公安厅商谈了胡风到成都的安置。按照领导批准的方案，给胡风找一座独门独院，保证他的安全，四川很快落实下来。待胡风这里搬家准备就绪后,我和胡风夫妇商定了乘火车赴成都的启程时间。我订好了软卧包间,由四川省公安厅劳改处来的两名同志陪同胡风夫妇于1966年2月17日乘车离京,我和胡主任到车站送行。胡风抵达成都后,对成都安排的独院住宿,比较满意,特意给我来信,说了些感谢的话。此信立即呈送领导。

三、参加胡风案复查组平反工作

1980年5月,奉上级指示,公安部对胡风案进行复查,同年5月中旬成立了复查组。在于桑副部长亲自领导下,由经文保局孙振局长任组长,王韦副局长任副组长,成员有顾松山、郭哲生、姜群同志和我。公安部复查组根据1965年北京市人民检察院的起诉书、北京市高级人民法院对胡风的刑事判决书和1955年公布的"胡风反革命集团的三批材料"认真仔细进行复查,逐条否定了判决书的罪行"事实"。认定胡风不是反革命分子,也不存在一个以胡风为首的反革命集团,应是错案错判。建议对胡风一案予以平反。同年9月,中共中央发出(80)76号文件,批转公安部、最高人民检察院、最高人民法院党组《关于"胡风反革命集团"案的复查报告》。批语指出:"这是在当时历史条件下,混淆了两类不同性质的矛盾,将有错误言论、宗派活动的一些同志定为反革命分子、反革命集团的错案。中央决定，予以平反。”至此，3 个多月的紧张工作以中共中央(80)76 号文件政治上为胡风平反而结束，复查组同志各回原单位工作。

通过胡风一案，我深深感到我们党事实求是精神的伟大。虽然，这中间有个认识的过程，有个统一思想的过程，但我们党敢于正视和纠正自己的错误，随时“坚持真理，修正错误”，更加证明了我们党和社会主义制度具有伟大而顽强的生命力，因而使我们党领导的事业，不断取得胜利。

第七章　在“文化大革命”中

一、“文革”初期

1966 年 5 月 16 日“中国共产党中央委员会通知”(简称“五一六”通知)下发后,“文化大革命”开始了。同年 6 月 7 日公安部机关召开全体工作人员大会,对彭真、罗瑞卿所谓反党、反社会主义罪行进行背靠背揭发批判。谢富治(时任国务院副总理、公安部长)在大会上煽动大家积极行动起来,同彭、罗及公安部“走资派”们坚决斗争。此后公安部机关迅即开展揭批高潮,业务工作实际上处于瘫痪状态。各局群众组织纷纷成立,领导靠边站。我局有两个群众组织战斗队,我都没有参加,只和处内几位同志联名写了几张大字报。此时,在北京筹备一个国际物理讨论会,由著名物理学专家周培源主持,领导指令我去参加保卫组的工作。应邀参加会议的外国学者、专家一百多人,全部住在京西宾馆。当时社会上正处于混乱状态,外宾安全令人十分担心。记得当时由叶剑英元帅领导的首都保卫组，专门派了王恩眷同志（时任公安部三局副局长）来宾馆检查指导我们的保卫工作。我们保卫组人员日夜跟随外宾贴身保护，由于措施得当，保卫了会议和外宾的安全。

二、参加首都红卫兵战果展览会

国际会议结束后，领导又派我去参加首都红卫兵战果展览会的筹备工作，筹备组由首都红卫兵组织、中国革命博物馆、公安部等单位抽调200余人组成。公安部汪金祥副部长任领导小组副组长，公安部派出群众出版社总编辑、作家李文达等二十多人参加筹备工作。我被分配到保卫组任组长，成员有公安部的陈凡德、北京市公安局的马传忠等十余人。“红展”筹备处的办公地点在北京展览馆，我们吃住都在展览馆后面的楼房内，展览馆门外负责指挥交通的一个班也归保卫组指挥。期间，红卫兵头头们以筹备工作不力、思想右倾为借口，召开大会批判了领导小组副组长高修（商业部副部长）和汪金祥副部长，并夺了他们的权。谢富治并未阻止，后派公安部政治部主任施义之（军代表）作“红展”联络员。“红展”经过七八个月筹备，于1967年6月2日在京正式展出，称为“首都红卫兵造反展览会”。“红展”分为四个展厅：第一馆“红卫兵运动蓬勃兴起”，第二馆“横扫一切牛鬼蛇神”，第三馆“红卫兵抄家战果”，第四馆“红卫兵震动了全世界”。其中，第一、第二馆分别展出了红卫兵运动的发生、发展和所谓“破四旧”（即破除旧思想、旧文化、旧风俗、旧习惯）运动的“辉煌成就”（实际是对我国优秀传统文化的大破坏），并在展厅的显著位置展出了毛主席的“我的一张大字报”和聂元梓所写的攻击校党委和北京市委的那张大字报。“红展”最引人注目的是第三馆“红卫兵抄家战果”，馆内展出了大量珍贵的抄家物品，如珍宝、珍玩、古董文物、玉石翡翠，各式各样的钻石、宝石、饰品、古代和当代著名书画及其他奇珍异宝，大部分都是国家一级珍宝。因此，参观此馆的人数众多，每天四万余人。馆内拥挤不堪，自然成了保卫组的工作重点。记得那时，每天都要发生十几起小偷趁人多拥挤之际盗窃钱包案件。夏天天热衣单，人们在参观拥挤中常常发生“老顶”纠纷事件（即女同志被后面紧靠的男人耍流氓）。被当场抓获的各类人都有，有的有意，有的无意，保卫组教育教育就放了，个别恶劣的则通知单位派人领回。展览期间没有发生重大案件。

三、公安部学习班“斗、批、改”

1968 年 1 月接公安部通知，在“红展”的公安部工作人员全部撤出，到中央政法干校（即现在的公安大学）集中和全部人员一起办学习班。我将工作移交给北京市公安局警卫处的同志，即到公安部学习班报到。

1968 年 5 月，各大报纸发表了毛主席“五七指示”：“广大干部下放劳动，这对干部是一种重新学习的极好机会，除老弱病残者外都应该这样做。在职干部也应分批下放劳动。”公安部决定，将公安部干部统统下放到黑龙江笔架山农场和湖北沙洋农场办干校。为准备下放，学习班重新编队，我们六局和办公厅、三局合并为一个队，称作第四队。队主任为三局的李敞盈，副主任为办公厅的倪强和六局的顾松山（处长）。大约在 10 月中旬，领导找我谈话，让我参加先遣队，先去黑龙江集贤县笔架山农场，为大部队去办五七干校做筹备工作，我当即表示愉快服从。因为我早已厌烦学习班无休止的批判斗争，尽快离开学习班正如我愿。

第八章　下放黑龙江五七干校劳动

先遣队由学习班各队抽调身体较好的三十余名同志组成,由公安部"无产阶级革命派总部"成员田庆润带队,"总部"是公安部十几个造反组织的联合。先遣队一行乘火车于1968年10月30日抵达黑龙江省集贤县笔架山农场,为五七干校做筹备工作。

笔架山农场解放初期是由解放军开垦建设,1953年2月改为劳改农场,后历经归属省、市、县地方国营农场、又重归劳改单位的过程。笔架山农场在佳木斯市东北部完达山北麓松花江下游南畔,三江平原腹地集贤县福利镇西13公里处,场部因驻于笔架山屯而得名。当时土地有30多万亩,东西宽18公里,南北长33公里,区域总面积160平方公里,交通便利,佳富铁路横贯场区东西,设有笔架山火车站,距场部0.5公里。哈同公路纵贯场区西北,与各分场道路相通。佳木斯往双鸭山煤矿送电的两条高压输电线路由此经过,因此交通邮电和电力照明均有方便条件。农场南部(铁路以南)山多林密,适于发展水果,称九分场。铁路以北，广阔平原，土地肥沃，农作物以小麦、大豆、苞米为主，机械化程度较高。农场气候寒冷，属“北大荒”境界。

农场将九分场全部划归公安部五七干校。九分场下设果树1队、果树2队，果树3队和鸡场4队，这几个队依山有水，果树成林。先遣队到达后集中住在果园1队，人员分派在各队协助当地职工为大部队到来作准备工作。具体任务是维修房屋、扩建食堂，置办粮柴和必要的物资设备等。我分在果树1队食堂，帮食堂做杂工。夜里一两点钟起床，到伙房烧水、挑水，白天为食堂到场部仓库拉粮，参加秋收收尾劳动。这年我34岁，身强力壮，一袋80公斤的大米两手一抄即扛在肩上。秋收的苞米储藏在临时搭建的有五六米高的苞米楼上，苞米楼斜口搭一木板，人们扛着一筐筐苞米踏板而上，倒在苞米楼里。我扛着玉米筐几乎是跑上跑下，累的气喘吁吁，大汗直流。果树1队队长马维臣见状一面夸我真能干，一面提醒我要慢些，别累着。农场生活很好，大米白面“可劲儿造”（当地土语，即随便吃的意思）。各队都自己种菜，猪、鸡、鹅养了不少。我心想，这里虽然气候寒冷，但饮食是有保障的，不会像1960年下放陕北那样吃不饱，饿着肚子还要干活。

1969年1月23日，我们先遣队和农场职工整队到笔架山火车站，迎接抵达的公安部干部子弟（老三届学生）

250多人。这些青年一下火车便赶上了零下三十多度天气的寒冷考验，遍地白雪皑皑，他们在冰雪的道路上艰难行走。在场部礼堂举行简短欢迎仪式后，这批青年又步行到果树2队，集中住在那里。尔后，少部分人员留到九分场，大部分青年分到北部分场劳动。

1969年1月领导决定，将铁道以北的良种站划归公安部五七干校第5队。5队是部办公厅部分干部、三局（含研究所）和六局干部组成，先遣队让我带队前往做准备。因此，我和先遣队的三局刘传炳、孙德宏、薛振芒、办公厅的许仲久等十余名同志急速赶到良种站，后来北京知青佟晓明、韩一飞也分来良种站。

良种站位于场部正北偏西3公里处，地势平坦，土地总面积近万亩，是农场培育农作物的良种基地，以小麦、大豆为主，机械化程度较高。

我们到良种站后，因大部队即将到来任务很紧。一方面为下放干部准备的房屋，要一家一户的检修维护；另一方面为了冬季御寒、取暖做饭、烧火墙、火炕储备能源。先遣队成员和新到不久的双鸭山知青，在农场职工带领下，到农场最南端的峻山上捞柴。我们常常是早上四点起床，穿上垫着乌拉草或玉米叶的大头鞋，打上绑腿，戴上狗皮帽子皮棉手套，腰里扎上根皮带，棉袄里揣上几个大馒头，腰上别着把砍刀，排着队、踏着积雪向森林区进发。到了山上，在茂密的森林里，大家挑着一些碗口粗的杂木，连砍带拽，把那些砍下的树棵顺着山坡雪地往下出溜，由马车陆续拉走。大家累的满头大汗，但谁也不能偷懒。因为一停下来汗水就会结冰，冻得透心凉，所以必须不停地干活。午饭时，大家点起篝火把馒头烤热充饥。有的捧起干净的白雪，一口馍一口雪；有的将白雪捧到饭盒里，在篝火中烧开喝。夕阳西下时，大家拖着疲惫的身体往家赶，回到良种站已是晚上八点多钟了。大家顾不得吃饭，倒在床上再也不想起来了。我们的目标是给下放干部家属每户储存一车柴，因此捞柴连续干了十多天才完成百十户用柴的需要。

1969 年 3 月 8 日，我们先遣队员和农场干部职工在笔架山火车站迎接了公安部大部队的到来。两千多名干部家属下车后，由各队先遣队员分别带走。第 5 队 220 多人在支部书记倪强率领下，由我们先遣队员带领步行到了良种站。有家属的，对号住进了预先安排好的房间。房间全是向阳的平房，房内火墙烧好暖和和的。不过有的家属住的是新盖不久的红砖房，有的家属住的是旧砖土坯的混合老房。于桑副部长作为在职干部随大家一起下放，全家被安排在一排新红砖房的中间。刘复之副部长当时尚未“解放”，一家被安排在马路东一排旧砖房内。男女单身干部分住在几十个人的两间大桶子房内。大房间长五十余米，中间 1 米宽通道,两边是南北通铺大炕,房间内有两个大火炉,每晚烧炕,房内暖洋洋。

大家安顿好后,第二天下午由支部书记倪强召开全体下放干部大会,布置下段任务和宣布队、连、排各级班子名单。下段任务是完成整党和党员登记工作。各级班子名单是:支部书记倪强,队长白建华(三局老处长),支委会由倪强、白建华、何同湧、宋晓梅等同志组成。青年连长为林忠,指导员为段墨兵(保密办老处长),机耕排、大田排、果树排、后勤排等各排排长均已宣布,但我记不清了。机耕排排长是农场老职工原机耕队队长刘继香师傅,我被宣布为机耕排指导员。

机耕排全是农场职工,有三位老技术工人师傅,五、六位农场和双鸭山的知青。因我到的早,和他们比较熟悉,因此受到了他们的欢迎和工作上的支持。几位老师傅善良、纯朴、任劳任怨、埋头苦干、诚恳热情的作风给我留下了深刻印象,都是我学习的榜样。三四月份正是当地春耕大忙季节,机耕排日夜两班驾驶拖拉机轮流翻地,我经常跟着教会我开拖拉机的魏师傅值夜班。记得头一次值夜班,拖拉机翻地后,从机镜看到拖拉机后面有几只大灰狼紧紧跟随。我有些害怕,魏师傅说:“那是狼在找翻地后窜出的老鼠吃,不要招惹他们就没事。”后来习以为常,在遇到狼群也就不害怕了。晨曦,从拖拉机上眼望东方,似大火球的太阳从地平线上升起，瞬间跳跃而出，仿佛近在眼前。那景色真是美极了，一夜的劳累顿时一扫而空。

4 月下旬，整党登记任务结束。应集贤县县委邀请，校部由各队抽调 200 多名下放干部组建“农宣队”，到集贤县各村镇帮助整顿工作。支部书记倪强被调去任队长，离开了良种站（后于年底回部工作）。几天后，校党委书记吴集祥来队宣布：校党委研究决定，第 5 队由白建华任支部书记，王增铎任队长。这真是出乎我的意外，事后我问于桑副部长（校党委开会都请他参加）为什么让我当队长？于副部长说：“党委讨论时有两个候选人，大家都同意你，特别是农场领导干部极力推荐你，好好干吧！”我想，这可能是我在先遣队的劳动表现和“根正苗红”所致吧。

当时，良种站有良田 560 垧（每垧 15 亩），果园 49 响，水田 60 垧，共计 600 多垧，一万余亩；有马 30 余匹，链条拖拉机 2 台，胶轮拖拉机 1 台（后又增加 1 台），谷物联合收割机 1 台（后又增加 1 台）；下放干部 220 名（到农宣队五十余名），北京、双鸭山、浙江知青 197 名，原场职工百余名，连同干部家属全队有七百多人口。如何管好近万亩良田，安排好七百多人的生活并非易事。我没有实践经验，在边干边学中逐步摸索出“三个紧紧依靠”的办法，很有成效。

一是紧紧依靠农场老职工和技术员。干校各队都留一原农场干部任副队长，协助搞好生产。我队是原良种站副站长任龙元任5队副队长，任队长是50年代转业到农场的连级干部，对农业生产相当熟悉。良种站还有一位农业技术员包永顺，农专毕业，聪明能干，对培育良种、科学安排各种作物种植很有经验。因此，在制定年度计划、农作物种植分配、布置检查农活进度、保证农活质量上，我基本都虚心听取他俩的意见。

5队以农业为主，主要靠机械化操作，因此离不开机耕排的三位老师傅。他们开拖拉机都有十几年的经验，能开能修，技术熟练，对良种站地形地貌十分熟悉。万亩良田按地段大小分片编号，大片的有二、三千亩，小片也有几百亩，三位老师傅对地号什么地方有沟、什么地方有坎，他们闭着眼睛也不会出差错。依靠三位老师傅带领几位青年徒弟日夜奋战，春播、秋收关键任务都能顺利完成。每天晚上，我和任队长、包永顺技术员、刘继香师傅以及下放干部中的主要连、排长都要碰头，根据当天进度规划第二天的任务。正是依靠了农场老干部、老职工的帮助谋划，才使我队在农业生产上没有走弯路，基本或超额完成了农场下达的生产任务指标。

二是紧紧依靠队里下放干部的连、排长。第5队选出的连、排干部政治素质、身体条件都较好，我和他们配合默契，各项生产任务事前定期商量好，尔后由他们带队完成，任龙元副队长在农活上负责指导。青年连指导员段墨兵同志，1920 年出生，1937 年参加革命，是公安部老处长，经过战争考验的老同志，政治觉悟高，组织能力强，工作认真负责，善于做思想工作。青年中出现一些矛盾或难题，他都能妥善解决。虽已年近五十岁，但不管干什么活，他都能冲在前言传身教，深得青年们的爱戴。队里的其他事情，特别遇到一些辣手的事，我经常请教和他商量，能及时得到他的指导和帮助。因对“文革”持相同的“保守”看法，加上朝夕与共的相处使我们成了无话不谈的知心朋友。1971 年他回北京工作后，曾历任北京市公安局处长、石化公安分局局长、全国政协机关事务管理局局长，离休前任最高人民法院办公厅副主任，2000 年因病去世。我至今仍很怀念他。还有赵海波、邬国庆、赵荣、武英贤、詹楚材等同志先后担任连排长期间，不怕苦、不怕累，以顽强的毅力率领青年们完成了各项艰巨的生产任务。机耕排指导员赵海波同志，原为部三局研究所法医，办事稳重、待人诚恳，懂技术、善管理。机耕排任务重，农忙时日夜轮流操作，他团结刘继香等老师傅和青年职工出色地完成了春耕、秋收、拉运等紧张任务。邬国庆同志，蒙古族人，大学生，不管干什么活，他都是抢先示范。记得一次从水中捞蔴中，正值深秋，气温在零度以下，水已结成薄冰。他毫不犹豫第一个跳入水中捞蔴，青年们紧紧跟随跳入水中。队里不管分配什么活，只要邬国庆带队，没有完不成的任务。武英贤同志30多岁，是位有3个孩子的妈妈，但和青年干活毫不逊色。女青年们都愿意跟着她，心里话愿同她说，像妈妈一样尊敬她。赵荣、詹楚材同志都是大学生，知识面广，不仅干活处处带头，而且善于团结关怀青年，深得青年们的拥护和爱戴。其中，赵海波、邬国庆、赵荣、詹楚材等同志还先后入了党。

三是紧紧依靠知识青年。第5队的知青来自北京下放干部子女、农场职工子弟、双鸭山、浙江宁波、杭州等地，共有197人。其中，双鸭山知青陈发（后改名陈旭辉）、白纯武、王思新、王忠伟、王淑霞、王铁、李连峯、邓华玲、姜秀兰、姜云书、高庆祥等20余人，于1968年10月31日先于大批下放干部到达良种站。公安部下放干部子弟佟晓明、韩一飞、李芸芸、刘红燕、刘红森、马伟伟、邵萍、徐小玲、王霖霖、徐立淳、徐京、周小军、王丽萍、段一民、高京兰、刘家模、孙杰、李黎明、李红、李励、刘玉荣、孙铁英、张玉温、郑严、赵俊光、严开艺等26人。浙江知青共三批，第一批到达的有宁波的楼玉奇、叶容芬、宋玉通、周春枝、林坚、虞顺德、王素琴、吴惠琴、石巇辉、林毅、王玲、杨烨、桂明达、陈松涛、徐惠、杨翠芳、俞仁木、王明德、戍幼平、洪雅芬、严娴旋等21人；从北部二分场调来的宁波青年有郑飞勇、徐守泽、徐善林、鲁杏芬、朱妙芬、桂怀宝、翁佩芬、屠英刚、张永芳等 32 人。宁波的两批知青高中文化程度的居多。第三批是较晚来的杭州知青王金荣、王季英、朱国强、钱月第、宋培英、孙长莉、刘云龙、杨芬等 30 多人。艰苦生活的考验,繁重劳动的磨炼,使一批优秀青年脱颖而出。浙江知青郑飞勇、楼玉奇、周春枝、林坚,双鸭山知青陈发、白纯武、王思新、北京知青佟晓明、段一民、韩一飞等,都先后成为连、排长或骨干。

这批青年是 5 队农业生产的主力军,打硬仗、攻坚战、突击战全靠他们。春季为果树剪枝、施肥、打药、松土、授粉;夏季锄地、除草、割麦子;秋季掰苞谷、割豆子、割谷子、摘果、收菜、沤蔴、捞蔴、维修房舍等;冬季秋粮打场、入仓,土豆、大白菜、萝卜入窖、剥蔴、编筐、积肥、捞柴等农活都以青年为主完成。5 队虽说是以机械化为主,春耕靠拖拉机,小麦、大豆成熟后靠康拜因(联合收割机),但边边沿沿或小地块的上千亩小麦、大豆还是由人工收割,掰苞米全部由人工完成。这些人工收获的小麦、大豆、苞米在场院里堆积如山,照农场惯例,要等到来年春天才能完成脱粒入库任务。我们决心打一场冬季攻坚战,以青年连为主。白天由下放干部大田排的同志参加,夜班由下放干部连排长带领青年在零下三十多度的严寒里,场院里灯火通明,机声隆隆,连续奋战十余个日日夜夜,终于在新年前完成了脱粒、入库的任务。此时,大田里的玉米杆也全部收回,分送到各家各户作冬季燃料，新盖的猪舍、马厩也已落成，抢在大寒前收获的白菜、萝卜、土豆也安全地储存在新盖的地窖里，实现了当年“地净场光菜入窖，猪马搬进新舍号”的目标。这在农场史上尚属首次，因此我们受到农场的大力表扬。刘奎场长到5队实地考察后说：“你们下放干部开创了笔架山农场农活当年全部完成的先例，值得学习和表彰”。听说刘奎场长以5队的例子到北部分场广为宣传。

1970年春，支部书记白建华同志调回公安部工作。经战校党委决定，由我继任党支部书记。支部委员有陈锡朋、何同湧、宋晓梅、徐淑绵（农场职工），韩林邦、鲁隆庆后来也当过支委。

1970年7月经批准，公安部党的核心小组和革命委员会成立。革委会由27人组成，革委会组成人员中，有笔架山五七干校五人作为群众代表参加。这些人全是干校各队支部书记或队长，5队的代表是我。公布前我也不知道，这是干校党委决定的。革委会实际上是形式，只在成立时开过一次会，以后再无活动。

我担任革委会委员一事还有一段插曲。战校党委书记吴集祥同志告诉我，革委会名单公布后，原六局造反派的两位同志从农宣队回来到干校党委提意见，说王某是保守派“修正主义苗子”，怎么能当革委会委员呢？吴书记答复说:“这是经干校党委讨论同意上报、部核心小组批准的,5 队同志没有不同意见。”

于桑、刘复之副部长回部工作后,因开展工作需要,点名从干校调回一些干部,5 队居多。此前,新疆公安厅、陕西宝鸡消防厂从 5 队选走了七、八名干部。我和支委研究决定调谁送谁,绝不阻拦。1971 年 9 月“林彪叛逃事件”后,在周恩来总理关心督促下,公安部从五七干校陆续调回大批干部。同年 12 月下旬,我奉命回部工作。

就要离开干校了,回顾下放 3 年多特别是我担任队长、书记领导职务后,我的工作表现可圈可点。一方面我继续坚持劳动,从不脱离劳动,队里突击战、关键活我都在第一线和大家一起干;另一方面还要稳定大家情绪,安排好全队生活。本来笔架山农场职工全年吃细粮,但大批下放干部到达后不久,有的队提出干部是来锻炼改造的,不应生活太好。因此战校党委决定,各队要安排一半粗粮。我队只得执行,每月到农场粮库按数领来高粱米、玉米面、大碴子(玉米碾碎而成)。为了改善生活,我和有关同志研究了许多办法加以调剂,如粗粮细做巧蒸发糕;大力发展养猪,每月杀一两头。5 队库存大豆较多,我们用大豆到农场部换油;这样,猪肉、豆油除贴补食堂外,每户也可分上一些;开办豆腐坊,每天做上几版,食堂天天有豆腐吃;划出几晌地,专种向日葵,秋后收获后,除集体留一些春节分到各班外，每户每人可分十几斤葵花籽；划出几响地专种白菜萝卜，保证冬天有菜吃；划出几响地专种西瓜、香瓜，西瓜秋后入窖储存一些，春节取出分给大家吃，更觉美味香甜。几十响地的果园年年丰收，所收获的像北京沙果般大小的“大秋”、“黄太平”、“花红”等苹果，供应每户买一些，队里入窖储存一些，其余大部分销售出去。到了冬天，大家在屋里一面烤火，一面吃着用凉水“拔”出的冻秋果，酸甜可口，味道极佳。果园垄沟间种的倭瓜，收获后像小山一样堆在场院里。人们随意切开取出瓜子，瓜瓤全部喂猪。

农场职工和知青总体说对生活安排比较满意。下放干部虽觉生活单调艰苦些，但能吃饱、苦中有乐倒也适应。

在对待知青上如前所述，我一直把他们当做队里的生力军，从心里把他们当晚辈看待。不管是双鸭山、浙江知青还是北京知青一视同仁，既按半军事化严格要求他们，又在政治思想、生活上关心照顾他们，鼓励他们政治上进步，劳动上多学些技能。双鸭山、浙江的知青多来自一般职工、工农家庭，思想单纯些，劳动肯干，不怕苦、不怕累。而北京知青情况则不同，全是干部子弟。其中不少孩子因父母是各级领导干部，“文革”中受到冲击，有的被打成“走资派”，有的被扣上莫须有的罪名而遭受批判，有的甚至被关押，因而受到株连。他们由“根正苗红”瞬间成了

“可教育好的子女”，感情上无法接受。我隐约感到“出身”带给他们的压抑，从而表现出的无奈、困惑、伤感和忧郁情绪。因此，我和段墨兵、邬国庆等青年连的同志总是鼓励他们热爱生活，融入集体，反复说明命运靠自己掌握，让他们振作起来。艰苦生活与繁重劳动的磨炼，使聪明好学的北京孩子们很快融入了集体，和双鸭山、浙江知青并肩团结战斗。

1970年初，干校各队北京知青刮起一阵“当兵风”，即不辞而别去参军。当时干校领导通知，要各队告诉家长或派人去追回。我队先后也有四、五名北京知青悄然出走。我认为参军不是坏事，即和青年连段墨兵指导员商量，此事既不声张，也不向校部报告，采取不说、不报、不查、不追，把此事压了下来。还有一名知青在干校一队劳动，因对领导简单粗暴作风不满而发生争吵，说了几句牢骚气话，被定为“思想反动”而要送到湖北沙洋公安部另一处五七干校监督劳动，他的父亲在五队，我认为此事处理不妥，对孩子打击太大，当即赶到校党委反映，经军代表同意，我将这名知青带回五队劳动。孩子本质好，聪明能干，不久入了团，成了知青中的骨干。五队还有一名北京知青，他的父亲是位老处长在三队劳动，我得知三队抓住他说的只言片语上纲上线要开会批判他，我担心这名知青情绪会受影响，便悄悄告诉他要有思想准备。以上这些举措在北京知青中反响较好,他们有什么事总愿同我说,当面喊我"队长",背后都喊我"王叔叔",我说的话他们都愿意听。在下放干部工作方面,倪强同志离开5队后,由支部书记白建华同志负责。我不太过问,因我对一些干部遗留问题并不知情。大部队到达笔架山后,5队因"各种问题"尚未解放的4名同志刘复之(副部长)、龙文奎(原三局办公室主任)、白浩(原六局副处长)、赵荫农(原三局技术干部)和笔架山农场尚未解放的干部曲林春、聂连增等七、八人单独编为积肥班同住一屋,晚上不让回家和家人团聚,这是校部决定的。我当队长后,对这个"积肥班"没有下达硬性指标任务,干多干少怎么干全由班长曲林春自行掌握。政治上也没有批判过他们,晚上让他们回家与家人团聚。1970年4月,我当书记后,校部根据部里决定通知,调刘复之同志回部工作,让队里做好群众工作,作出结论恢复党籍,一周完成。我迅即召开支委会,统一了思想,决定马上执行。随后,召开了支部大会,由我宣读了刘复之同志没有政治问题的结论,建议恢复党籍,全体党员一致通过。恢复党籍、恢复工作,两天完成,使刘复之同志顺利的回部工作了。

于桑副部长到干校劳动是在职下放,分到5队后勤排蔬菜班。1969年4月,他在中共"九大"上当选为中央委员。因于桑是老公安工作者的代表,听到广播后大家都很高兴。我猜想于部长应回部工作了，但谢富治、李震仍未让于回部。于部长不愧为老红军，毫无怨言地继续劳动。他农活熟练，虽已年过五十，不管是除草、间苗、排水还是割麦子、割豆子，总是干在前面，许多年纪较轻的下放干部都赶不上他。队里在生活上对他也无特殊照顾，按定量领回粗细粮，由夫人杨瑞同志打点安排。记得后勤排长刘书符同志来问我，说于部长让他到场部买些白酒可以不？我说你照于部长说的办，但不要声张。笔架山的秋末、冬季、春初大约半年时间处于零下十几度到零下四十度的天气里，干一天活困乏劳累，喝点酒既能解乏又能增温抗寒。后来，我知道下放干部中不少人到小卖部买酒喝，我虽然不喝酒但能理解。因此，我采取默认态度，不加制止。因为，按校部规定是不让下放干部喝酒的。

我队的薛振芒和许仲久同志，他们的家属在河北农村务农，长期分居的问题在机关解决不了。我得知农场有允许调进的政策时，当即动员薛、许两位把家属调来农场。薛、许非常高兴，薛并提出将他孤身老父亲能否一块调来？我同意，随向校部、场部写了申请报告，获得批准。这样不仅解决了两位家属由“农转非”吃商品粮的问题，而且将薛的父亲由纯农民调进农场当了工人，在5队喂马，拿工资。老爷子每天乐呵呵的，干活特别卖力。薛、许的爱人也安排在菜园劳动拿工资。1972年五七干校全部迁回北京，薛、许的家属也随之跟回,迁进了北京户口,并在北京工厂找到了工作。薛的父亲被安排到公安部秦城农场当工人,每次见到我都说些感谢的话。

在当时的大背景下,有些“左”的东西我还是执行了的。校部为了稳定下放干部的情绪,强调:“一辈子当农民”要“狠斗官字一闪念”。原三局一位同志说了几句不满的话,我召开支部大会上纲上线批判了他。事后虽然没有歧视他,但对该同志在精神上造成了一定伤害,这是我的责任。良种站一位医生(原场职工),因对个别下放干部说了些讥讽刻薄的话,有人反映说他挑拨下放干部与农场职工的关系,建议批判他,我同意并组织大会进行批判。这位医生平时工作尽职尽责,热心为大家服务。大会批判的做法显然过分,至今仍觉对不住他。

笔架山劳动3年多,使我对这里有着深深地感情与眷恋。同吃、同住、同劳动更使我和这里的职工、知青结下了真挚的情缘。我回部工作后,特别是粉碎“四人帮”后,笔架山良种站职工和双鸭山、浙江知青来北京时,原5队北京知青都约我和他们相聚一堂,共叙友情。我离休后,和公安部詹楚材、孟宪嘉同志相约于2006年7月和2011年9月两次组织北京、浙江、双鸭山原知青四十余人回访笔架山。笔架山农场现归属双鸭山监狱,监狱和双鸭山知青陈旭辉、王思新(他们两人已是当地知名的民营企业家)热情接待了我们。大家怀着愉快的心情首先回到了良种站，原5队双鸭山知青邓华玲已任良种站站长。他和退休的老队长任龙元引领大家到各家各户进行探望、慰问，看到各家职工生活安定，生活幸福，大家无比高兴。尔后，大家乘车参观了果树1队、2队和3队水库。多么熟悉的青山，多么熟悉的绿水，一望无际的大豆苞米田，挂满枝头的各色苹果勾起了大家无尽地回忆。笔架山几年的劳动是一生中宝贵的财富，人们怎能忘记啊！大家你一言我一语，往事说个不断，说也说不完。

在2006年7月双鸭山监狱举行的宴会上，我动情地赋诗一首，现追记如下：

魂牵梦绕笔架山，五七干校经磨炼，战大田、斗严寒、苦累过后方觉甜。三十八年过去，弹指一挥间，世纪风云，变化万千。改革开放，国泰民安。昔日笔架山，旧貌变新颜，崭新监狱拔地起，改造罪犯任务坚。万亩良田禾苗壮，鸡鸭成群猪满圈。忆过去，往事如烟。展未来，富强和谐的新中国，巍然屹立世人前。

第九章　永远怀念周恩来总理

1972年新年过后，我到公安部报到，分配在内保组（局）第一组任副组长（副处级）。一组负责国家机关的侦察案件，组长是高旭同志（原二局处长，后任治安局局长）。他把正在侦察的几个案卷材料交给我，让我熟悉案情便于工作。没过几天，大组领导找我谈话说：有件重要任务让我到北楼专案组报到。北楼专案组是由一位老局长王初同志（女）领导，内设两个小组，分管两件专案，都是周恩来总理亲自批交公安部办理的。一个小组由孙存智同志负责，一个小组让我负责，两个小组间不准相互谈论案情。部长秘书郑爱平同志告诉我，我去专案组前，总理办公室调阅了我的人事档案。接受周总理亲自交办的任务，我感到光荣而高兴，不由使我回忆起20年来我见到中央首长的激动情景。

由于业务工作的关系，我见到周总理的机会和聆听他的讲话、报告、听传达和看到他的亲笔批示最多。总理光辉的形象，言传身教的教诲，永远铭记在我心里。现按历史顺序追忆梳理于后。

1952 年春节前夕，中南海怀仁堂举办歌剧晚会，我有幸得到一张入场券。记得那天晚上是郭兰英主演的《白毛女》，我坐在怀仁堂西侧第 5 排中间。大约开演前 5 分钟，全场人们忽然起立欢呼鼓掌。我也迅速站起来，立即看到魁梧高大的毛泽东主席从东侧门进来了，朱德总司令、刘少奇副主席、周恩来总理等中央首长紧随其后。毛主席迈着稳健的步伐，面带微笑地频频向大家招手。直到毛主席和其他中央首长分别在中间第 7、8 排落座，掌声才慢慢停息下来。我的眼睛湿润了，掌心拍红了，骤然见到伟大领袖毛主席的幸福感迅即燃遍全身。因为这是我第一次近距离同时亲眼见到了中央的四大领袖啊！顿时觉得自己是最幸福的人了。台上大幕拉开，《白毛女》歌剧开演。演出中，尽管郭兰英那甜美圆润的歌声，咬字清晰、声情并茂的精湛表演非常感人，但我无心观看。我不时头向左侧，眼睛紧紧盯住在我幼年就仰慕敬佩已久并渴望亲眼见到的中央领袖们。只见毛主席神采奕奕、全神贯注、聚精会神地看着演出，显得那么悠然安详。德高望重的朱总司令正襟端坐，朴实慈祥，和善的眼神透着坚定、威严。周总理着装笔挺，双眸炯炯有神，额上嵌着两道浓黑的剑眉，是那样的英俊潇洒，风采动人。头上稍显银丝的少奇同志，是那么沉着、冷静、坚毅而镇定。这就是中国人民的大救星啊！这就是领导中国人民推翻三座大山的领袖啊！他们就在近前，我左看右看，瞅了又瞅，总觉着看不够，一股幸福的暖流激荡全身。大幕落下，我和观众们自觉起立，在雷鸣般的掌声中目送领袖们缓缓退场。回到宿舍后，我高兴的心情久久不能平静，一直沉浸在幸福激动的情景中，这使我终生难忘。

周总理对公安工作十分重视。早在1949年公安部组建时，总理就对公安工作的任务、方针、政策和业务建设做了精辟的阐述。在谈到公安工作重要性时，总理说："国家安危公安系于一半，国家安危你们担负了一半的责任，军队是备而不用的，你们是天天要用的。"1950年12月，周总理为公安部题词："加强人民公安工作是巩固人民民主专政必不可少的条件之一。"这个题词同毛主席、刘少奇、朱德的题词，一并悬挂在公安部大礼堂内两侧墙壁上①。

20世纪50年代和60年代中期，每逢国庆和"五一"劳动节，首都都要举行盛大的阅兵和庆祝活动。晚上则是万众欢腾的晚会，间或施放五彩缤纷的焰火，场面隆重激动人心。为了保证天安门城楼上的领袖们和东西观礼台

① 公安部编:《建国以来公安工作大事要览》，群众出版社，第3页、第18页。

上中外重要宾客的安全，公安部从机关抽调数十名干部，组成精干的警卫队伍，到东西观礼台执勤。我在1954年到1958年参与执行了这一重要而光荣的任务。我的执勤地点是天安门下东侧红观礼台上，我们以大会工作人员身份出现，通过验证和维持观礼台上的秩序，注意观察、严防坏人混入破坏，以保证观礼台上的安全。在执勤间隙中，我们经常轮换到观礼台西北角，抬首仰望毛主席、周总理、刘少奇同志和朱总司令在检阅游行队伍时的欢欣笑容。久看不倦，总想多看几眼。雄壮威武的陆、海、空三军接受检阅和群众游行结束后，聚集广场的二十万群众和学生队伍手持鲜花如彩游动，他们一面高呼毛主席万岁，一面潮水般地涌向金水桥畔。万众举目天安门城楼上，争相竟看向群众热情招手的毛主席、周总理等中央首长。毛主席健步走向天安门城楼左右两侧，手拿帽子伏下身子频频挥手向群众致意。人群沸腾了，"毛主席万岁"的欢呼声和广场播放的"歌唱祖国"的响亮歌声震天动地，队伍久久不散。人们多么渴望多看一眼毛主席啊！观礼台上的中外宾客也全部转身凝神仰望毛主席，久久不愿离开，广大群众对领袖们那种发自内心的真诚爱戴之情真是感人至深。

令我特别难忘和荣幸的是1962年、1963年的国庆节焰火晚会，中办警卫局批准我登上天安门城楼参加警卫工作。我的任务是配合做好城楼东侧平台文艺演出的保卫工作。想到又能近距离看到毛主席和周总理,我的心情格外兴奋。站在城楼上往下看,天安门广场灯光明亮,似一片欢乐的海洋,人们翩翩起舞,纵情高唱;抬头仰望夜空,五彩缤纷的焰火,组成几十种花色图案竞相绽放,令人眼花缭乱,美不胜收。城楼上庄严宽敞的中间大厅内,绛红色的大地毯铺满地面,正中和两旁摆放着宽大的皮沙发。每逢施放焰花间隙,毛主席就在这里接见来京观礼的各国元首和政府首脑。城楼东、西两侧平台各摆放着十几张桌子,备着茶点水果。西侧平台供中央各部门和军委负责同志休息,东侧平台专供外国代表团休息。每逢施放焰火时,毛主席、党和国家领导人都到城楼正中栏杆前,驻足抬首观看,还不时谈笑评论。焰火暂停间隙,中央文艺团体就要为东侧台外宾表演一些歌舞和杂技之类的小节目。周总理每次都过来陪同外宾一起观看,并在演出后会见外宾,和他们一一热情握手。总理谦逊的态度,落落大方、温文尔雅的举止,博学多识的谈吐,让所有在场的外宾兴奋赞叹不已。

1959 年新中国成立十周年大庆,我被派参加了国庆指挥部下设的文艺演出办公室保卫处的工作。国庆期间,中央和各地几十个文艺团体到北京献礼演出,全国名角云集北京。如京剧大师梅兰芳、马连良、李少春、河南豫剧演员常香玉、云南京剧演员关肃霜、上海梅派传人言慧珠等。

周总理不仅过问演出安排,还亲自观看演出。周总理记忆力超群,每次上台接见演员,他都能记住并叫出许多演员的名字。甚至,有的人过去只见过一面。对梅兰芳演出的《穆桂英挂帅》,周总理大加肯定,并单独在西花厅接见了梅兰芳。对地方戏的演出,周总理也表示极大关注。我记得甘肃秦剧团在京演出新编历史剧《枫洛池》,一炮走红。周总理特意在国务院小礼堂观看了演出,并在接见演员时说:"看了你们演奏的道情,我好像又回到了陕北,见到了陕甘宁边区的人民。"当晚,周总理请全体演职人员在国务院第一食堂吃了顿饺子夜宵。有的演员说:"真是一辈子难忘啊!"国庆献礼演出圆满成功,当年 10 月 23 日,文化部举行宴会,招待全体演职人员,周总理应邀出席并做重要讲话,现场欢声雷动,掌声不断。

1963 年我负责完成了一件周总理交办的任务。记得是 7 月的一天,我局夏印局长让我陪他到周扬同志家里(周时任宣传部副部长)。周扬同志说,周总理指示要了解一下文艺界 × × 的情况,请你们去查一查。夏印局长把这一任务交我去办。我首先到了中国青年艺术剧院,查阅了该人的档案,并同院领导、党委书记进行了交谈。尔后展开了调查,向有关人士进行访谈了解。其中大多数是文艺界知名人士,如张光年(即光未然,黄河大合唱词作者)、陈白尘(剧作家)、张天翼(作家)等。调查证实,该人虽无政治问题,但有大量招摇撞骗行为。有个典型事例:“大跃进”的1958年,北京市兴建十三陵水库,中央和北京市各单位的工作人员分期、分批去参加劳动,中央领导同志也相继去了十三陵,同群众一起挑土送石。那天,毛主席去十三陵劳动之余,工地指挥人员请毛主席题字,毛主席欣然命笔。一时间人们围得水泄不通,争相观看。此时,该人挤到人群面前,站在临时摆放的桌子前,给毛主席研起墨来,记者及时拍下这一镜头。该人拿着这张照片到处吹嘘炫耀,说什么毛主席接见了他,借以抬高自己。其实,当时警卫人员以为他是工地工作人员,而工地负责人以为他是跟随领袖的身边人员,让他钻了空子。他自称略懂中医,常配些春药,送文艺界有关领导讨好。访谈结束后,我以公安部第六局的名义,如实写出了调查报告草稿。夏印局长对报告草稿内容一字未改,但落款改为公安部第六局调查人王增铎,打印后于8月3日呈报周总理。周总理于8月16日审阅这份调查报告的批件很快送回局里,总理用毛笔作的批示,指示对此人要严肃处理。总理在报告上还逐句逐段圈点,个别标点符号不准的还给改了过来。报告中间还有许多旁批,如报告中说该人到医院去看望邓颖超同志借以炫耀自己的一段,总理旁批:“小超并不认识此人。”(我这时才知道小超是总理对邓大姐的爱称)。苍劲有力、标准清晰的毛笔字,我看了又看,这是我第一次看到周总理的亲笔批示。总理对工作这种认真负责极端细致的精神，深深教育着我，使我终身受益无穷。为这件事，夏印局长常常表扬我，说小王的调查报告得到总理的认可，任务完成的好啊！××后经文化部复核被送去劳动教养。

1964年6月5日至7月31日，中央决定在北京举办全国京剧现代戏观摩演出大会。我被派去参加演出大会领导小组办公室下设的保卫组工作，大会秘书长是文化部艺术局局长周巍峙（志愿军军歌曲作者，后任文化部副部长、中国文联主席）。周巍峙同志向我们介绍：全国京剧现代戏观摩演出，是周总理倡导举行并亲自过问指导的，北京和各省有29个代表团两千多名演员参加，你们一定要做好安全保卫工作。记得6月5日的开幕式，周恩来总理、彭真、陆定一等中央领导出席，周总理发表了重要讲话。开幕式后，汇演分六轮分别在人民剧场、民族文化宫、北京工人俱乐部、天桥剧场、二七剧场以及人民大会堂小礼堂进行。演出的剧目有《红灯记》、《芦荡火种》（后改为沙家浜）、《智取威虎山》、《奇袭白虎团》、《节振国》、《红嫂》、《红色娘子军》《草原小姐妹》、《六号门》、《杜鹃山》、《洪湖赤卫队》、《红岩》、《朝阳沟》、《李双双》等37个剧目。在一个多月的演出日子里，我每晚奔走于各个剧场，除了协助公安局、剧场负责人检查、落实各项安全、消防措施外，但凡有中央领导同志观摩，我都必须坚守在剧场内，直至戏终人散。这期间发生一件小插曲:会演办公室会务组负责掌管中央首长观摩演出的预留票,开演前中央首长未到场,会务组即把首长预留票全部发出去,因而发生了中央某首长因中途进场,没有及时安排座位而发了脾气的事件。文化部副部长徐平羽听到反映后,立即指示说"以后中央首长预留票全部交保卫组王增铎负责"。这样,我的担子更重了。我把座位全部安排便衣警卫战士入座,不准转让。这样,不管中央首长何时进场,都能保证入座观摩。记得周总理几乎每个剧目都来观摩,并上台接见演员,同他们合影留念,有时还提些改进意见。他对当时走红剧目如《芦荡火种》、《奇袭白虎团》、《红灯记》、《红嫂》等都连看两遍,并嘱安排专场请毛主席观看。6 月 27 日和 7 月 23 日,周总理陪同毛主席和刘少奇、朱德、邓小平、董必武、陈毅等中央首长在人民大会堂观看了《智取威虎山》和《芦荡火种》。我印象最深的是 7 月 23 日晚上毛主席观看《芦荡火种》的演出。《芦荡火种》由北京京剧团演出,著名演员赵燕侠饰阿庆嫂,谭元寿饰郭建光,马长礼饰刁德一,周和桐饰胡传魁。为了保证演出绝对安全,当晚我们安排剧团演职人员统一集中乘一辆大客车直奔大会堂。我和文化部一位同志专程到赵燕侠家里,请她和我们一起坐小汽车进入大会堂。毛主席那天晚上看得非常高兴,一面聚精会神的观看,一面配合着京剧唱腔,轻轻地在腿上打着节拍。听文化部的同志说，毛主席看完《芦荡火种》后幽默地说："芦荡里都是水，革命火种怎么能燎原呢？再说，那时抗日革命形势已经不是火种而是火焰了嘛！"又指示说："故事发生在沙家浜，这出戏就叫沙家浜吧！"《芦荡火种》由此改名为《沙家浜》。轰动全国的《沙家浜》演出经久不衰，剧中阿庆嫂、刁德一、胡传魁的优美唱腔至今全国老少都能哼上几句。后来毛主席和周总理、刘少奇等中央领导同志在人民大会堂接见了观摩演出的全体演职人员，并合影留念。那天全体演职人员被领袖接见时的欢乐情景、经久不息的掌声，我至今想起来仍历历在目。

1964 年 7 月中旬，周总理在上海观看了大型歌舞《在毛泽东旗帜下高歌猛进》，便酝酿组织另一台大型歌舞，以庆祝建国 15 周年。周扬同志遵照周总理指示，提出了对大型歌舞的具体设计报告。周总理于 7 月 30 日约见有关负责人商定，立即上马大型歌舞，并亲自拍板定名为《东方红》①。于是全国各部队文工团、中央及地方文艺团体共三千多人调集北京。此时距国庆仅 50 多天，任务紧迫，大型歌舞边创作，边排练，十分紧张。我在这时被调入大型歌舞指挥部办公室下设的保卫组任组长。

---

① 中央文献研究室周恩来研究组：《周恩来》，四川人民出版社，第 17 页。

大型音乐舞蹈史诗——《东方红》以豪迈磅礴的革命气势和雄伟壮阔的图景，以歌、舞、诗三位一体的形式，生动形象地描述了在中国共产党领导下，中国人民从苦难走向胜利的艰难历程。现在50岁以上的人都会记得《东方红》当年演出的盛况。《东方红》以序曲开始，分八幕表演。其分别为东方曙光，星火燎原，万水千山，抗日烽火，埋葬蒋家王朝，中国人民站起来，祖国在前进，世界在前进；由34首革命歌曲和20多个舞蹈组成，包括5个大合唱，7个表演唱，中间穿插18段朗诵词。10月2日在人民大会堂正式首演，此后连续演出14场，场场爆满，好评如潮。记得10月2日首场演出时，周总理和刘少奇、朱德、董必武、邓小平等中央领导到场观看。演出结束时，大厅内灯光通明，上万名中外观众全体起立，爆发出长时间的热烈掌声。10月6日中国人民解放军总政治部举办国庆晚会，演出《东方红》，周总理陪同毛主席和驻京部队官兵8000多人一起观看了演出。《东方红》的演出，不仅在国内引起轰动，而且受到前来参加国庆15周年观礼的七十多个国家国际友人的赞誉，成为中国文艺界的盛举。我翻阅了当年的旧报纸，看到当时就读于清华大学的胡锦涛同志在10月6日的《人民日报》上发表了一篇题为《上了生动的一课》的文章。其中写到，“看了音乐舞蹈史诗《东方红》后，我的心久久不能平静”，“这不仅是一场很好的歌舞,而且是中国革命的巨大史诗","它赋予我们巨大的精神力量,给我们上了生动的一课"。

我在《东方红》剧组工作的六十多个日日夜夜里,亲眼目睹了周总理在《东方红》的创作与排练中,对从作品主题的确立到艺术表现手法和原则的把握。每一场、每个细节,从歌词、歌曲、乐曲、朗诵词以及主要演员的挑选,道具、舞美等表演手段的设计等,无不渗透着周总理的心血。实事求是地说,周总理是名副其实的总导演。周总理当年从容指挥、谆谆教导的情景,使我回忆起来犹如眼前。

一、周总理亲自点将和挑选优秀演员

《东方红》确定国庆节演出后,周总理亲自拟定了一个由 13 人组成的领导小组名单和组织指挥的工作小组名单。这份名单全是文艺界领导和文艺界的权威、专家。领导小组由周扬为组长,梁必业、林默涵为副组长,齐燕铭、张致祥、陈亚丁、周巍峙、许平、吕骥为组员。组织指挥小组以陈亚丁为主任(时任总政文化部副部长),周巍峙、许平(时任上海市文化局副局长)为副主任。后来工作小组改为大型歌舞指挥部,实际由周巍峙领导。

根据周总理要选最优秀演员的指示,指挥部从全国各地选调一大批最权威、最著名的作词、作曲者和歌唱家、舞蹈家。如魏巍、徐怀中、贺敬之、乔羽、郭小川、时乐蒙等作家、音乐家。歌舞演员有王昆、郭兰英、邓玉华、才旦卓玛、莫德格玛、阿依吐拉、刁美兰、崔美善、胡松华、李光曦、寇家伦、贾世骏等。他们演出的歌曲和舞蹈,红遍大江南北,受到全国人民的欢迎,堪称新中国文艺的巅峰之作。

二、周总理亲自确定《东方红》主题创作思想

周总理在接见创作人员时多次强调,要突出表现毛泽东思想,以毛泽东“在延安文艺座谈会上的讲话”为指导,努力做到政治和艺术的统一,内容和形式的统一。周总理还进一步指出,党的建设、武装斗争、统一战线是我党战胜敌人的三大法宝。因此,《东方红》主要表现内容和情节安排都应围绕这三个法宝及其相互关系进行。为引导创作人员和演职人员正确认识和理解党的历史,周总理在人民大会堂亲自给大家做报告。周总理以亲身的经历生动详实地讲解了中国共产党的成立、北伐战争、土地革命、红军长征、抗日战争与解放战争的重要历史,又全面介绍了国内的政治形势。周总理说我是跟着这段历史成长的,有亲身的感受。那天,周总理是站着讲话的,没有讲话稿,从上午讲到下午,中午和演职人员一起吃面包喝汽水。周总理深入浅出的报告,谈笑风生的叙述,给全体演职人员上了一堂生动难忘的党史课,为准确把握主题,多方位、多角度演好《东方红》打下了坚实的思想基础。

三、周总理十分尊重历史和细节的真实，亲自敲定艺术表现形式和修改解说词。如红军长征中关于中国工农红军一、二、四三个方面军的英雄壮举如何在艺术上正确表现，当时争议颇大。有的同志主张统称红军就行了，不必提三个方面军，舞台上讲不清楚；有的同志认为许多重要战斗都是一方面军打的，只提中央红军作为代表就行了。周总理不同意这样处理，他说："张国焘反党，当然很坏，但四方面军广大指战员是好的，作战是英勇的，不应该歧视；二方面军在长征中也建立了特殊功勋。我们到陕北后，毛主席派我去接二、四方面军，我亲眼看到三军会师时欢欣鼓舞的情景。为慎重起见，周总理请示了毛主席，毛主席说"三个方面军都要表现。"于是，周总理提出用《飞夺泸定桥》一场表现一方面军，用《过彝族地区》一场表现二方面军，四方面军用《过草地》一场代表。这样，在《陕北会师》一场，大家看到三个方面军的旗帜同时出现，舞台上三支队伍的人数也完全相同，使观众感到三个方面军都处在同等重要的地位上。经过这样的艺术处理，毛泽东团结胜利的思想得到了准确的表现。

党的诞生、秋收起义、遵义会议这几个重大历史事件，能否突出地表现出来，是周总理最关注的事情，但他坚决不同意增加南昌起义的专场。在大家争论中，他最后只同意在朗诵词中写一句："南昌起义的枪声，响起了第一声春雷"。周总理坚持突出毛泽东思想，谦逊伟大的胸怀，无形中给大家以深刻的教育。

周巍峙同志说，我们草拟的解说词，全部是经过周总理修改润饰而定稿的，许多重要句子是周总理亲笔加上去的。朗诵词里曾有"错误路线把革命引上绝路"的句子，周总理把"绝路"亲笔改成了"歧路"。他笑着说："如果走上'绝路'，就不会有新中国诞生了。"

四、周总理亲临彩排现场审查，并主持座谈会，多方听取修改意见

《东方红》分场彩排时，周总理经常深夜到现场观看审查，对演员表演常常给予鼓励和指点。他看王昆领唱《农友歌》时很高兴，赞扬她是20年前的"白毛女"，20年后的《农友歌》（王昆是第一位在延安饰演《白毛女》中喜儿的）。对郭兰英演唱的《南泥湾》特别爱听，但对伴舞中女演员的头发藏在帽子里提出异议，嘱咐她们把头发多露一些，才像个女兵的样子。邓玉华演唱《情深意长》，总理要她由美声唱法改为民歌唱法，并装扮成一个彝族姑娘。著名蒙族舞蹈演员莫德格玛穿的领舞服装和伴舞穿的服装一样，周总理指示要突出领舞，让莫德格玛改换成蓝色表演服，演出效果非常好。周总理精准内行的指导，令现场

的导演和演员们折服不已。9 月中旬,《东方红》在人民大会堂预演八场,周总理完整地审看了五场。每场预演结束后,他都要亲自主持座谈会,征求意见。记得有一次在大会堂湖南厅,周总理特意邀请了陈毅、贺龙以及众多将军和中央文艺部门负责人一起和创编人员座谈,听取他们的意见。我们警卫人员私下议论:这不是召开中央政治局扩大会议嘛!每次座谈会都开到深夜,有时候到凌晨三、四点,周总理毫无倦意。大家在总理面前无拘无束,畅所欲言,各抒己见,毫无隔膜。有时意见有分歧,争得面红耳赤,有的发言照我看啰里啰嗦。但总理总是耐心地听大家讲完,才慢慢地以商量的语气,摆事实,讲道理,或解释、或建议、或否定,直到大家意见完全统一。参加座谈会的作家、艺术家和演员们对周总理关于历史真实与艺术规律的深刻把握,以及他谦虚谨慎的民主作风、虚怀若谷的胸襟,人人敬佩,个个心悦诚服。①

1964 年 10 月 16 日,是《东方红》全体演职人员大喜的日子。毛主席要接见的消息,让大家兴奋异常。接见定在当天下午三点,不到两点,3700 多名演职人员排着整齐的队伍进入人民大会堂。两点半,在周巍峙同志和大会堂

---

① 周巍峙:《周恩来领导我们创作演出“东方红”》,载《六十年国事纪要》文化卷,湖南人民出版社,第 145 页。

负责人指挥下，我和工作人员引领大家按各演出团体顺序登上被接见的台凳上。我请王昆、郭兰英、才旦卓玛等主要演员站在毛主席座位身后，待全体人员安排就序后，我站在主席座位后第三排左侧。三点整，中央许多领导和有关部门的负责人均已落座，但毛主席、周总理、刘少奇同志、朱德委员长迟迟未到。大家焦急地等待着，周巍峙同志几次出入上海厅去邀请。直到五点，毛主席、周总理、刘少奇、朱德微笑着步入宴会厅，大家立即欢呼鼓掌。周总理满面春风地走到麦克风前，高兴地说："让你们久等了，请大家原谅。毛主席让我报告大家一个好消息，我国第一颗原子弹今天下午三点爆炸成功了！"周总理话音刚落，全场顿时欢声雷动，有的演员兴奋得将帽子、围巾抛向空中。这时，周总理挥动双手示意人们安静，风趣地说："大家高兴可不要把地板震塌了呀！"又说："你们是最早听到这个消息的，晚上十点就要向全世界公布喽！"待大家掌声平息后，总理接着说："还有一个好消息，赫鲁晓夫下台了！"这振奋人心的消息再次使会场爆发出经久不息的掌声。总理接着又说："有人说这是换汤不换药，换汤也好嘛！"总理风趣的讲话，又迎来雷鸣般的掌声，会场再次沸腾了。这时，大家才明白毛主席推迟接见时间，是因为等待我国第一颗原子弹爆炸成功的准确消息。后来，《东方红》在周总理的关心支持下，成功地拍成电影，1965 年在全国公演。

《东方红》电影主要是由“八一”电影制片厂拍摄，因此保卫工作由总政保卫部负责，我没有参加。

1965 年到 1966 年“文革”开始前，周总理陪同重要外宾到人大会堂小礼堂、钓鱼台国宾馆观看文艺专场演出，或陪同外宾参观中国革命博物馆，到中央新闻纪录电影制片厂审查样片，有关部门都通知我去现场配合保卫工作。这个时期，听公安部领导传达过周总理关于公安工作的许多指示。其中和我业务有关的警卫工作指示，我记忆十分深刻。总理指示说：“警卫工作要从政治出发，要有群众观点，不要有单纯的‘首长观点’。党和国家领导人接见照相时，不应让人家来得很早等着我们。我们到饭店去的时候，保卫人员不要限制过多，要给人家以方便。我们的汽车也要按次序走，不要把人家的车拦住让我们走。在当前形势下，要加强保卫工作，但方法要灵活，形势要缓和。我们出来有些人想看看，这不是什么坏事，警卫人员不要干涉人家[①]。”总理心系人民群众、关心人民群众的观点，为警卫工作的改革指明了方向。

1966 年 5 月全国进入“文化大革命”后，公安部工作遭到了严重干扰与破坏。特别是林彪、江青反革命集团重要成员谢富治公然提出砸烂“公、检、法”后，许多公安老领

---

① 公安部：《建国以来公安工作大事要览》，群众出版社，第 256 页。

导受到严重的冲击和迫害。公安部7个副部长中逮捕关押的有5名,另2名被监督劳动。各局局长有的被逮捕,有的靠边站送进“黑帮队”,公安部工作陷于瘫痪状态。1967年公安部被彻底改组,各级领导都换成了军代表。公安部机关干部除留40余名年轻造反派外,全部集中到中央政法干部学校办学习班,搞“斗、批、改”。1969年3月公安部机关干部1200余人连同部分家属子女2000多人分别到黑龙江和湖北沙洋原劳改农场“五七干校”劳动。此时,公安部干部全与业务工作脱离,但周总理仍时时刻刻关心着公安部的干部。党的“九大”后,老部长于桑、刘复之先后被调回部工作。中共九届二中全会即庐山会议后,中央决定成立审查陈伯达专案组,周总理点名要公安部的局、处长参加。鉴于全国治安形势混乱,一大批大案要案破不了,特别是林彪叛逃事件发生后。周总理相机指示从“五七干校”陆续抽回一批干部回公安部工作,并让公安部恢复“文革”开始后与各省市公安机关割断的业务联系。

在周总理亲自倡议和关怀支持下,第15次全国公安会议于1970年12月12日到1971年2月11日在北京召开,我作为“五七干校”的代表之一参加了这次会议。我心想,这次可能有见到周总理的机会了,我高兴地期盼着。果然,周总理于2月8日在人民大会堂东大厅接见了出席会议的全体代表,并做了重要讲话。他对建国以来公安工作和公安队伍状况做了实事求是的评价,并对今后工作提出了要求。周总理说:“对‘文化大革命’前17年的公安工作,要看主流,要看红线。这17年走的是毛主席的无产阶级革命路线,这条红线领导全国,不然怎么会有今天?一共开过14次公安会议,毛主席亲自过问有10次,而且还有很多具体指示。各条战线,主席管得最多的一个是外交战线,另一个是公安战线。不能说‘文化大革命’以前是黑线统治着,这种说法简直是不可想象的,等于否认主席的领导,否定毛主席的革命路线。”总理又说:“做公安工作的同志,如果没有历史唯物主义的观点,是非常危险的。不要用现在的观点去看过去的历史,因为历史是发展的,是变化的,这样看问题很重要。”总理接着指出:“就整个队伍看,还是好的。不要以为公安干部都不好,那就危险了,那样就要扩大化。公安部门下放后业务工作受到影响,公安部有责任,我也要负责①。”总理没有讲话稿,一口气讲了两个多钟头。总理说出了老公安的心里话,因为在“文革”中一直批判公安工作是“17年黑线”,谁也想不通,只是敢怒不敢言罢了。我已经四五年没有看到周总理了,如今又能近距离聆听总理的教诲,心中自然高兴。但看到总理那削

① 公安部:《建国以来公安工作大事要览》,群众出版社,第333页。

瘦的面孔,老年黑斑的出现,心里又感到十分难受。时已73岁高龄的周总理,在动乱的“文革”中,面对“四人帮”的干扰、捣乱、明枪暗箭,处境是多么艰难。回到“五七干校”,我向全体下放干部原原本本传达了周总理的讲话,大家凝神静听,会场鸦雀无声。当传达到总理对17年公安工作评价时,有不少老同志激动得流下热泪。有一位老局长禁不住地大声哭了起来,好像几年遭到的冤枉一下子全没了,如释重负,全部放下了思想包袱,大家深深为总理的公正讲话而深受教育与鼓舞。那几天,下放干部们兴奋异常,在田间、地头、炕头、无处不在议论,体会着总理的亲切讲话。

1972年12月,结束了三年多下放劳动的生活,我从“五七干校”奉命调回公安部工作。如前所述,我从内保组一组调到北楼专案组。在这个专案组里,我一直工作到1976年。可以说,这个案子从调查、立案、呈请逮捕搜查、审讯都是在周总理亲自批准下进行的。总理那准确分析判断的能力和严谨细致、民主的工作作风,再一次深深地教育着我们,激励着我们更加勤奋努力地工作。

此案前后共写了28份报告和简报,周总理件件亲自审阅批示。他逐句逐段圈点,用毛笔和粗铅笔批示、批注多达1804个字,最长的一件批示374个字。期间,他还让秘书三次写出书面意见,转告专案组;两次调阅案犯交代材料亲自审看。

1974 年 1 月 25 日下午，在首都体育馆召开了国务院系统近两万人参加的“批林批孔”动员大会。我随公安部参加会议的队伍坐在主席台后排座位上。三点多钟，周总理来到主席台，几乎没有落座马上就开始主持会议。总理说：“我刚刚接到通知，赶来参加这个会议……”听到总理这句话，我心里咯噔一下感到震惊，国务院系统召开规模如此之大的会议，身为总理竟然刚刚接到通知！？这显然是“四人帮”背着总理搞突然袭击。总理接着说：“军队的同志（张春桥时任解放军总政治部主任）在‘批林’问题上先走了一步，春桥同志昨天在京西宾馆已主持召开了大会。我们中央和国家机关走晚了一步……”总理话音未落，江青张牙舞爪、声嘶力竭地吼叫：“我们就是要搞斗争哲学。”阴阳怪气的张春桥紧随江青煽风点火。“四人帮”得力干将迟群、谢静宜气势汹汹，目空一切，借“批林批孔”影射攻击周总理。江青公然在大会上点名批判郭沫若，引用毛主席写的“十批不是好文章”诗句，对郭老进行莫名其妙的批判。我看到在场的郭老一脸木然，十分尴尬（事后听说中央并没有批准批判郭老）。醉翁之意不在酒，在场的人一看就明白，这是一场名为“批林批孔”实为批判周总理的动员大会。参加会议的人都感到压抑和气愤。我留心观察了周总理，总理像往常一样，衣服笔挺，头发一丝不乱,但看上去脸更为瘦削了,老年斑更多了,浓眉下的双眼仍然有神,但隐隐透出一丝忧虑。在这微妙的政治形势下,总理处境是多么艰难,老人家是在忧国忧民啊! 一种痛心的感觉涌上我的心头。所幸,“四人帮”借“批林批孔批周公”的阴谋,被毛主席看穿及时制止。毛主席下令扣留江青准备发到全国各地的“一、二五”大会实况录音带和迟群、谢静宜的讲话,不准再宣传这次会议的“战果”。[①] 批周公虽然不了了之,但总理的病情却更加重了。万万没有想到,这次在“一、二五”大会上见到周总理,竟然是我在总理生前见到他的最后一面。

1976 年 1 月 9 日清晨,我从广播里听到了周总理去世的噩耗时,简直惊呆了,真不敢相信自己的耳朵。听着广播里一遍又一遍的哀乐,我的眼泪不禁哗哗流出,敬爱的周总理您不该走啊! 到了办公室,专案组的同志们相对无言,一个个伏在桌子上失声哭泣。1 月 10 日上午,我随公安部机关代表队伍,从机关步行到北京医院向总理遗体告别。一路上大家迈着沉重的步伐,默默地、缓缓地行进。我的心绪怎么也平静不下来,周总理的音容笑貌,他的人格魅力,他的崇高品德,他的丰功伟绩,一幕幕在脑海中闪现。我想到了总理为国几十年操劳的身影;想到了每

---

① 顾保孜:《毛泽东最后七年风雨录》,人民文学出版社,第 167 页。

次聆听总理的教诲；想到了总理在“文革”中，多方保护一大批老干部以及公安干部的动人事迹；也想到了总理在“文革”中忍辱负重顾全大局的艰难处境……直到听见阵阵哀乐声响起，方知已到了北京医院。进入庄严肃穆的大厅，队伍成单行向总理遗体默哀致敬。我抽泣着向总理深深三鞠躬，望着那慈祥而已消瘦的面孔，望着那曾经炯炯有神而现在已永远紧闭的双眼，我的泪水不觉又夺眶而出，泣不成声。

1 月 15 日下午，我随公安部代表队伍，参加了在人民大会堂为周总理举行的隆重追悼大会，聆听了邓小平同志代表中共中央致的悼词。小平同志强忍悲痛，表情严肃地缓缓地念着悼词，言辞沉痛而镇定，感染了场内所有群众。人们伫立在那里，低头哀思，一任泪水横流，大厅里哭声一片。

周总理去世的消息震惊中外，全国人民都沉浸在悲痛之中。追悼会那天，载着周总理灵柩的车子从北京医院开往八宝山革命公墓，首都人民冒着刺骨的寒风自发从四面八方来到长安街两旁，人数不下百万。灵车经过时，人们的低声呜咽顷刻间迸发为号啕大哭，这既是出于对周总理的热爱，也是出于对江青一伙的憎恨。三个月后的清明节前夕，首都人民又自发地在天安门人民英雄纪念碑前，给周总理敬献花圈、花篮。几天之内，花圈越来越多，越来越大,而且在纪念碑栏杆上、电灯杆上以及广场内外的树干上,都贴满了大量诗词。这些诗词既是对周总理的赞颂和悼念,又浸透了对“四人帮”的愤怒和蔑视。人民总理爱人民,人民总理人人爱。周总理受到全国人民的怀念、哀悼、爱戴和崇敬之深,在中国现代史上是少有先例的。

周总理在国际上也享有崇高的威望。众所周知,周总理倡导提出的“和平共处五项原则”已为世界不同国家所共识,成为处理国际关系的准则。根据毛主席决策,他巧妙地抓住时机,运用乒乓外交,打开了中美两国彼此紧闭了20多年的交往大门。继而邀请基辛格秘密访华,尼克松总统正式访华。总理以他丰富的外交经验,敏捷睿智的人格魅力,促成了《中美联合公报》的发表,揭开了中美关系史上的新篇章。总理逝世后,各国首脑、政要纷纷撰文悼念,给予其极高评价。基辛格在他所著《白宫岁月》一书中说:“周恩来是他所遇到的给人印象最深刻的政治家。”又说:“周温文尔雅,耐心无尽,聪慧过人,机巧敏捷。”美国前总统肯尼迪夫人杰奎琳说:“全世界我只崇拜一个人,那就是周恩来”;柬埔寨西哈努克夫人莫尼克公主说:“周恩来是我唯一的偶像”。美国前总统尼克松,在其所著《领袖们》一书中有两段评价周总理的论述,引人注目。

其一:“周恩来的敏捷才智大大超过我所知道的其他任何一位世界领袖。这是中国人独有的、特殊的品德,是多少世纪以来的历史发展和中国文明的精华结晶。”

其二：“如果没有毛泽东，中国革命之火可能不会燃烧起来；如果没有周恩来，中国的革命则可能被烧毁，只剩下一堆灰烬。”

我以为尼克松的评论颇有哲理。

胡锦涛同志在纪念周恩来诞辰 110 周年座谈会上的讲话指出：“周恩来同志是伟大的马克思主义者，伟大的无产阶级革命家、政治家、军事家、外交家，党和国家主要领导人之一，中国人民解放军主要创建人之一，中华人民共和国的开国元勋。周恩来同志的卓著功勋、崇高品德、光辉人格，深深铭记在全国各族人民心中”。这是实事求是的评价。

在周总理身上，凝聚着中华民族的传统美德和共产党人的优秀品格。他的崇高精神和高尚人格，感召哺育着一代一代共产党人，已成为推进我们党和中国特色社会主义事业的一种巨大力量。他一代英豪、百事楷模的高大形象，是我们国家和民族的宝贵精神财富。周总理永远铭记在全国各族人民心中。

第十章　1976～1978的那几年

1976年是全国人民悲痛的一年。这年1月8日敬爱的周恩来总理病逝，7月6日德高望重的朱德委员长逝世。7月28日河北省唐山、丰南一带发生强烈大地震，死伤几十万人，造成严重灾难。9月9日伟大领袖毛泽东主席逝世。三位巨星先后陨落，使全国人民几个月来连续处于无限悲痛之中。当时，“四人帮”猖狂之极，大肆推行“反击右倾翻案风”，矛头对准邓小平。凡有良知的中国人，无不为中国的前途而担忧，人们都在想，中国向何处去？

1976年也是全国人民欢欣鼓舞的一年。是年10月6日，中共中央一举粉碎了江青、张春桥、王洪文、姚文元“四人帮”反革命集团。10月18日，中共中央发出《关于王洪文、张春桥、江青、姚文元反党集团事件的通知》，传达到全党和全国人民，全国人民无不为之欢欣鼓舞。以北京为例，人们自发走上街头，通过天安门广场，热烈庆祝粉碎“四人帮”的伟大胜利。这期间，人们奔走相告，兴高采烈。有的以家庭聚会，朋友聚餐的方式表达抑制不住的兴奋心情；有的点四只螃蟹喝酒助兴,人们都以不同方式庆祝"四人帮"的彻底倒台。

11月20日公安部召开大会,经党中央批准宣布杨贵为党的核心小组负责人,由杨贵主持动员揭发批判"四人帮"的罪行。同时宣布成立公安部揭批"四人帮"运动办公室,由陆石任主任,王恒祥、王增铎为副主任。

"运动办"共有10余名干部,在部核心小组领导下,具体负责组织内部揭批"四人帮"事宜。各单位召开揭批会,派人参加;定期汇总各单位揭批情况向核心小组书面或口头汇报;大体每月组织安排一次全部揭批大会;负责起草部长每个阶段的讲话稿。部领导历次讲话稿由陆石、王恒祥亲自负责起草,我负责整理各局揭批会简报,起草和组织审查每次全部揭批大会发言稿,安排会议程序,确定大会发言人选。部核心小组研究部内揭批事宜,我们三人均列席参加。

陆石是四川人,1920年生,1937年1月参加革命,1938年入党,1939年赴延安,曾在延安鲁迅艺术学院文学系学习,后被调入枣园文工团创作组,执笔编写了《动员起来》秧歌剧,获陕甘宁边区秧歌赛一等奖。其于1945年调中央警备团,后任警卫师文工队长,解放后调公安部,历任警卫局秘书科长、办公室副主任、办公厅宣传室、研究室主任,办公厅副主任,曾写《双铃马蹄表》反特小说而闻名全国,在“文革”中靠边站。陆石政策水平高,原则性强,学识渊博,为人正直、谦逊、和蔼,在部内素有“老夫子”之称。在他领导下工作,心情颇感愉快。工作有成绩他表扬大家,有何不周之处他主动承担责任。近两年一起工作的时间里,陆石成为我的良师益友,对我各方面指导帮助甚大。王恒祥我不太熟悉,只知他也是老革命,1938 年参加工作,文笔甚好,从江苏省委宣传部调到江苏公安厅而后调进公安部的。他待人友善,民主作风好,我们配合很默契。

揭批“四人帮”运动持续近一年,1977 年 9 月经党中央批准,建立新的公安部党组。党组书记为赵苍璧部长,副书记为于桑、杨奇清副部长,党组成员为凌云、黄庆熙、席国光、吕剑光、高文礼副部长,汪金祥副部长为顾问。

1978 年 10 月,经中央批准,公安部党组召开公安部机关平反冤假错案大会,凌云副部长代表公安部党组宣布了《关于林彪“四人帮“及其党羽在公安部制造冤假错案平反的决定》:

一、为所谓“以罗瑞卿为首的地下黑公安部反革命集团”案受到打击迫害的 22 名同志平反。

二、为所谓“谋害苏枚”案受到打击迫害的 36 名同志平反(此案主要在中央政法干校,是康生一手制造的)。

三、为在清理阶级队伍期间被诬陷为“特务”、“叛徒”、“走资派”、“反革命”的 196 名同志平反。

四、为遭到无限迫害的干部职工家属子女平反。

五、为李震自杀后受到审查批判的 116 名同志平反。

党组在研究上述平反案案件中，陆石、王恒祥和我都列席参加。至此，揭批“四人帮”运动基本结束，“运动办”撤销。

与此同时，中央批准了公安部内设局级机构恢复、建立。同时，党组也相继任命了各局局级领导班子。不久，各局处级班子、党组也明令公布。我被任命为七局（消防局）办公室主任，陆石被任命为法律政策研究室主任（正局），王恒祥被任命为武警局副局长。我们分别到各自岗位就任，但我们的友谊持续维持。后来，陆石被调到中国文联任党组成员、秘书长、书记处书记，中国书协副主席，发挥他的文艺特长，后于 1998 年因病逝世，至今，我很怀念他。王恒祥后调任中国人民武装警察总部，任政治部副主任（军级），离休后和女儿、外孙女安度晚年。

第十一章　在消防局工作的日子里

一、任消防局办公室主任

1978 年 12 月我到消防局就任办公室主任。消防局在公安部序列为第七局。局长陈佛，1938 年参加革命，“文革”前即为消防局副局长，后调辽宁省，历任沈阳市委常委、公安局长、党组书记，辽宁省公安厅副厅长。陈局长政策水平高，组织能力强，善于抓大事，对下属信任、放手。第一副局长巨光，抗战时期老干部，待人热情诚恳豪爽，工作颇具开拓性。副局长还有郭殿昌、颜达材，郭是抗战后期老干部，工作认真，为人诚恳。颜同时兼任消防公司总经理，系“文革”前大学生，专业知识较好。

消防局，顾名思义主管全国消防工作。局下设办公室，政治处（主任白文彦）、防火处（处长吴拔）、战训处（处长尹静）、科技处（处长吴啟鸿）、装备处（处长封崭）、宣传处（处长刘群）及中国消防公司（常务副经理梁星楼）八个处级机构。

办公室共有 14 名工作人员，副主任是戴文芳（男）同志。他于 1949 年上海解放后即参加上海市公安局消防处工作,懂业务,文笔好,待人诚恳忠厚。我对消防业务并不熟悉,工作上主要听取他的意见,我们关系融洽,配合很好。后来,办公室的朱林法同志也提为副主任。朱原是公安部三局干部,“文革”中调宁夏回族自治区工作,1979 年调回。朱思路敏捷,文字严谨。

办公室任务重而杂,主管全局文秘和后勤工作。具体负责文件收发、呈送传阅,起草全局工作计划与总结,编写工作简报,安排局务会议并作记录整理,起草部、局领导在专业会上的讲话稿,整理分析火灾月报、季报、年报统计表,承接部、局领导交办任务;负责全局装备及财务预算和日常财务管理,筹办全局专业会议准备工作,接待迎送各地消防系统来京办事人员。尽管办公室任务繁重,我和两位副主任带领全室人员兢兢业业,团结一致,各项工作紧张有序进行,任务完成较好,得到局领导和各处室的认同。

我在消防局工作的四五年,可以说是尽职尽责,各项任务想方设法努力完成。我比较满意的两件值得回忆的工作:一是我始终参与了调查采访、树立命名雷锋式民警邵裕桥的工作,在全国宣传推广;二是随陈佛局长成功访问日本。

二、调查采访、树立命名“雷锋式”民警邵裕桥的过程

1981 年 11 月，消防局派出几个工作组到各地调研消防体制问题，我带领一个组赴浙江。在省厅消防处何林标处长陪同下，到了几个市，开了几次座谈会。在任务即将结束时，何林标处长向我介绍了衢州市消防中队战士邵裕桥的模范事迹，使我深为感动。我觉得这个典型值得推广，应该去实地考察一下，这个想法得到何处长的支持。我们一行便前往衢州市，调查采访了一个星期，证实了邵裕桥的先进事迹确实十分突出。

邵裕桥同志像雷锋同志那样，刻苦学习毛主席著作，以毛泽东思想作为自己行动的指针，把日常的工作与共产主义的崇高理想联系在一起，自觉走着雷锋成长的道路。入伍四年来，他在平凡的岗位上作出了不平凡的成绩，曾三次荣立三等功，受到当地党委、团委和省、地、市公安机关的表彰嘉奖。

邵裕桥像雷锋同志那样，不为名、不为利，不怕苦、不怕死，具有自觉地、真诚地为人民服务的精神。他在 70 多次灭火战斗中，每次都争当一号枪手，不顾个人安危，冲锋在前，顽强战斗在险情大、火势猛的地方。

邵裕桥像雷锋同志那样，有一股实干、苦干的革命精神，干一行、爱一行、专一行。入伍以来，他先后担任过水

枪手、炊事员和出纳员，每项工作都干得非常出色。

邵裕桥像雷锋同志那样，处处做好事，关心群众疾苦。他四年如一日，坚持每个星期天去驻地附近为居民办好事。他主动细心照顾18户体弱病残的孤寡老人，老人们说他“比亲人还亲”，邵裕桥义务为群众理发的事迹在衢州市广为传颂。他不仅到生产大队为老人、小孩理发，而且专门到医院骨科病房为卧床行动不便的骨折病人理发。两年中，邵裕桥义务为群众理发达1600多人次。

回京后，我立即向各位局长汇报了邵裕桥的模范事迹，并建议由部内表扬嘉奖。局长们一致认为这是个好典型，应予表彰。陈佛局长果断拍板，将邵裕桥的事迹整理好，先向部政治部汇报，同时报分管消防局的吕剑光副部长。陈局长建议可结合一月公安机关爱民月开展宣传，一并报部批示。据此，我向政治部宁福洪副主任作了专题汇报。宁副主任认为，邵裕桥事迹感人，作为雷锋式好民警是够格的。但命什么名、授什么奖、何时开表彰会等，他建议由政治部和第七局联名报告党组批准再定。两个请示报告很快写好呈报部长。吕剑光副部长看到报告后，于12月25日找到郭殿昌副局长和我去汇报。吕副部长说：“邵裕桥事迹生动感人，是个好典型，这件事你们抓对了。学习宣传邵裕桥的活动，对全国公安队伍的思想建设是个推动，但命什么名、表彰大会何时开、怎么开、如何推广宣传要通盘考虑。不要赶在爱民月中,因为时间太仓促。”吕副部长还说:“对模范人物要爱护培养,国家送郝建秀(全国劳模)去上大学深造就是个经验,使本人得到全面提高。”主管政治部工作的席国光副部长刚从外地出差回京,于12月26日和政治部赵仲田、宁福洪副主任一起听了郭殿昌副局长和我的汇报。席副部长完全同意吕副部长的意见,指出邵裕桥全心全意为人民服务的事迹突出,是全国公安机关学习的榜样,可以授予“雷锋式民警”称号,并授予公安战线一级英模奖章。表彰大会规模和宣传力度要大些,报党组批准后再办。席副部长还要我们再去浙江核实补充一下材料,把他的日记、通信收集看看,将其闪光点摘录,以供宣传用。

根据吕、席副部长指示,陈佛局长立即召开局务会决定:认真贯彻,抓紧准备,组织班子,考察核实;成立筹备小组,由郭殿昌副局长牵头,王增铎、尹静、贾建华(政治处副主任)参加,并决定由王增铎、王明新(办公室干部。“文革”前政法学院毕业,知识面广,文笔较好。后调公安大学任教授。)再赴浙江考察核实材料。临行前,政治部宁福洪同志嘱告:此行不仅是考察核实邵裕桥先进事迹的材料,同时对浙江省公安厅原已开展向邵裕桥学习情况的作法、经验也要了解,对部里准备表彰命名的作法可征求李朝龙厅长的意见。

1982年1月5日，我和王明新同志抵达杭州，浙江省公安厅特别重视，第二天听取了省厅政治部、消防处的汇报。政治部的同志详细介绍了邵裕桥先进事迹，及全省公安系统开展学习的情况及效果。省厅党组很快听取了我们的汇报，几位在家厅长全部参加。李朝龙厅长表示，完全同意部里准备表彰邵裕桥，这是对浙江省公安系统的鼓舞与鞭策。李厅长当场指定有关部门，全力配合我们的考核工作。1月8日我们到达衢州市公安局后，立即从以下几方面开展考察访问。

（一）跟踪采访

我们踏着邵裕桥走过的足迹追踪到位，逐个访谈。接受过邵裕桥帮助的18家五保户、骨折病人、建筑工地和农场有关工人38名，提起邵裕桥，个个激动，详细叙述了邵裕桥办好事不留名的动人事迹。建筑工人吴森林满含热泪地说："雷锋我没看到过，但活雷锋我见到了！"所有访谈人员对邵裕桥的赞扬之词溢于言表。

（二）召开座谈会

我们在衢州市消防中队、龙游镇消防分队、龙游公安派出所、溪口公安派出所、龙游鸡鸣生产队、东门生产大队、讲舍街居委会、新桥广居委会、市第一人民医院（骨科）等9个单位分别召开了座谈会。大家都是邵裕桥办好事的见证者或受惠者，纷纷发言，畅谈邵裕桥办好事不为名、不为利,先人后己,助人为乐生动感人的事迹,说邵不愧是社会主义精神文明的好榜样。

(三)采访邵裕桥本人

我们住在消防中队,近距离每天观察并和邵裕桥深入谈心两次。邵裕桥是一个非常朴实的青年,极不愿显示自己。在我们不断启发下,让他谈了他在党的培养下成长的过程,参加灭火战斗的表现,为群众办的种种好事。他交出了入伍后三大本6万多字的日记,和几十篇与一些青年的来往信件。他的日记和复信处处闪耀着雷锋精神,显示出他高尚的品德和崇高的理想。此间的一天晚上,我们还参加了消防中队的灭火战斗,亲眼目睹了邵裕桥手持水枪冲入火海奋不顾身、不怕险、不怕死的顽强英勇的战斗精神,令我们深为敬佩。

15天紧张地日夜紧锣密鼓的采访,真是收获多多。不仅核实了邵裕桥的模范事迹,而且又发掘了一些鲜为人知的动人新材料。同时,我们将他日记以及通信中的一些精辟闪光语句摘录了7000多字。

回京后,我们将邵裕桥的模范事迹重新加以补充整理,向席国光副部长作了专题汇报。席副部长听后高兴地说:"邵裕桥这个模范人物站得住脚,材料写得翔实生动,有说服力。要向新闻界提供一套包括事迹文章、日记、书信、群众反映等材料,便于广为宣传。"第二天,席副部长转告我们：赵苍璧部长、部党组同意在北京召开命名大会，授予邵裕桥“雷锋式民警”荣誉称号，同时授予全国公安战线一级英模奖章。开会时间定于3月3日，因毛主席题词“向雷锋学习”是1963年3月5日，力争请中央领导同志出席颁奖，你们起草向彭冲同志（时任中共中央政治局委员、书记处书记）的请示报告，距开会只有一个多月时间了，要抓紧准备。

根据席副部长指示在陈佛局长、郭殿昌副局长领导下，筹备小组紧张有序开启以下工作：

1. 首先将邵裕桥事迹材料整理好。我和王明新同志写了一遍通讯稿：《精神文明的一曲凯歌》——记“雷锋式民警”邵裕桥，供新闻媒体采用参考。

2. 起草关于命名表彰决定及部、局领导讲话稿。

3. 起草向彭冲同志的请示报告（附邵事迹材料）

4. 起草会务安排的请示报告。这项工作十分细致，包括会场地点、大会规模、会议程序、主席台座次安排、大会发言顺序、中央领导同志接见等，都一一确定专人负责落实。

5. 听取各方面意见。一是我们和宁福洪副主任一起到共青团中央作了专题汇报。共青团中央书记陈昊苏同志（陈毅元帅之子）听后表示，这个典型很全面很好，事迹生动。现在青年中像邵裕桥这样全心全意为人民服务的事例是很少的，应该大力表彰，借此也可提高公安人员形象。二是召开新闻发布会，由政治部副主任赵仲田主持，请新华社、人民日报、解放军报、中国新闻社等 10 多家媒体参加。会上通报了邵裕桥的模范事迹，提供了有关材料。各媒体记者众口一词，认为这个典型选得好，值得宣传。

一切准备就绪。1982 年 3 月 3 日，在公安部大礼堂召开了隆重命名大会，授予浙江省衢州市公安局消防中队战士邵裕桥同志“雷锋式民警”的光荣称号，并授予他全国公安战线一级英雄模范奖章。

中共中央政治委员、书记处书记彭冲、国务院副总理杨静仁、公安部部长赵苍璧、副部长于桑、席国光、吕剑光、高文礼等负责同志出席了大会。来自全国各省、市、自治区的公安战线代表和中央、国家机关保卫部门的代表共 1300 多人参加了大会。

大会由吕剑光副部长主持。浙江省公安厅副厅长钱兴全首先发言，向与会同志介绍了邵裕桥的先进事迹。接着，吕剑光副部长宣读了《公安部关于授予邵裕桥同志“雷锋式民警”称号和颁发公安战线一级英雄模范奖章的决定》。在与会热烈的掌声中，彭冲同志向邵裕桥同志颁发了奖章和奖状。邵裕桥恭敬地接过奖章、奖状，无比激动地表示：“我要把党和人民授予的荣誉作为前进的动力，前进路上的加油站，学习中国女排的拼搏精神，从零开始，从头做起，全心全意为人民服务一辈子”。北京市公安局侦察员、全国新长征突击手刘家华，代表北京市公安局全体干警发言。他表示一定认真学习邵裕桥同志的崇高思想和优秀品质，为建设首都精神文明做出更大贡献。

最后，席国光副部长代表党组讲话，赞扬了邵裕桥同志是一位有共产主义理想、有信念、有道德、有抱负的先进人物，是公安队伍社会主义精神文明建设的优秀代表，是全国公安干警学习的榜样。他号召全国公安干警学习邵裕桥，做建设社会主义精神文明的先锋。

命名大会开得非常成功。第二天（3 月 4 日）新华社向全国转发了消息，各省、市、自治区省报均予以转载。《人民日报》、《解放军日报》、首都有关报纸杂志刊登了我和王明新同志所写的通讯稿《精神文明的一曲凯歌——记雷锋式民警邵裕桥》。《人民日报》刊登的标题是：《把全副精神献给人民》；《解放军日报》标题是：《活雷锋，邵裕桥》；《消防杂志》以《青春的旋律》为题刊出。《人民公安》出了专题增刊（1982 年第 3 期），详细记述了命名大会盛况，中央领导接见、部局领导讲话及大会发言。我和王明新写的通讯稿以及邵裕桥日记、通信摘抄，基层干警、民众学习邵裕桥事迹体会，以及著名诗人张志民、谢先云、画家文关旺颂扬的诗、画等。后来我和王明新写的文章,又被《红旗》(中央党刊)杂志选入了《社会主义精神文明专辑》向全国发行。榜样的力量是无穷的,邵裕桥的模范事迹在全国各行各业引起了强烈的广泛的影响,涌现出了许许多多雷锋式的人物。当时,对于全国,特别是公安战线推动社会主义精神文明建设起到了很好的积极作用。

30 多年过去了,邵裕桥后来表现如何？这是人们普遍关心的问题。尽管 1984 年我调离了消防局,但我依然关心着邵裕桥,不断打听有关他的信息。1995 年我离休后,先后两次去浙江省旅游,顺便看望和了解邵裕桥。邵还是那样朴实无华,虽然年龄增长了,职务提升了,但依然保持着先进人物的风范,我内心感到十分欣慰和高兴。

命名大会后,为了爱护培养邵裕桥,组织上保送他到山西夏县消防警官学校学习了两年,小邵的文化程度、政治、业务素质得以提高。他回衢州消防中队很快得到提拔,从中队长晋升到支队长、党委书记,后调宁波市消防支队任政委、浙江省消防总队后勤部长,2014 年从省消防总队副政委岗位上退休(正师级、大校军衔)。期间,他当选过一届共青团中央委员。退休后,现在宁波市消防协会任会长。

几十年来,邵裕桥不管在什么岗位上仍然保持着英雄本色,不断受到记功嘉奖。新中国成立 50 周年大庆时,他被选为公安战线英模代表进京观礼。他在衢州消防支队时是政委、党委书记一把手，后调宁波市消防支队任政委、党委副书记是二把手。他毫不计较个人得失，而是全力支持配合一把手工作。他严于律己，廉洁奉公，专挑别人不愿做的工作去干。在队伍建设上、基建工程项目上，特别是解决消防特警指挥中心楼和干警宿舍等方面干得非常出色，深得人心，受到广大干部战士好评。值得一提的是，他负责基建、亲自筹措经费固然不易。但经手几千万元巨款，居然一尘不染，两袖清风，廉洁奉公，实属难得。他被提升到省消防总队领导岗位后，在荣誉、权利、金钱面前，始终保持着清醒的头脑，艰苦朴素、谦虚谨慎、勤奋好学、真抓实干，做到了公安部对领导干部提出的“政治强，业务精、形象好”的要求。可以说，他在任何时期、任何情况下做到了“三个坚持不变”，即坚持共产主义理想信念不变；坚持以身作则、模范带头、公而忘私、廉洁自律的作风不变；坚持全心全意为人民服务的精神不变。我个人觉得邵裕桥已经成长为保持荣誉、创新务实的新时期“打得赢、不变质”的新型领导干部。我相信他退休后会继续释放出“夕阳红”的光芒，为党的事业发挥出正能量，重创佳绩，永远成为人们学习的好榜样。

附《精神文明的一曲凯歌》一文于后。

精神文明的一曲凯歌

——记“雷锋式民警”邵裕桥

王增铎　王明新

二十世纪六十年代初，伟大的无产阶级战士雷锋，曾以他美丽的青春，放射出共产主义思想、道德和风格的灿烂光华；八十年代初，在荡涤文革内乱造成精神污染，恢复和发扬党的优良作风的今天，又涌现出千万个雷锋式的英雄人物。亲爱的读者，这里，我们满怀激情，向您介绍“雷锋式民警”邵裕桥的模范事迹。

为了保卫四化，死就死呗！

一九八一年盛夏的一个夜晚，中队发出了紧急集合的警报：市供销社土产公司仓库着火了！邵裕桥和战友们急速登车奔赴火场时，浓烈的黑烟夹着赤红的火焰，窜出窗外，向上翻滚。接着，堆放纸张等物的十几间库房穿顶了，形成一片火海。指挥员下达命令后，担任一号水枪手的小邵，像离弦的箭踢开一扇门板冲了进去。当时因水源一度未能供上，一股火焰向他迎面扑来，强烈的辐射热烤得脸上发痛，弥漫的浓烟熏得嗓子发干，眼睛流泪，胶靴里的双脚几乎站立不住了。眼看房顶就要塌陷，烈火就要蔓延到毗邻的酒糖杂货仓库，他的心比火烤烟熏还要难受。一种保卫四化的高度责任感使他浑身充满了力量和勇气。他忘掉了疼痛,不顾个人安危,紧紧地握住水枪,一口气坚持了四十分钟。大火终于被战友们和兄弟消防队扑灭了,保住了毗邻价值六十九万元的仓库!撤回中队时,已近午夜,小邵没顾及洗净身上的污垢,就跨上自行车买来夜宵,送到留守监视火场战友的手里。这次战斗的二号水枪手,目睹小邵奋不顾身的情景,激动地说:"我十分钟就坚持不住了,他不怕死的精神,我从心里佩服!他毫不利己、专门利人的高尚品德,更使我感动!"

又一次衢州市郊汪村大队仓库发生火灾,冒出团团带有农药气味的浓烟。小邵明知有险,为了堵截火势的蔓延,举起水枪战斗在下风方向。突然,屋顶的一根木头掉落下来,弹击到他的头盔上,几乎把他打昏。但他全然不顾,忍痛坚持到将火扑灭为止。事后,有的同志议论到农药中毒有生命危险时,小邵不以为然地说:"为了保卫四化,死就死呗!"入伍以来,他参加的七十多次灭火战斗中,总是出现在险情大、火势猛的地方,真正起到了一个共产党员的模范带头作用。

我是您的儿子

浙江西部的丘陵地带,天气总是变化无常。进入夏末了,上午还是阳光满地,午饭后飘来片片乌云,一阵电闪雷鸣,天变得灰蒙蒙的,眼看就要下雨了。衢州市街上的行人,急急忙忙赶回家,关好门窗,收起晾晒的衣服。

在化龙巷一间低矮的小屋里,年逾八旬、双目失明的五保户刘花老妈妈,从床上颤颤巍巍地站起来,步履艰难地摸索着关好屋门。她焦急又担心:上次猫扒开的瓦片还没修好,雨又要下了,可怎么办呀！这时候,房顶上响起了隐隐约约的达达声,她正纳闷,过了一会儿,耳膜里传来了熟悉的脚步声。"邵同志,你心里总是惦记着我呀!"老妈妈惊喜地说。"老妈妈,瓦片铺好了,您放心吧,下雨也漏不了啦!"邵裕桥扶着老妈妈坐到床上,亲切地回答。老妈妈抚摸着邵裕桥,泪水扑簌簌地从她褶皱的面庞淌下来。她记不清小邵为自己排难解忧的次数了,只知道三年多来,一有困难,他就会来到身旁……

一九七八年的一个星期天,居委会主任领来一位消防民警。老妈妈还未弄清来意,这位民警已经操起柴刀乒乒拍拍地劈起柴来,劈好后整齐地码到灶边,又挑来井水,倒满水缸;然后将房间、外院整理打扫一新,整整干了一个上午。当时尚未失明的老妈妈,看在眼里,喜在心上,激动得不知说什么好。以后,每逢星期天,小邵照例来到她的家里,帮助照料生活,同老妈妈结下了母子般的深情厚谊。一年多过去了,老妈妈得了眼病,视力由模糊到失明。老人的病痛牵动着小邵赤诚的心。他搀扶着老妈妈上医院治疗,用自己的钱一次次买来眼药水,耐心地给她点擦;为了安慰和分担老人的痛苦,他到老妈妈家里更勤了,按期买米送柴,拆洗用了多年的被褥和蚊帐,洗手洗脸,端屎倒尿。

更令老妈妈难以忘怀的是,一九八一年初冬,她病倒在床,极度虚弱的身体使她无法起身做饭,隔墙的邻居又听不到她微弱的呼唤。老人痛苦地呻吟着,默默地流着泪,忧虑着自己的后事。突然,一只温暖的手轻抚着她的额头,亲切地叫着:"老妈妈,哪儿不舒服?推门叫你,你怎么没听见哪?"老妈妈激动得攥着小邵的手,哽咽着断断续续地说,她因病两天没有吃饭了。小邵看到老人的病状,顿时心里像针扎般难受。他安慰了老妈妈,转身快步出门,买来了十斤大米,做好了饭,端给老人吃。后来老妈妈拿出五块钱,让小邵再帮助买米,并说明付还上次的米钱。小邵买回了米,又用自己的钱捎来了两斤桔子和一瓶药水,但没要上次的米钱。小邵体贴入微的照料,使老人身体渐渐恢复了。街道居委会干部感慨地说:"没有邵同志这几年的照顾,刘花老妈妈活不到现在。"老妈妈每提起这些事,总是含着热泪,逢人就讲:"共产党好,民警好。我无儿无女,邵同志比亲儿子还要好!"

三年多来,像刘花老妈妈这样体弱病残的孤寡老人,邵裕桥先后联系了十八户。每到休息天,就同战友们一起，分别上门为他们买米、买柴、劈柴、挑水、打扫房子，像伺候亲爹娘般地照料他们。他为一家五保户挑水，不慎折断了扁担，立刻买来一根新的赔上。有时哪户缺柴，就用自己的钱买一捆送去。五保老人放心地把生活费和节日票证交给他，他都按时买好，一一送到家里，成为他们的贴心人。逢年过节，这些老人约他到家里做客吃饭，请他吃糖果、糕点、花生，小邵都婉言相谢，有时还把队里发给自己的苹果、桔子等转送给五保户。有位老妈妈说："以前只从电影上看到解放军和民警帮老百姓办好事，现在帮到我们家来了！"小邵听后真诚地说："老妈妈不要客气，有什么困难就说，我就是您的儿子！"

对人民有益的事我就干

一九八一年仲夏的一天，建筑工人吴森林的家门被扣开了，一张亲切熟悉的面孔出现在他和妻子的面前。正躺在床上做着骨折牵引治疗的吴森林，又惊又喜，他紧紧握着这位身着警服同志的手，却叫不出名字来。倒是小邵先开口："师傅，腿好些了吗？我想您该理发了。"说着，打开了理发箱，拿出电推子，俯下了身。一股暖流涌上吴森林的心头，渐渐往事浮现在他的脑际。三月间，这位浙江省二建公司的先进生产者、泥土班长，在衢州市体育馆工地的一次高空作业中，不慎连人带灰车一起摔了下来，造成骨盆骨折、左髂关节中心型脱位。一住院,他的左腿被打进穿钉,在床上牵引固定着,全身动弹不得。这位意志坚强的工人,挺住了钻心的疼痛。然而,长到脖子根的头发却弄得他烦躁不安。他苦着脸对妻子说:“你花五块钱,请人来给我理个发吧!”妻子为难了,谁愿意上这里来理发呢?恰好这时,一位中等身材、笑容可掬的民警来到了病房。他走到吴森林的床旁,轻声地说:“同志,我是来给大家义务理发的,先给您理吧!”吴森林喜出望外地说:“真是求之不得呀,太好了!”于是,他成了这个病房的第一位“顾客”,室内的病人都向这位民警投来了惊奇而尊敬的目光,渴望着也能给自己理个发。当小邵逐一为他们理发后,个个眉开眼笑了。最后,小邵又轻轻走到了一位患骨痛的老大爷身旁。长期的病榻生活,老人生了褥疮,大便失禁,床上散发着臭味。他的那个“久病床前”的儿子,坐在窗前埋头读着小说。小邵把身子弯成九十度,轻抚慢转老人的头部,耐心地理完发,刮了脸。他宁愿自己腰腿发酸发麻,也不让老人有一点点苦痛。当他用毛巾为老人擦脸时,老人那沾了发茬的泪水,顺着深深的鱼尾纹流到了枕巾上,他的儿子也迎上来连声道谢。这时,小邵又不声不响地扫起地来。一直以钦佩的心情注视着小邵的吴森林,连忙招呼妻子:“你快去扫,让这位同志歇歇!”小邵执意不让,扫完了地,又把垃圾倒到楼下去。此后,每到星期六晚上,他都来为病人理发。遇到抢救脑外伤病人,他就立即为病人剃光头发,并帮助抬进手术室。

不久,这个病房新来了一位患腰肌劳损的教师。他是病房里唯一能走动的人,却欠缺互助精神。小邵给他理完发,他从口袋里掏出钱来。这时,吴森林插嘴说:“这位同志是义务理发,不要钱!”教师一愣:“真有这种事?”“嗐!这已经不是头一次了!”吴森林用手点这几个病员说:“这位同志二十天给我们理一次,都不要钱!”“噢噢,太感动了,太感动了。”教师频频点头。“嘿,光感动不行,你应该讲给学生听听!”“应该讲,应该讲。”打这以后,这位教师一改过去的冷漠态度,主动打水扫地,为病友递药端饭,彼此间相处得非常融洽。

邵裕桥急人所急,帮人所帮的高尚品德,深深地打动着每一个病人和家属、医生和护士的心。他们多次商量,给报纸和上级机关写表扬信,但终因问不出姓名没能如愿。这成了吴森林一件未了的心事。

四个月后,吴森林出院在家继续进行牵引治疗。头发长了,他只好让妻子去请邻近的一位退休理发师来家理发,这位师傅含糊地答应了。吴森林准备好了糕点、香烟等他。但他推辞说工具坏了,又说躺着不好理,两天都没来。吴森林气得想让妻子用剪刀铰发。今天,他万万没有想到,小邵又上家里给他理发。这位四十来岁的硬汉子,从高空摔下来的时候没有掉过眼泪，却经不住阶级情谊带来的感情冲击，一想起提起这桩事，就不禁潸然泪下，说："雷锋我没见过，活的雷锋见到了。这件事一辈子也忘不了。伤好以后，我要拿出实际行动，为'四化'出力！"此事传到吴森林所在的工区，工人们深受感动。特意由领导给邵裕桥送了一个写着："爱民风格人人赞，雷锋精神大发扬"的镜匾。

邵裕桥义务理发的事迹，在衢州市群众中传为佳话。早在一九七八年夏天，中队的理发员公出，他看到战友们留着长发，胡子拉碴，想起了雷锋为小孩理发的故事，毛遂自荐当了业余理发员。一九七九年春节来临了，公安机关开展了传统的爱民月活动。他想，要能走出去为群众理发，倒是个密切警民关系的好办法。他挤出业余时间，到大华理发馆拜师学艺。接着，从百货店买来一套理发工具。队长龚人福知道后，把他找到一旁，关切地问："小邵，听说你买了套理发工具？""买了，我想队里只有一套，我拿到外面去理发，同志们就没法理了。""花了多少钱？""十九元五角。""发票给我。""我没让开。""没发票不能报销呀！"龚人福一下急了。他比谁都明白小邵的心意，可这是他近三个月的津贴费呀！何况他身患重病的妈妈也正需要医药费。"龚队长，我不要报销。"小邵这才弄清龚人福的意思，恳切地说，"这套理发工具，我退役后还可以为家乡群众服务。”龚人福不待分说，让司务长补来了一张发票。但好说歹说，小邵还是不让报销。从此，这套理发工具就成为他不可分离的伴侣，随着他走遍了衢州城关东门和龙游镇鸡鸣两个生产大队，度过了三个多年头的每一个星期天。这两个大队的老人、小孩，几乎都让小邵理过发。七十二岁的胡忠位老大爷患青光眼，小邵就登门为他理发；八十五岁的陈金波老大爷，多病体衰，小邵给他理发后又搀扶送回家里；八十六岁的吕樟盛老大爷，需要理发时，只要请邻居捎个话，小邵就会欣然而到。一九八一年春节临近了，小邵为了让大家高高兴兴地欢度春节，连续几个晚上给干部、民警、社员群众理发，除夕又特意为群众服务至深夜。一九八零、一九八一两年，小邵义务理发就达1600余人次。他实心实意为群众服务，博得了社员的赞誉。不少人给中队写来了感谢信，说公安机关的好传统、好作风又回来了。东门生产大队的支部书记亲自写稿，送广播站向全市表扬；鸡鸣生产大队还送来了感谢镜匾。是什么力量支持着他这样做呢？他自己说得好：“只要对人民有益的事，我就拼命干！”

当无名英雄是最光荣的！

邵裕桥伺候五保户象自己的爹娘，关心群众如春天般的温暖，对待工作有火一般的热情。他写道：“我觉得当一名无名英雄是最光荣的，应该做一些日常的、细小的、平凡的工作，少说漂亮话。”

每天清晨，邵裕桥总是比别人早起，不是清扫猪栏，拉粪下地，就是打扫卫生，清理炉灰煤渣，或帮炊事员做饭、洗菜、做豆腐。

多少次灭火战斗回来，他和战友洗刷完水带，别的同志休息了，他却默默地帮战友们洗衣服，或者钻进车底下，帮驾驶员维修车辆，把每个零件、螺丝都擦得油光锃亮。战友们佩服地说：“小邵重活争着干，脏活抢在前，真是个一刻也闲不住的人！”

一九八零年六月，小邵调到了新建的龙游镇分队当战斗员。新搭的摊子，伙食办得不好，而且月月亏损。当时正值炎热，紧张的训练，战友们体重减轻了，面容消瘦了。这种情景像无数条毛毛虫咀嚼着他的心。他找到了副队长季世春。“季队长，现在伙食搞不好，大家有意见，我要求当炊事员。”小邵开门见山地说出了心里话。“好，好！我向党支部反映你的要求。”季世春连声叫好，喜形于色。他也正为伙食搞不好发愁呢！季世春是小邵的入党介绍人。面对小邵诚恳的面容，指导员马其兰多次讲过桩桩动人事迹，一幕幕地闪现出来：入伍不久，司务长汇报，他到县农场借牛种地时，很多职工向他反映，消防队有位战士星期天帮他们插秧，干得又快又好，大家说他像个“插秧机”。经了解,这位战士就是邵裕桥。过了不久,衢州市园林管理所的负责人先后三次反映,消防队的一个小伙子,每星期天都来公园参加劳动,带动了工人干活的劲头,建议查明姓名,给予表扬。这个战士也是邵裕桥。还有一次,中队干部正在开会,三十多名建筑工人,捧着一面绣有“高尚的风格,巨大的支援”的锦旗,敲锣打鼓来到中队报喜,表扬消防队的六名战士自动到党校建筑工地义务劳动。这一次又是邵裕桥领的头。想到这里,他满怀希望地说:“我相信你能干好!”

党支部批准小邵请求的时候,一个改变伙食面貌的蓝图也在他心中完成了。他选择了节省煤耗作为突破口,经过一番苦心琢磨,改砌了炉灶,将一炉用六块蜂窝煤改成四块,每天由烧十一、二块降为七、八块。同时又自己动手修理炊具,大大节省了开支。

初战告捷使小邵的情绪更加高涨,他立即发起了第二仗——增加花样,调剂伙食。凌晨三、四点钟,他起来做好饭后,挤出时间到镇上的饮食店,一边帮助做杂活,一边向老师傅学习制作油条、烧饼、馒头,晚上反复试做,不到二十天就学会了。这样,战友们吃到了品种多样的可口饭菜,脸色红润了,体质增强了。后来,他又养了四头毛猪。每天做好早饭,挎起篮子上街买菜,回来后先喂猪,自己嚼着凉饭兴致勃勃地看着哇哇进食的毛猪。为了节省精饲料,他尽量用青草和泔水催猪上膘。炎热的夏天,他常常给猪冲澡,防止中暑生病。霜降以后,青草少了,他踏遍镇上的角角落落,发现一家造纸厂的料垛旁,挡风避寒,长着青草,当他割好背回时,有的同志惊讶地问:"这些草儿是从哪里变来的?"寒冬腊月,为了给猪保暖,镇上买不到稻草,他急得到处找。在一家山货店前,有位农民正在剥落裹着瓷碗的稻草,他的眼睛闪亮了。他同营业员商妥后,约来两名战友,利用几个午休时间,卸下了几车稻草,高高兴兴地满载而归。

短短几个月,分队伙食由原来亏损六十元,转为结余一百元。同志们称赞说:"我们想不到的事小邵想到了,我们做不到的事小邵做到了!"

我做的一切都是毛泽东思想的哺育!

邵裕桥一九五八年出生在浙江省余姚县的一个中下农家庭。他属于"生在暂时困难,长在十年内乱、处于经济调整时期"的新一代青年人。这样的经历曾给一些同龄人带来了心灵创伤,在生活的道路上迟步不前。他呢,却在这个时候,迸发出青春绚丽的火花……

还在小学念书时,雷锋的事迹就使他敬佩不已,在幼小的心田中埋下了深深的根子。十年内乱中"雷锋叔叔不见了",他感到迷惑不解。粉碎"四人帮"不久,党中央重提学雷锋,干渴的心田又得到了甘霖的滋润。入伍后,党支部的教育培养,指导员马其兰循循善诱的启发帮助,坚定了他走雷锋成长的道路,使他成为同批入伍战士中的第一名共产党员。他反复阅读《雷锋的故事》和《雷锋日记》,思想豁然开朗,学雷锋必须像雷锋那样学习毛泽东思想。入夜,万籁俱寂,学习室柔和的灯光,把他领进了到达为人民服务的崇高境界之路。他像勤奋的垦荒者一步步地向前开拓着,像蜂儿采蜜吮吸着丰富的政治营养。他读了《为人民服务》后写道:"我决心做到党指向哪里,就冲向哪里,自觉改造世界观,做一个张思德式的好战士。"毛泽东思想使他耳聪目明,政治觉悟迅速提高。曾经有人问他:"你长期坚持为群众办好事,是怎么想的?"他回答说:"这几年社会风气不怎么好,我坚持为群众做些事情,是想用自己的行动改变不良风气,搞好社会主义精神文明。社会主义需要千万个雷锋。我要像雷锋那样,做人民的勤务员,为实现共产主义献出自己的青春。"

日记,是透视一个人心灵的窗口。邵裕桥写了6万多字的日记,记录了他学习董存瑞、黄继光、邱少云、张志新、陶少文等革命烈士事迹的心得体会,字里行间洋溢着他对英雄的敬慕之情,不断从中汲取奋发向上的精神力量,自觉地把自己锻炼成为有理想、有信念、有道德、有情操,不为名、不为利、不怕苦、不怕死的革命战士。因而他从不被

“向钱看”的倾向所左右，不为资产阶级自由化思想所动摇。

荣誉，对获奖者也是一种考验。四年来，邵裕桥连续立功受奖，受到中共衢州市纪委、共青团金华地委以及省、地、市公安机关的表彰。每一次，他都把奖状、奖章和奖品端端正正地放到纸板箱内，从不炫耀。1982 年 3 月 3 日，在公安部的大礼堂里，邵裕桥从中央领导同志手上接过了“雷锋式民警”的奖状，他一生中激动人心的欢乐时刻到来了。瞬间，他那激烈跳动的心音，和着雷鸣掌声的节奏，喜悦的泪水涌出了眼眶，洒落到讲台光洁的地板上。然而，这位年轻的共产党员此时此刻想到的，并不是个人的荣誉，而是怎样把面前跳高架的横杆再升上一格……他自己说得好：“我所做的一切，都是毛泽东思想哺育的结果，离不开党的培养、领导和同志们的帮助。”的确，他是一颗良种，成长靠的是毛泽东思想的阳光雨露，靠的是党组织的辛勤培育；他是一匹良驹，发现他的是中队带头人这些伯乐的慧眼睿目，但也离不开朝夕相处，并肩战斗的战友们的热情支持。

邵裕桥的事迹在浙江省广泛地传颂着，有力地鼓舞广大公安干警和青年在社会主义的文明建设上大步迈进。然而，曾经有个别的“聪明人”，抱定“人不为己，天诛地灭”的信条，认为邵裕桥不为名、不为利地为群众办好事是

"傻子",讥讽他不知疲倦地工作和劳动是没有头脑的"机器人"。他们在邵裕桥高大的形象面前,显得多么可怜和渺小啊!让我们听听邵裕桥铿锵有力的回答吧:"什么是青年人的理想和前途呢?有的青年说,吃穿是最大的幸福,这是错误的。我觉得个人幸福与祖国的前途是紧密相连的,一个人活着就应该把毕生的精力和整个生命献给祖国和人类的革命事业。我活着只有一个目的,就是作一个对党对人民有用的人。"

三、中国消防友好团访问日本

1980年11月26日至12月12日,我随中国消防友好团访问日本。团长是陈佛局长,团员共两位,一位是我,另一位是上海消防研究所干部兼翻译陈晓帆。他在台湾出生,日语相当流利。这次访日是应日本消防协会邀请,参加日本消防团成立100周年纪念大会,然后参观东京等城市的消防单位。

11月26日,访日团乘飞机于下午二点二十分抵达东京成田机场。日本消防厅和东京消防厅官员和我驻日使馆秘书迎接,并将我们送到太平洋饭店,日本消防协会常务理事德田正明和日本消防厅课长野泽达夫在饭店门前迎接。落座后两位分别介绍了访问日程安排,陈佛团长表示致谢。日本消防团成立100周年纪念大会于11月27

日上午十一点在东京后乐园体育场举行，有五万多人参加。中国消防友好访日团和西德、瑞典、泰国等12个国家代表团和各国驻日使馆使节共100余人，坐在主席台对面。举行入场仪式后，日本消防协会会长笹川良一致词，内阁官房副长官代读铃木首相致贺词。当大会主持人介绍来宾宣读中国消防友好代表团时，全场掌声四起，非常热烈，陈佛团长起立挥手致谢。下午近两点，铃木首相、日本天皇相继到场，现场观众起立欢呼。有三万多人参加的都、道、府县消防团依序进行了各种表演，有消防爬梯基本功、水泵车操练比赛，直升机献花和古典民间艺术等。现场有电视转播，各地表演节目有条不紊，各国外宾反映良好。

当天晚上，日方举办盛大庆祝酒会，笹川良一会长致词后，首先走到陈佛团长桌旁敬酒，欢迎中国代表团光临。陈佛团长代表中国消防友好团赠送绣有“中日消防友谊长青”锦旗一面，全场报以热烈掌声。各国代表团也赠送了些小礼品。各国代表相互敬酒，陈佛团长极受欢迎，酒会充满了欢乐友好的气氛。事后，日本消防协会常务理事德田正明说中国代表团赠送锦旗是酒会的最高潮。

11月28日，日消协安排各国来宾参观东京消防设施及表演。先在日本广播大楼观看初期灭火未奏效后，消防队用云梯车举高喷水、直升机灭火和救护的表演。直升飞机灭火我们是第一次看到，印象深刻。下午，参观访问东京消防厅调度指挥中心，在中心监控画面上对东京市街道、商场、机关、学校、医院、公园等布局，看得一目了然，十分清晰。听陪同人员说，各医院有多少空床位都在“中心”掌握中，这样便于及时送伤员入院救治。

11 月 29 日上午，我们到日本自治省消防厅与近籐长官、鹿尔岛次长、渡边监理官、矢野研究所长等会见座谈。双方均表示今后要加强日、中消防合作。矢野所长表示，研究所愿意接收中国派一至数名进修生去该所进修半年到一年。会谈气氛融洽友好。

11 月 30 日是星期天，日方安排我们上街游览。我们目睹了东京市场的繁荣景象，各种商品琳琅满目，物资十分丰富，街道交通秩序井然，民众严格按照红绿灯行止，相互间礼貌谦让。

12 月 1 日上午，访日团到日本自治省和事务次官森网先生会见后，与东京消防厅总监曾根晃平、总务部长花冢辰夫、司令部长直井好和、预防部长镰田友喜会见，气氛热情友好。下午，由不久从中国访问归来的直井好和部长热情陪同，参观了东京消防厅大楼的防灾设施和调度指挥中心、东京港湾海底隧道（长 1200 米）的防灾设施和日本道路公团港湾公路交通管理中心。

12 月 2 日，代表团参观东京消防科学研究所和消防学校。晚上,东京消防厅曾根晃平总监在八芳园设宴招待访日团,先品尝了日本茶道,然后在孙中山先生曾隐匿过的和室用膳。席间有日本演员古琴弹奏表演,宾主畅谈甚欢。

12 月 3 日,代表团参观访问日本自治省消防厅消防大学、消防研究所和日本消防检定协会。

消防大学乐队举行了隆重的欢迎仪式,校长中村先生介绍了校史、科目设置和课程安排。我们参观了教室和学员宿舍。

在消防研究所,由矢野所长陪同参观干粉、泡沫实验室、爆炸、土壤、油罐用钢板、烟雾分析室,观看了油盘、木框灭火试验等演练。

在检定协会,参观了感温、感烟探头、水泵、灭火机和消防水带等的质量检验设备等。

晚上,自治省消防厅近籐长官在新大谷饭店设西餐宴请代表团,双方商谈如何发展中日消防友好交流合作并互赠礼品。

12 月 4 日,日方作了特殊安排,上午十点代表团乘东京消防厅航空队的直升飞机鸟瞰东京市容。据航空队长说,日本航空法禁止外国人在首都上空乘直升飞机,这次是经过多道呈报程序才获得批准的,说明这是破格友好的表示。当天虽然风很大,但飞机在 600 米高空飞行平稳。

俯瞰下面，东京市容街道清晰可见，陪同不断指点示意，下面是什么地方，当经过我驻日使馆上空时，陪同特意指引我们看看，中国五星红旗在使馆上空飘扬，看得清清楚楚。飞机于十点半在立川航空基地降落，由日本空军专车接送至机场外，换车前往东京第八方面消防本部参观调度指挥中心，观看了指挥车的传真设备。后到东村山市消防团第三分团，观看分团受理的消防报警、调度指挥的简易设备。陈佛团长应日方要求在东山市消防署种下一棵红梅树，以纪念此次访问。

就要离开东京到外地访问了，经我驻日使馆同意和安排，晚上在华侨开办的中国饭店设宴答谢日方，近籐消防长官、东京消防厅官员共 12 名外宾参加。席间宾主频频举杯，畅谈中日消防工作者的友谊，气氛十分热情友好。

12 月 5 日上午，代表团到横滨市消防局，乐队在局本部门口高奏欢迎进行曲，全局人员在吉野局长率领下从大楼门口一直列队到二楼局长室，夹道欢迎，鼓掌致敬。吉野局长简要介绍了横滨市消防情况后，代表团参观了该局调度指挥中心。

下午到户塚区，代表团参观居民“自主防灾组织”的灭火、急救训练。一进入户塚区，马路两旁挂着五星红旗和欢迎陈佛局长的大标语牌，居民列队纷纷招手欢迎。自主防灾组织的成员在女消防官和防灾预防员（防火积极分子)的指导下,进行急救和使用灭火器的演练,还有地震模拟车让居民体验发生地震的情况。区的妇女会、老人会从早上五点就亲手做了许多点心、小菜送给代表团分享,还集体表演了日本歌舞,以表达日本人民欢迎中国客人的心情,体现了日中人民间的真挚情意。陈佛团长表示感谢,高兴地和大家合影留念。离开了户塚区后,一行人去参观了横滨消防局训练中心,观看了电化教室、各种车辆、体育馆、训练塔等设施、喇叭队队形演练。参观结束,乐队奏起中国歌曲表示欢送。

12 月 6 日上午,代表团去西科姆公司参观。这是一家专门生产经营消防器材的公司。公司会长饭田亮先生会见陪同观看感烟探头、红外火焰探头的动作实验和卤代物 1301 自动灭火装置的模拟灭火试验,并观看了安全开发中心、进门自动锁、抗震、防灾和调度指挥室。

下午,鉴于东京地区访问行程即将结束,陈佛团长由我驻日使馆二秘倪信兴陪同向日本消防协会会长笹川良一辞别。代表团到达时,会馆门前悬挂有日中两国国旗。陈佛团长对协会热情接待表示感谢,笹川良一表示对今后中日消防交流给予大力支持,并对在邓小平领导下的中国表示赞赏。

12 月 7 日中午 12 点到 16 点 50 分,日消防厅官员陪同代表团在东京国立剧场观看歌舞伎《五藻前曦映》。这是一部日本历史故事,类似中国的话剧。

12 月 8 日代表团乘火车离东京到名古屋,与市长、副市长、消防局长会见。市政府门前有中日两国国旗,乐队奏迎宾曲和中国歌曲。市长致欢迎词,陈佛团长致词感谢。下午,代表团参观了丰田汽车公司。我们亲眼看到了一个现代化的汽车厂,车间内全是自动流水线,最后一道工序出来的是一部完整漂亮的小汽车,真是大开了眼界。

12 月 9 日,代表团乘火车到达京都,市消防局长安田耕三等官员在门口迎接,全局官员从一楼到五楼列队夹道欢迎。安田局长介绍了京都消防情况,并带领参观了该局调度指挥中心。下午到伏见消防署,全署出动演习,全部车辆仅用了 30 秒即出动,消防署值班人员寝室整洁良好。代表团参观京都市消防学校时受到乐队迎送,并检阅了受训中的新学员用云梯车、曲臂车救人训练。云梯车从 10 层高的地方把人救出来,靠车升梯完毕仅用 30 秒。京都的消防研究所在学校内办公,代表团观看了他们高压水泵喷雾灭火装置、防止纺织品静电火灾和电线接点高温引起火灾的试验和研究。

晚上京都消防局设宴招待,席间日本演员表演了京都民族歌舞,宴会气氛十分亲切友好。

京都是日本的故都和著名的文化游览和工业城市,城市古老而优美,寺庙甚多。12 月 10 日,京都消防官员带领我们看了京都文物和防灾设施。我们先到智恩院(寺庙)观看消防署各种车辆灭火演习,假设起火(冒烟)后,各种消防车辆迅即到场出水,起火旁的寺庙房檐下安装的水喷淋自动喷水,由和尚组成的自卫消防队手提灭火器纷纷跑到现场,演习很成功。电视台跟踪拍的电视录像片,中午和晚上节目中,都播放了有中国代表团观看灭火演习的场景。

参观完智恩院灭火演习后,代表团先后又到清寺、京都御所、隆安寺参观。这些寺庙规模都不大,但极其整洁,一尘不染。在寺庙看了各种防火设施,比较先进。期间,陪同领我们参观了著名的日本酒"日桂冠"的生产厂大仑酿酒会社。我们目睹了酿酒设备,流艺过程、品尝了新出锅的清酒,清香柔润。

晚上,日本消防协会常务理事德田正明专程来京都为访日团举行欢送宴会。席间,德田正明和陈佛团长共商中日消防界互访事宜。德田正明表示,欢迎中国向日本消防大学和消防研究所派员进修,在日费用全部由日消防协会承担。

12 月 11 日,京都市消防局派专车送代表团到大阪与大阪消防局深泽局长会见。代表团参观了该局调度指挥中心,其设备似比东京较为先进。下午参观了森田泵会社,晚上深泽局长特意在华侨开办的广州饭店宴请代表团。

12 月 12 日上午,代表团冒雨游览了古城堡大阪城,并于当晚乘机顺利返回北京。

在陈佛团长率领下,15 天的访日顺利成功。

一是日方接待友好、热情、隆重。日方对接待中国代表团作了精心细致的安排,各地接待规格较高。代表团每到一地,都有乐队奏曲迎送、官员夹道欢迎、民间消防团表演、从日本消防厅最高长官到各地消防官员热情设宴迎送,特别是破格安排直升飞机鸟瞰东京市容,实属罕见。

二是日本消防技术先进,值得借鉴。通过参观东京、横滨、名古屋、京都、大阪等城市的消防工作,深感日本的消防装备设施和消防科技研究颇为先进,消防队伍训练有素,防火制度完善,民间消防组织健全,群众防火意识强,有许多成功经验值得我们学习借鉴。

三是增进了友谊,促进了交往。通过这次访问,不仅增进了中日两国人民的友好关系(当时正值中日友好时期),而且促进了两国消防局间的友谊,双方商定了相互交流的三条渠道。一是通过外交途径。日方国际实力团已通过中国国家科委,给消防局一个名额到日本学习消防行政三个月;日本消防协会拟请中国派几名消防工作者,到日本消防大学或日本消防研究所实习一年以上。二是日本消防厅同中国消防局之间定期交换消防科技资料。三是民间友好往来。此次访日同日本消防协会达成了共识,双方不定期地组团互访，增进了解与友谊，加强消防合作。可以说，陈佛团长为今后中日消防界友好往来奠定了基础。

从我个人讲，这是第一次出国访问，一切都感到新鲜。不仅使我开拓了视野，增长了知识，而且实践了同外国人打交道的尝试，懂得了外交礼节与纪律。这次出国访问，我实际上是秘书长的角色，各个方面都要考虑细致周到，如团长的各种场合致词演讲、何时赠送礼物、赠什么礼品等。由于行前准备充分，所以访问期间未出任何差错，使访问达到了预期效果，陈佛团长对此甚为满意。

第十二章　在司法部工作

1984年9月我被调入司法部，先后在劳教局、劳改局（《监狱法》颁布后更名为监狱局）工作。两劳局仍是警察编制，警察着装、工资、岗位津贴等待遇一律不变。

司法行政机关是我国国家政权的重要组成部分。司法部最早成立于1949年11月，第一任部长是史良。1959年4月，第二届全国人大第一次会议决定撤销司法部。1979年9月13日，第五届全国人大常委会第11次会议决定恢复司法部，任命魏文伯为部长。

司法部主管司法行政工作，主要业务有律师、公证管理、法律宣传、法律教育（管理中国政法大学等几所政法院校）、法律援助、司法基层、人民调解等，1983年5月党中央以（83）23号文件决定将公安部管辖的劳改局、劳教局整建制划归司法部管理，以后又新建了社区矫正局、司法鉴定局、国家考试司、司法外事协助局、燕城监狱等部门。司法部业务逐步扩大，司法行政职能不断强化，在服务人民群众、维护社会和谐稳定、保障经济社会发展中具有重要地位和作用。

一、在劳教局工作

（一）劳教局历史沿革

劳教局全称是劳动教养工作管理局。劳动教养制度是根据1957年8月第一届全国人大常委会第78次会议批准，由国务院颁布的《关于劳动教养问题的决定》而正式创立。

为什么要建立劳动教养制度？因为，当时在社会上存在一些有劳动能力但游手好闲、违法犯纪、不务正业的人。这些人大法不犯、小错不断、屡教不改、扰乱社会秩序，而所在单位、街道和家庭又管不了，影响社会安定。管理此项业务的机构，设置在公安部劳改局第八处。当时八处主要掌管刑满留场就业人员的管理教育，各省、市公安厅、局也相继在劳改局内成立了主管劳教业务的机构。"文革"中随着"砸烂公检法"运动开展，劳教业务处于停顿。1976年粉碎"四人帮"后，劳教业务逐步恢复、发展。1979年12月，经第五届全国人大常委会批准，国务院公布了《关于劳动教养的补充规定》。1980年，公安部正式成立劳动教养工作管理局（内部序列为15局）。1982年，国务院转发了公安部制定的《劳动教养试行办法》。

按《规定》和《办法》有关规定，劳动教养的性质是"对被劳动教养的人实行强制性教育改造的行政措施”。1957年，劳动教养收容的对象规定为四种人，即：(1)不务正业有流氓行为或者不追究刑事责任的盗窃、诈骗等行为，违反治安管理屡教不改的；(2)罪行轻微、不追究刑事责任的反革命分子、反社会主义的反动分子，受到机关、团体、企业、学校等单位的开除处分、无生活出路的；(3)机关、团体、企业、学校等单位内有劳动能力，但长期拒绝劳动或者破坏纪律、妨害公共秩序，受到开除处分、无生活出路的；(4)不服从工作的分配和就业转业的安置，或者不接受从事劳动的劝导，不断地无理取闹、妨害公务、屡教不改的。1982年，劳教对象又增加到六种人，增加了不够刑事处分的严重刑事犯罪的团伙成员，聚众斗殴、寻衅滋事、煽动闹事、教唆他人犯罪不够刑事处分等人员。1990年后，劳教收容对象包括了吸毒、卖淫嫖娼人员和扰乱治安的邪教分子等10余种人员。劳动教养法定期限为1年至3年，劳教工作方针是“教育、感化、挽救”，要求把劳教场所办成特殊学校，并对劳教警察提出了“像父母对待孩子，像医生对待病人，像老师对待学生”的“三像”要求。劳动教养作为挽救违法人员的重要措施，伴随着社会主义法治建设进程，不断发展和完善。据统计，截止到20世纪末，劳动教养累计教育改造了380多万有各种违法和轻微罪错的人员。应该说，劳动教养制度在预防犯罪和减少犯罪、维护社会治安稳定方面功不可没。当然,实践中也存在一些问题,如法律制度不健全,执行中有扩大化倾向,管理上有"二劳改"的现象等等。

2014 年经全国人大批准,劳教制度依法废除,这是我国法制建设的进步。为适应形式需要,司法部劳教局改为戒毒工作管理局,主要任务是依法收容强制吸毒人员的戒毒、康复工作。

(二)在劳教局任处长和副局长

1984 年 9 月,我正式到劳教局报到。那时司法部办公楼尚未建成,部机关临时在国务院第二招待所办公,房间很少。因此,劳改局、劳教局仍在公安部北楼办公。当时劳教局局长是葛光荣,他是抗战时期老干部,原是公安部三局干部,后调青海劳改系统工作,粉碎"四人帮"后调回公安部。葛局长工作勤恳敬业,有开拓精神,常常带病工作至深夜,精神感人。1985 年,湖南省公安厅劳教处长翁鑫水调部任劳教局副局长。翁年轻有为,待人谦虚诚恳,工作认真细致,民主作风好。劳教局下设办公室、政治处、管理处、教育处、生产财务处,后来又增加了生活卫生处、场所保卫处。葛局长对我说:生产财务处处长因病去世不久,处内缺干部,你去该处吧!生产财务处主管全国劳教场所的规划与较大生产项目的审批,安排中央专拨的无息贷款、分配中央特拨的专项装备经费、统计全国劳教场所生产财务月、季、年度报表等。生产财务方面我过去接触很少,一切必须从头学起。当时,处里的冯炳均、罗时扬、张金萍(会计)同志业务较熟,我们相处配合较好。不久处里又来了两个大学生,王陶湧的专业是农业,曹菊平的专业是财经。他俩工作热情高,有干劲、有朝气,给我们处增添了活力。

那时,司法部每年都要召开全国劳改劳教工作会议、全国劳改劳教计划会议、全国劳教专业会议,局里根据每年会议精神制定出全年工作计划。我们处按照局计划要求作出具体安排落实,通过召开生产财务座谈会、到各省、市劳教场所实地考察调研,发现问题,及时总结交流经验,确定生产项目,合理分配各项资金,按时统计生产财务报表。处内工作井然有序,因此也得到了局领导和各省市劳教场所的认可。

为了提高业务知识水平,我和冯炳均同志于 1985 年初考取了北京经济函授大学。我们利用业余时间攻读了经济法、现代企业经营管理、劳动人事管理等有关专业,各门考试合格。我们两年后毕业拿到了毕业文凭,政治部正式确认我们俩为大专学历。专业知识的学习,对我们的业务工作有极大的提高与帮助。

我个人特别注重调查研究,每年总要安排三、四个月的时间到基层蹲点。当时,全国很多劳教场所前身是收审站、强劳队和劳改农场的分场，行政建设和财务状况基础差、底子薄、困难多，不深入了解情况就很难帮助基层解决问题。因此，每次考察后我们都要写出调研报告。然后遵照局长批示，有的编入局里工作简报；有的困难所在资金上给予倾斜；有的带普遍性、政策性问题，还要草拟文件下发指导。如 1985 年 4 月，我们和管理处在共同调研的基础上写出了《关于劳教单位实行管教生产双承包责任制的意见》印发各地参照执行，统一了各地的做法，效果甚好。

全国劳教场所除农业单位外，一般规模都不大，劳教人数也不多，很难找到适合的生产项目，许多劳教场所为寻找适合生产项目而发愁。20 世纪 80 年代，党中央国务院提出沿海经济发展战略后，沿海各省迅速组织贯彻实施，决心之大、行动之快前所未有。实践证明，中央关于沿海经济发展战略是十分正确的。沿海地区经济发展战略，不仅是地区性战略，实际上也是关系整个国民经济发展的全局性战略。那么，沿海地区劳教单位能否发展外向型经济呢？在发展外向型经济中有哪些经验和问题？带着这些问题，我和王陶湧同志用了一个多月的时间，走访了广东、海南、福建三省的 13 个劳教所，开拓了视野，增长了知识，学到了经验，看到了差距。综合各地调研印象，我认为沿海地区劳教单位发展外向型经济大有可为。一是有利的国际机遇。国际上随着劳动费用条件的变化，发达国家和地区正在进行产业结构调整，把劳动密集型的产业、活劳动耗费大的产业向劳动较便宜的国家和地区转移。置身于沿海地区的劳教单位完全有可能、也有条件利用这次良好的国际机遇，大胆地发展外向型经济。二是国内和省内的开放优惠政策。为适应发展外向型经济的需要，国务院及中央有关部门先后制定了关于加快和深化外贸体制改革，鼓励外商投资，发展来料加工、装配等项政策规定。沿海各省及开放地区也采取了一系列的优惠政策和变通措施。中央和沿海地区的这些优惠政策规定，核心是放手开放搞活，目的是有利于加快发展外向型经济。这些优惠政策和规定适用于各行各业各部门，劳教单位当然毫无例外。三是从实际情况看，沿海劳教单位发展外向型经济已初见成效。13 个劳教所中，有 11 个所有外向型生产项目 36 个，1987 年创汇 350 多万港元。1988 年以来外向型经济的发展势头较猛，效益较好，第一季度外向型加工收入为 1987 年总收入的 32.8%。外向型项目主要有三种类型：(1)“两头在外”，即来料或进料加工，产品直接销售国外；(2)通过横向联合，来料加工或装配，产品间接出口；(3)调整农业结构，建立外向型农业出口基地。

总之，国际的机遇，国内开放搞活的宽松政策和劳教场所发展的实际，都说明了劳教单位发展外向型经济大有希望。那么，怎样才能加快沿海劳教单位外向型经济的发展？我们在调研报告中提出，必须解决好以下几个问题。

（1）首先要提高认识，解放思想，不断更新观念。发展外向型经济不仅是我国沿海经济战略的需要，而且也是改变劳教场所生产落后面貌的需要。

（2）发动群众，启用人才。劳教单位普遍缺乏经营管理人才、技术人才，要立足自力更生，大力培养、发掘启用本单位人才，不拘一格启用人才，使能干的上来；同时，也可用优惠条件引进急需的专业人才。

（3）利用优势，注重发展劳动密集型产业。要充分发挥劳教场所初具规模的厂房设备，面积不等的土地资源，一批廉价劳动力和严格的内部管理制度等优势，吸引外商。发展劳动密集型产业初期，要从大处着眼，小处入手。芝麻西瓜一起捡，先捡芝麻后抱西瓜。待场所投资环境逐步有所改善后，外商洽谈项目多了，再通过筛选，淘汰一些较差的项目。然后有选择的引进一些与外商合作办厂的项目，由单一来料加工发展到合资合作，由简单装配发展到深度加工，由普通产品发展到拳头产品，力争打入国际市场。

（4）不断改善投资环境，吸引外商。改善投资环境既要注意“软环境”，又要注意“硬环境”。“软环境”要求我们在思想、政策、管理、办事效率等方面都要与外向型经济发展相适应，不能老框框、因循守旧、办事慢腾腾；“硬环境”则要求场所道路畅通、通讯方便、能源有保障，并有简易厂房、有条件的盖些标准厂房，这叫做“筑巢引凤”。

(5)要多渠道、多层次的解决资金不足问题，强调自力更生、“驴打滚”式的自我发展。

当年是王喜文同志任劳教局长。1985 年 7 月葛光荣局长因病去世后，喜文同志从劳改局副局长岗位上调任劳教局长。他也是公安部老同事，工作认真细致，原则性强，对下属要求严格。他听了我们的调研汇报后，十分赞赏，并且指出发展外向型经济不仅适用沿海各省、市劳教场所，而且内地所也大有参考仿效作用。他指示我们在调研报告基础上，形成指导性文件下发，同时建议我写成文章在内部有关刊物发表。很快，我们写出了《关于沿海地区劳教单位大力发展外向型经济的意见》，经局长审改后以局名义下发，供各地参照执行。我写的一篇《解放思想，大力发展沿海地区劳教单位外向型经济》的文章，发表于司法部预防犯罪研究所出版的《犯罪与改造研究》1988 年第 4 期上。在这前后，我经常根据劳教生产的调研情况写些文章，发表于各省市劳改劳教内部刊物上。这些文章谈不上指导意见，主要是总结些好的作法与经验，带有前瞻性的一些观点看法，与同行们进行交流。

1989 年 2 月，经部党组批准，并报中央组织部同意，我被任命为劳教局副局长。这时期的局长是孟庆辰同志，他原在黑龙江省司法厅任副厅长,“文革”前是大学生,1985年调任司法部劳改局长,1989年1月调任劳教局长的。孟局长思路敏捷,工作上善于抓重点,对干部比较宽厚。翁鑫水副局长分管管理、教育几个处,我分管办公室及生产财务处。这时期,我们处的冯炳均同志任生产财务处长,罗时杨同志调任政治处主任。

1989年5月,正是春夏之交,北京天安门发生了动乱事件。劳改局、劳教局仍在公安部北楼办公,北面窗户对东长安街,因此街上发生的混乱情况看得很清楚。形势严重时,公安部进出北门、东北门的车辆经常被阻拦,甚至被砸抢。听说不法分子在天安门周围砸车、烧车,有的执勤解放军被殴打致死,惨不忍睹。那些日子,街面混乱,交通受阻,孟、翁局长及住部外的一些同志无法上班。我清楚自己的职责,因我住公安部院内,所以每天早上七点即到办公室,晚上十二点后回宿舍。形式紧张的那几天,我干脆睡在办公室,日夜坚守岗位。5月19日,李鹏同志代表党中央、国务院号召全党、全军、全国人民采取果断措施,制止动乱。根据部领导指示,我和劳改局王明迪局长连夜起草经部领导批准发出《关于严守监管岗位,确保场所安全的紧急通知》,要求全体劳改劳教干警必须认清形势、明辨是非,坚决响应党中央号召,坚守岗位,高度戒备,严密监管在押罪犯、劳教人员,加强对“三大现场”的管理和控制,确保劳改劳教场所的安全。这中间还有一个插曲,我和王明迪同志起草的《紧急通知》,因司法部当时在东郊办公,交通阻塞送不出去,我们只好请公安部机要处电传到中央办公厅再转发到司法部。为了防止北京劳教场所出事,我陪同郭德治副部长不顾街道混乱,专程到大兴北京团河劳教所检查了场所安全情况。各省、市、自治区劳改、劳教单位,根据《紧急通知》精神,采取了有力措施,确保了劳改劳教单位的安全,全国劳教干警也没发生违反组织纪律的事。同年 9 月 16 日至 18 日,司法部在北京召开了全国司法系统制止动乱、平息暴乱庆功表彰大会。全国有 37 个劳改劳教单位被授予先进集体荣誉称号,中共中央政治局常委、中央书记处书记乔石接见了全体代表。蔡诚部长作了报告,高度评价了劳改劳教单位在发生社会动乱中,表现出的自觉与党中央保持高度一致的坚定立场和严格的组织纪律性。

1990 年 1 月 23 日,中共中央政治局常委、国务院副总理姚依林在中南海主持总理办公会,专题研究如何缓解劳改劳教单位经济困难问题。参加会议的除几位副总理、国务委员外,国家计委、财政部、人事部、劳动部、中国人民银行、国家开发银行等中央有关单位领导列席参加。蔡诚部长带领劳改局、劳教局负责人到会,劳教局由我参加,这是我第一次列席参加国家最高级别的会议。会议室朴素典雅，国家领导人态度和蔼谦和。姚依林副总理开头说：劳改劳教经济困难问题早该解决，今天召集大家研究一下。蔡诚部长就劳改劳教单位面临的诸多困难问题及几点建议作了汇报，参加会议的领导及有关部门负责人，一致赞同从各个方面给予劳改劳教单位支持。会后，形成了《国务院总理办公会议纪要》。根据《纪要》精神，劳改局劳教局经过多次研究，写出了具体落实意见由部上报国务院。4月9日，国务院发出《国务院批转司法部关于解决当前劳改劳教单位经济困难请示的通知》，通知要求："各有关部门和地方政府应积极帮助劳改劳教单位解决经济困难，以加强对罪犯和劳教人员的改造工作。"同时指出："从长远考虑，劳改劳教单位的改造经费、狱（所）基本建设、生产建设资金和物资（包括农业生产资料供应），应纳入国家预算和计划管理"。国务院批转文件下发后，劳改劳教单位经济困难问题得到了一定缓解。但在社会主义市场经济条件下，劳改劳教特别是劳改单位困难仍未从根本上解决。1984年，司法部、财政部、劳动人事部正式发文按事业单位管理劳教单位。这样干警工资有保障，其他经费各级政府都有些照顾，困难相对少些。

1990年10月27日，司法部在山东省第一劳教所召开全国探索劳教工作特色经验交流会。蔡诚部长、金鉴副部长到会后告诉我，党组已决定，调我到部直属劳改煤矿指挥部任主任,让我尽早回京赴任。因此蔡诚部长在开幕式上的讲话后,我随蔡部长一起回京,没有参加完这次会议。途经济南时,山东省委书记姜春云(后任全国人大常委会副委员长)同志会见并宴请了蔡诚部长,我和蔡诚部长秘书在座。返京后,我即到部直属劳改煤矿指挥部报到。

二、我在煤管局的创业历程

1990 年 10 月,我从司法部劳教局副局长的岗位上调任司法部直属劳改煤矿指挥部主任,开始亲身参加和见证直属劳改煤矿的创建与不断发展壮大的历程。1991 年 4 月,因工作需要,司法部党组任命我为部劳改局副局长兼直属劳改煤矿指挥部主任。但我的主要工作还是在直属劳改煤矿指挥部,直至 1995 年 1 月离休。在近 5 年的时间里,我经历了直属劳改煤矿指挥部的艰辛,也分享了直属劳改煤矿取得初步胜利的欢欣。“人事有代谢,往来成古今”,回首往事,犹历历在目。

(一)

司法部直属劳改煤矿指挥部成立于 1984 年。当时,由于国家开展严厉打击刑事犯罪斗争,为“迅速解决新增加的一百多万劳改、劳教人员的生产,使其尽快摆脱坐吃闲饭的状况”,遵照 1984 年 5 月 18 日,中央财经领导小组办公会议关于由司法部“设立办事机构,组织劳改、劳教人员生产,进行劳动改造,办劳改煤矿是一个好办法”的决定,开始了直属、联营劳改煤矿的建设历程。当时,由司法部、煤炭部共同确定山西固庄、荫营等 21 个煤矿划归司法部,作为司法部劳改局直属项目。司法部直属劳改煤矿指挥部就在这样的大背景下成立了。当时称司法部劳改煤炭公司,对外称燕城企业公司。1989 年 4 月经人事部批准,其更名为司法部直属劳改煤矿指挥部,按警察建制,事业单位管理。后根据业务发展需要,报经中央编办批准,1995 年 3 月正式更名为司法部直属煤矿管理局。从开始建设到 1990 年底的 6 年时间里,管理局在首任、二任领导冯效曾、李联源同志领导下克服了许多困难,取得了很大成绩并列入国家“七五”规划的 9 个直属、联营劳改煤矿设计概算总投资为 12. 3 亿元。截止 1990 年底,累计完成投资 6. 4 亿元,煤矿建设初见端倪,为长期关押、改造罪犯奠定了基础。

虽然有了好的开端,但我到职后面临一些亟待解决的问题。一是在直属煤矿建设方面,由于经验不足,出现了建设工期拖长,质量管理不善、投资控制不严、不按建设程序办事以及预算偏低等问题。二是在直属劳改煤矿指挥部方面,存在着业务指导思想不够端正的问题,过分强调“直属”、“独立”。因此,其与部劳改局、各省(市)劳改局的关系定位不准,与中央财政、计委、银行、煤炭部等部门关系也没有理顺。三是在机关内部建设上,长期无固定办公用房,大多数干警没房住。干警思想比较混乱,青年干警不安心工作。以上问题的存在,严重制约着直属劳改煤矿建设的顺利发展和机关干警队伍的稳定。

（二）

我到直属劳改煤矿指挥部工作后,一方面马不停蹄地到各个直属劳改煤矿进行深入调研,另一方面找指挥部的每个同志谈心或召开座谈会,了解他们的思想,征求他们的意见和建议,从而在较短的时间内掌握了大量第一手资料。在对存在的问题进行了梳理与深入思考后,我团结和依靠全体干警扎扎实实从三方面开展了各项工作。

一是理顺内部关系,争取外部支持,开创直属劳改煤矿新局面。

首先端正业务指导思想,进行正确定位。在深入调研的基础上,1991 年 7 月 6 日,在云南小龙潭煤矿召开的司法部直属、联营劳改煤矿基建管理工作会议上,我提出办好直属劳改煤矿必须正确处理好六个方面的关系。

1. 正确处理指挥部与省(区)劳改局的关系。明确指挥部和各省劳改局各自的职责权限,在加强指挥部宏观调控的同时,加大省劳改局的责任。直属煤矿的一切问题需先经所在省劳改局同意再报指挥部审批,充分发挥地方办劳改煤矿的积极性。

2. 正确处理局部与全局的关系。把中央加大对直属、联营煤矿投资力度作为鞭策与希望，以全局为重，严格控制投资，用好资金。坚持“勤俭办矿”的方针，自觉摆正局部与全局的关系。珍惜来之不易的有限投资，充分发挥投资效益，尽快把煤矿建设好。

3. 正确处理生产与基建的关系。把生产与基建放到同等位置上，统筹兼顾、科学安排、紧密配合、相互支持。不能片面强调一个方面，只看局部利益，忽视全局长远利益。

4. 正确处理犯人自营建设和外包的关系。扭转认为犯人劳动效率低，不如把工程外包出去建设进度快和认为让国家正规施工队把煤矿迅速建成，是解决犯人坐吃闲饭，获得经济效益的捷径观点。坚持犯人自营的原则，解决“肥水不流外人田”、培训技术犯人和解决犯人坐吃闲饭问题。

5. 正确处理煤矿与地方群众的关系。要紧紧依靠当地党委和政府，请他们多做工作。同时，主动同县、乡、村政府和周围群众搞好关系，做到坚持原则，言而有信，改善投资环境。

6. 正确处理劳改煤矿与其他劳改产业结构的关系。明确办好劳改煤矿是调整劳改产业结构的一个重要方面，充分认识劳改办煤矿的优势，看清劳改煤矿的经济效益，增强办好劳改煤矿的信心与决心。

在这次会议上,我还特邀山东省三河口生建煤矿(劳改)李锡洲矿长作了“发扬艰苦创业精神,自力更生建矿”的典型经验介绍,鼓励和引导各直属矿主动出主意,想办法,克服困难,加速煤矿建设。

我提出的以上正确处理六个关系的发言,得到了与会同志的赞成,达成了广泛共识。后经司法部领导批准,发言以(1991)司劳煤1号文件正式下发,要求各地认真贯彻执行。同时,在指挥部内部,我反复强调,指挥部工作必须在部党组和劳改局领导下开展工作。劳改煤矿是劳改工作的一个组成部分,不能脱离劳改局领导,一切工作必须服从劳改工作大局。这样,业务指导思想端正了,上下级关系也顺了,各方面工作积极性得以发挥,从而有效地推动了煤矿建设的顺利进行。

二是我在端正业务指导思想的同时,经过积极、主动、反复地工作,取得了中央有关经济部门对指挥部工作的大力支持。

1. 解决了行业归口问题。国家计委不仅在生产、计划上单列了户头,而且在每年国家计划的大本子上都明确列有司法部直属劳改煤矿项目。煤炭部从发文件、参加专业会议、制定产业政策等方面,都对劳改煤矿给予关注和照顾。可以说,劳改煤矿已同中央统配矿、地方煤矿公司、华能精煤公司、军矿一起成为“五大家族成员”，在行业上占有了一席之地。

2. 保证了煤矿建设资金。

直属劳改煤矿每年固定投资 2 亿元，占全国劳改、劳教生产投资的 2/5，比例不算少。但是建设煤矿周期长、投资大，且那几年正值投资高峰，每年 2 亿元投资规模已远远满足不了建矿需要。为了不影响全国劳改投资额度，经多次向国家计委、建行等部门汇报争取，1993 年在 2 亿元基数上再给追加 1 亿元贷款（不贴息，但批准进入概算）。这在当时银根收紧的情况下是很不容易的。1993 年 12 月 19 日国务院第 17 次总理办公会议，专题研究解决劳改、劳教单位经济困难问题。直属劳改煤矿 3 亿元投资额度得到了确认，并且全部享受贴息。我跟随部长列席了这次会议，看到姚依林副总理和国家计委、财政部对劳改工作的重视与支持，内心非常高兴，原来悬着的一颗心总算落了地。在中央金融体制改革中，1994 年又争取到将直属劳改煤矿 3 亿元投资额度从建行划归到国家银行，使劳改工作在政策上、资金上有了充分保障。

由于端正了业务指导思想，理顺了关系，保障了资金，直属劳改煤矿建设取得了较快地进展。全国相继建成了山西西峪煤矿、陕西红石岩煤矿、黑龙江铁西煤矿、山西固庄煤矿、新疆布雅煤矿、山西晋普山煤矿，加快了河南铁生沟煤矿、云南小龙潭煤矿、山西荫营煤矿的建设和改扩建步伐。同时又积极争取国家计委先后批准立项了内蒙古李家塔煤矿、陕西何家塔煤矿、贵州轿子山大洞口煤矿、山东里彦煤矿四个直属劳改煤矿，由中央和地方按比例投资。1994年7月，又征得国家计委批准建设了山东里彦电厂。至1994年底，直属劳改煤矿企业达到了13个，总投资为15亿多元。其中已投产的直属劳改煤矿有7个，正在建设中的有6个。这些矿在安置改造大批犯人的同时，也取得了巨大的经济效益，劳改煤矿成为所在省劳改工业的骨干。与此相适应，这些单位干警的办公、住房等方面的条件也得到了很大的改善。

三是加强机关队伍建设，落实办公场所，营造干事创业的新环境。

在理顺关系，加快煤矿建设的同时，我投入相当多的精力，加大指挥部机关建设的力度，着力解决好办公场所、住房条件和干警的后顾之忧，努力营造良好、和谐的工作环境。

1. 加强了党的建设，充分发挥党员的模范带头作用。我到指挥部不久，即建议并报部机关党委批准，将党支部升为党总支。这样党组织职能加强了，有利于开展党的各项工作。在党组织领导下，很快打破了六、七年没有发展1名党员的局面，先后发展了8名党员。他们大多是大学生、业务骨干，事业心强，干劲大，起到了党员模范带头作用，而且使未入党的同志看到了希望。

2. 加强干警队伍建设。坚持以政绩好坏提拔和使用干部，先后提拔了多名年轻干部充实中层领导班子，改善了干部队伍的年龄和知识结构，提高了干警队伍的活力。同时，较好地解决了干警的技术职称问题。指挥部先后解决了 21 名同志的技术职称问题，其中高级工程师、高级会计师 4 名，工程师、经济师、会计师等中级技术职称 14 名，助理会计师等初级技术职称 3 名，极大地调动了技术人员的工作积极性。

3. 坚持从优待警。下大力气解决干警职工生活困难。根据大家反映住房十分困难的问题，为了了解干警的真实住房情况，我利用业余时间，对指挥部干警逐家逐户进行家访，发现他们住房的困难程度远远超过了我的想象，使我十分震撼。当时全局有 15 家无房户，有 30 多家困难户。有的高价租民房，有的全家几口人住在六、七平方米的平房里，低矮潮湿，非常艰苦；有的进门即是炕，根本无下脚之地；有的青年干部已结婚多年仍过着“打游击”的生活。我看在眼里，急在心上，下决心尽快解决好这个“民生”重要难题。我上任不到 3 个月，想方设法积极筹措资金，购买了 15 套商品房，首先让 15 家无房户住进了新居。而后又购得 28 套住房，使指挥部成立后调来的一批大学生及青年干部全部住进了二室一厅的新房,一些老同志与子女同住的困难也得到了解决。“安居”才能“乐业”,43套住房问题的解决使全体干警欢欣鼓舞,对促进干警队伍稳定起到了重要作用。我针对节日无副食保障的现状,建立了副食基地,保证供应机关干部每人每月5斤鸡蛋,每逢节日,发放节日补助。后来又通过“三产”取得收益,弥补了办公经费的不足,解决了现代化办公装备如复印机、打印机、电脑等。

4. 彻底解决了机关办公用房问题。指挥部成立后一直没有固定的办公地点,6年内搬过7次家,足迹几乎遍及北京各区,且房租昂贵,办公条件十分简陋。经过我和贲长海副主任两年多的努力,于1993年4月终于在交道口土儿胡同购得了一个占地2.6亩的街道停办工厂。经过几个月的装修、改造,四层办公楼宽敞明亮,每层一个小会议室,还改造了一个多功能的大会议室。同时,我们将院内平房加工成两层小楼,作为直属劳改煤矿干警接待站,并配有食堂、浴室等,解决了干警吃饭、洗澡问题。另外,指挥部在办公楼内为有直属煤矿的省建立了驻京办事处,提供了住宿、办公的基本条件,赢得了有关省劳改局的欢迎与好评。指挥部搬入新居办公,结束了9年的流浪办公生活,实现了指挥部三届领导班子的共同愿望,由“游牧”进入“定居”使指挥部机关建设跨上了一个新台阶。

解决以上这些问题,并非一帆风顺。既有繁琐程序上的麻烦,又有各种困难和阻力,其中的酸甜苦辣难以用言语表达。特别是解决干警住房和办公用房共用资金2000余万元,全部是想方设法自筹解决的。虽然也担了些风险,但我一直认为,作为一个领导干部,就要时刻把群众的利益放在心上,想群众所想,急群众所急,攻坚克难,敢于担当。只要看准了,又是多数群众欢迎的,就不应考虑个人得失,就要坚决地勇敢地去办,这样才能真正得到群众的信任和拥护。我曾自咏过一首小诗,反映我当时遇到困难挫折的心情:“**问心本无愧,何惧论是非。我为众服务,鞭责永不悔。**”指挥部就是通过解决这些关系群众切身利益的住房、办公、入党、职称、生活福利等实事来加强政治思想工作,从而促进了干警队伍的稳定团结,增强了机关的凝聚力,亲和力和战斗力,营造了集中精力一心创业的氛围,进而推动了各项工作向前发展。

(三)

直属劳改煤矿的建设已经度过了30个春秋,经过历届领导班子和机关全体干警的努力,直属煤矿的建设任务业已完成,共在10个省、区建设了15个直属项目。其中,14个煤矿生产规模已达年产量2000多万吨;1个电厂,年发电量6亿度。截至2001年,中央投资总额已达50.3亿元。在取得巨大经济效益的同时,大多数监狱创建成了部级或省级现代化文明监狱，累计改造罪犯20余万人，达到了当初建设劳改煤矿的目的。其中，小龙潭煤矿已成为云南省最大的煤炭生产企业，云南省重要的能源基地和关押改造罪犯的稳定基地，也成为全国最大的监狱企业之一，司法部首批"部级现代化文明监狱"。1995年改扩建投产后，其年生产煤630万吨，经过五期扩建后，其年生产能力已达1490万吨。山东里彦电厂（鲁西监狱）已发展成为国家一大型企业，年发电能力已达到42亿千瓦时。新华社誉之为"全新的鲁西模式"，先后荣获全国"五一"劳动奖状，全国司法行政系统先进集体，荣记集体一等功一次，取得了良好的经济效益和社会效益，成为部直属监狱企业的一面旗帜。当前，随着监狱整体政策、体制的调整，直属监狱企业已面临诸多新变化，如有的煤矿已破产，有的煤矿已转让给社会企业，有的煤矿犯人已退出井下作业等等。但从历史的角度看，部直属劳改煤矿指挥部已顺利地、成功地完成了预定任务，在监狱史上留下了光辉的一页。

回顾直属监狱煤矿30年走过的风雨历程，我心潮澎湃，感慨万千。直属煤矿之所以取得巨大的成绩，是中央的重视、英明决策以及中央各部委、地方各级人民政府、省监狱局大力支持的结果；是司法部几届党组正确领导、支持关心的结果；是广大基层干警艰苦奋斗和不懈进取的结果；也是煤管局全体干警团结拼搏的结果。抚今追昔，这其中凝结了多少人的心血和汗水啊！在我任职期间，蔡诚部长、金鉴副部长、张秀夫副部长等部领导，以及姚云辉、王明迪等监狱局的领导，对直属劳改煤矿的建设工作给予了很大的关心和支持，有力地推动了直属劳改煤矿建设的顺利发展。我们千万不要忘记这些可敬可亲的老领导们！再次回顾30年的创业发展过程，我想起了张福森部长、范方平副部长2003年视察煤管局时对直属监狱煤矿工作的肯定："直属煤矿的建设，为维护社会稳定、提高对罪犯教育改造质量发挥了重要作用，取得了良好的社会效益和经济效益。20年来，同志们做了大量工作，**做出了历史性的贡献**，所取得成绩是应予以充分肯定的"，这是正确的评价。历史在不断向前发展，展望未来，我坚信煤管局在监狱体制改革中、在国家对监狱政策不断调整中，在构建社会主义和谐社会中将发挥更加积极的作用，为监狱事业作出新的更大的贡献。

三、关于劳改(监狱)工作

(一)劳改工作历史沿革

1949年10月1日，毛泽东主席在北京天安门城楼宣布：中华人民共和国成立了！作为国家机器之一的监狱，在根据地监所工作的基础上，随着对国民党政权旧监狱的接管改造和大规模劳动改造罪犯工作的开展，新型监狱工作与共和国相伴而生。新中国监狱工作，是在毛泽东等老一辈无产阶级革命家直接领导下创建并逐步发展起来的。

新中国成立之初，劳改（监狱）工作，是由政务院司法部狱政司主管。遵照1950年11月3日政务院关于“监所管理，目前一般宜归公安部门负责”的指示，公安部、司法部联合发出《关于监狱、看守所和劳动改造队移转到公安部门领导的指示》。从此，监所管理由司法行政部门转移到公安部门。公安部于1951年3月在治安行政管理局（三局）组建四处，负责掌管劳改工作，长征干部陈复生任处长。同年5月，公安部召开第三次全国公安会议，通过了《组织全国犯人劳动改造问题的决议》。中共中央批转“三公会议决议”时指出：“大批应判徒刑的犯人，是一个很大的劳动力，为了改造他们，为了解决监狱的困难，为了不让判处徒刑的反革命分子坐吃闲饭，必须立即着手组织劳动改造工作”。1952年中央劳改生产管理委员会成立，政务院财政经济委员会副主任委员、财政部部长薄一波为主任委员，政务院政治法律委员会副主任委员、公安部部长罗瑞卿为副主任委员，公安部副部长徐子荣、农业部、林业部、燃料工业部、水利部、交通部、铁道部、中央组织部各一名副部长以及公安部队副政委和公安部治安局局长卓雄11人为委员，卓雄局长兼管办公室工作。第一次中央劳改生产管理委员会召开时，决定成立劳动改造工作管理局,隶属公安部建制,同时作为中央劳改生产管理委员会的日常办事机构。1953 年 3 月 29 日经中央批准,公安部成立劳动改造工作管理局,序列为第十一局。首任局长孟昭亮,下设办公室、狱政、教育、工业、农业、财务等处室和协理员办公室。1954 年 9 月 7 日,政务院公布施行《中华人民共和国劳动改造条例》。这是新中国第一部比较完备的监狱法规,对新中国劳改事业的奠基和发展起到了重大的历史作用。

1958 年 8 月,第九次全国公安会议通过《关于劳动改造工作的决议》指出:劳改工作必须继续坚持“惩罚管制与思想改造相结合,劳动生产与政治教育相结合”的方针,必须正确贯彻“阶级斗争与人道主义相结合”、“改造第一,生产第二”的原则。认真贯彻、落实这些原则,保障了劳改工作的顺利进行。

随着“文革”中“砸烂公检法”的展开,劳改工作领域也是一个重灾区。组织机构和改造基地被砸的七零八落,领导干部受批判、被打倒,遭受迫害,党的指导思想、方针政策、法规受到严重破坏。直到 1978 年党的十一届三中全会后,劳改工作才得以恢复整顿、拨乱反正,开创了新局面。1978 年公安部恢复了被砸烂的业务机构,重新组建了劳动改造工作管理局(十一局),李石生任局长。

1983 年 5 月 9 日,中共中央批转全国公安会议的两个文件指出:党中央、国务院决定,把监狱、劳改队、劳教所的管理移交给司法部,是进一步解决公安工作战线较长、任务过重的又一重大改革措施,并将有利于加强和改进劳改劳教工作。劳改劳教工作要整建制地尽快移交。劳改劳教单位的人、财、物,任何单位不得调动。移交后,劳改劳教单位的干部、民警仍然是一个警种,着装、工资和岗位津贴等待遇一律不变。同年 6 月 9 日,公安部、司法部发出通知,将中央领导审阅同意的《关于贯彻执行中央将劳改劳教工作移交给司法行政部门管理的若干规定》印发各省、市公安、司法厅(局)贯彻执行。6 月 13 日,公安部、司法部发出"《关于劳改劳教交接工作若干具体问题的通知》。8 月 13 日,公安部、司法部举行劳改劳教工作交接大会,自 8 月 15 日起劳改劳教工作正式由公安部移交司法部领导和管理。劳改劳教局正式纳入司法部序列,在司法部党组领导下开展工作。公安部原劳改局局长李石生,被中央任命为司法部党组成员、副部长,主管劳改、劳教工作。

1991 年我被任命为劳改局副局长时,姚云辉同志任局长。姚原是云南省劳改局局长,长期从事劳改基层工作,业务精通。副局长有王明迪、王湘,他们都是公安部老人。局长分工时,我仍然坐镇直属煤矿指挥部工作,劳改局除局务会或讨论重大问题我参加外,其他业务我不具体参与。

1992 年 12 月 12 日，国务院在北京人民大会堂隆重举行全国首批授予 372 名人民警察高级警官的授衔仪式，公安部、司法部劳改局、劳教局以及全国公安厅、各省监狱局、劳教局的厅、局长参加。高级警官的警衔为：总警监（部长）、副总警监（副部长）、一级警监（正厅、局级）、二级警监（副厅、局级）。中共中央总书记江泽民、国务院总理李鹏、全国人大常委会委员长万里，中共中央政治局常委乔石、李瑞环、朱镕基、刘华清、胡锦涛，国务院副总理姚依林、邹家华等党和国家领导人接见参加授衔仪式的高级警官并合影留念。姚云辉、王明迪、孟庆辰等同志被授予一级警监警衔，我和王湘等同志被授予二级警监警衔。1993 年我被提为正局级，国务院发文授予我一级警监警衔。

1994 年 12 月 29 日，第八届全国人大常委会第十一次会议审议通过《中华人民共和国监狱法》。《监狱法》是新中国第一部监狱法典，它的颁布实施，完善了刑事法律体系，标志着我国监狱法治建设新的里程碑，为监狱和监狱人民警察依法对罪犯实施惩罚和改造，准确执行刑罚，提供了有力地法律保障。《监狱法》是由王明迪同志领导的起草小组，历时 8 年，经反复调研、20 多次修改才完成的，王明迪同志和起草小组功不可没。根据《监狱法》的规定，作为我国刑罚执行机构的司法部劳改工作管理局及各省、市劳改工作管理局，一律更名为监狱工作管理局。

(二)新中国监狱工作50年成就

1999年新中国成立50周年,新中国监狱工作在党中央国务院的领导下,取得了巨大成就。

1. 成功地改造了日本战犯和国内战犯。

从1948年到1952年,我国先后逮捕了140名日本战犯,关押于太原战犯管理所。1950年根据中苏两国达成的协议,苏联政府将969名在中国犯有战争罪行的日本战犯移交给我国政府,全部押在抚顺战犯管理所。这些战犯在侵华战争中对中国人民犯下了滔天罪行,根据中共中央指示,对日本战犯采取"一个不杀、大多数释放,少数判刑"的宽大政策。我国政府对这些日本战犯没有采取报复手段,没有将他们处以死刑,而是采用革命人道主义对待他们,用无产阶级改造社会、改造人类的伟大胸怀和气魄来改造他们。战犯管理所采取认罪悔罪教育、理论教育、时政教育、反对军国主义教育等等,同时对他们实行革命人道主义待遇,生活上给予优惠保障等措施,从而使他们认识到了自己所犯罪行给中国人民造成的深重灾难,深感悔恨,决心改恶从善。他们把战犯管理所当作新生的母校,把管教人员当作帮助他们认识真理的良师益友。1956年7月,特别军事法庭对45名罪行较重的战犯分别判处8年~20年的有期徒刑;对职务较低、悔罪表现较好的1017名战犯,则由最高人民检察院于6、7、8月分三批宣布免于起诉,立即释放,并由中国红十字会移交给日本红十字会,允许他们乘船回国。被判刑的45名战犯不少人因改造表现好,被提前释放。到1964年3月,除病亡一人外,所有日本战犯全部释放回国,长达14年改造日本战犯的工作胜利结束。值得一提的是,1956年9月首批被释放的战犯回日本后,成立了中国归还者联络会。全体成员集体加入了日中友好协会,成为日本国内反战、维护世界和平、促进中日友好的一支非常重要、活跃的力量。

成功教育改造日本战犯,赢得了国内外的一致好评。外界评论是“开创了战犯改造的历史先河”,“创造了人间奇迹”。

国内战犯主要包括国民党战犯(共926人)、伪满战犯(61人)和伪蒙疆战犯(10人)三部分,共计997人。这些战犯对人民犯下了种种罪行,要把他们改造成为拥护共产党、拥护社会主义的新人,任务十分艰巨。遵照中共中央对国内战犯处理的方针,即“一个不杀、集中管教、分批释放”的原则,管教工作人员在改造中,坚持正确地方针政策,进行了艰苦、细致地思想教育,并给予他们以人道主义待遇,从而使他们逐步消除了恐惧与对抗情绪,进而深为感动,在认罪悔罪的基础上加速了改造进程,最终转变了立场,得到了脱胎换骨的改造。1959年国庆10周年时,根据中共中央建议,第二届全国人大第十九次会议通过了

《关于特赦确实改恶从善的罪犯的决定》。随后，中华人民共和国主席刘少奇发布了特赦令。第一批战犯特赦于当年 12 月，共特赦 33 人。后中共中央决定，对全部在押战犯每年特赦一批，对少数已判过刑的战犯予以减刑。从 1959 年到 1966 年，基本上每年特赦一批。“文革”中特赦工作暂停，直到 1975 年全部在押战犯均获特赦。这样，国内战犯获释后，不仅没有一个重新犯罪，而且绝大多数能奉公守法，靠拢政府。不少获释人员还被中央安排了重要工作，比如先后担任全国政协常委的有杜聿明、王跃武、宋希濂、爱新觉罗溥仪（伪满洲国皇帝）范汉杰、黄维、文强、沈醉等人，还有一些人被安排到地方政协任委员、常委等。这些获释人员利用其独特经历及与国民党的特殊关系，在为促进祖国和平统一以及宣传中国共产党政策方面起到了一般人难以替代的独特作用。成功改造国内战犯，得到了国内外的一致肯定与好评。

2. 成功地改造了上千万各种反革命犯和普通刑事犯。

新中国成立初期，被推翻的极少数反动阶级成员和反动分子不甘心失败，与国外的反动势力相勾结，疯狂地进行破坏活动，妄图在中国恢复反动统治。与此同时，一些旧社会遗留下来的惯盗、惯窃、骗子、流氓、反动会道门头目也为非作歹，破坏社会秩序，危害人民的生命和财产安全。针对这种情况，新生的人民政权大张旗鼓地开展了镇压反革命运动和打击刑事犯罪活动的斗争。1951 年 12 月,在押罪犯已达 123 万人。新中国第一代监狱工作创业者,坚决执行经中共中央批准的《关于组织全国犯人劳动改造问题的决议》,自力更生,艰苦创业,迅速而有效地建立了一批劳动改造场所,逐步建立、健全了共和国自己的监狱管理制度,强化了国家机器,巩固了新生的人民政权。20 世纪 50、60 年代,重点关押改造的国民党的党、政、军、警、宪、特人员和其他刑事犯罪分子,以 80 年代初全部宽大释放在押的国民党县团以下人员为标志,改造历史反革命任务胜利完成。大批反革命犯和旧社会遗留下来的刑事惯犯,刑满释放后成为遵纪守法、自食其力的劳动者,重新犯罪率只占 2% 左右。

20 世纪 70 年代以来,关押改造对象以普通刑事犯为主。监狱工作遵循“争取把绝大多数罪犯改造成为拥护社会主义制度的守法公民和对社会主义建设的有用之才”的最终目标,改造罪犯工作锐意改革,奋力开拓,进入了一个制度创新较为集中的历史时期。其主要表现在:办特殊学校、强化对罪犯的思想、文化、技术教育;严格对罪犯的考核奖惩;以“百分考核,以分记奖”的方法,让罪犯在希望中改造,调动罪犯改造的积极性;实行规范化管理,注重对罪犯的行为矫治;推行分押、分管、分教,避免罪犯之间的相互感染,提高教育的针对性;签订帮教协议,促进罪犯改造工作的综合治理;尝试对罪犯的心理咨询、心理矫治,丰富改造罪犯的方法和手段等等。通过上述不断创新的一些做法和措施,罪犯的改好率达90%以上。出狱后,绝大多数人成为自食其力的守法公民。有的人表现相当出色,受到社会好评,重新犯罪率一直处于较低水平。截止1999年,我国累计改造罪犯1000余万人,为维护社会稳定、保障国家长治久安,发挥了重要作用。

3. 奠定了较为坚实地监狱工作物质基础。

新中国成立初期,我们国家一穷二白,百废待兴,国家不可能给监狱更多的物资投入,而改造罪犯的任务日益艰巨。在这种严峻的形势面前,遵照毛泽东主席"必须立即着手劳动改造工作"的指示,各地本着因地制宜、勤俭持家、自力更生、由小到大的原则,纷纷建立起劳动改造的农场、工厂、水利、建筑等工程队,组织罪犯进行各种有益于社会的生产劳动。到1951年,已有62.8%的在押罪犯投入劳动改造,使罪犯的生活、学习等费用的一半达到自给。到1956年底,全国在押的数以百万计的罪犯已全部投入劳动改造,其生活、学习费用基本上自给有余。

党的十一届三中全会以后,随着国家经济形势的进一步发展。监狱经济也有了新的进展。物质基础进一步得到充实加强,劳改监狱场所在不断调整、充实、整顿中发展。2000年底,全国监狱已有708所,农场土地拥有

82.79万公顷，涉及农、林、牧、副、渔多种门类；监狱生产已形成200多个行业，产品达5000多种。全国监狱固定资产总值达408.3亿元，监狱生产总值达1937.70亿元，监狱生产在社会主义经济建设中作出了一定贡献。

4.锻炼造就了一支高素质的监狱人民警察队伍。

新中国监狱工作之所以取得巨大成就，除了党的坚强领导和科学理论的正确指导外，还在于有一支政治素质高、奉献精神强、纪律作风严的监狱人民警察队伍。劳改工作初期，一支以复原转业军人和锄奸保卫干部为主体的队伍，坚决听从党的命令，从硝烟弥漫的战场迅速转到没有硝烟的战场上来，开始了艰苦卓绝的创业。他们带领罪犯到人烟稀少的地方，开荒地、修铁路、筑水库、建工厂，挖矿藏，历尽千辛万苦、建立起一个个改造罪犯基地。在创业实践中，锻造了中国监狱人民警察特别能战斗、特别能吃苦、特别能忍耐、特别能奉献的优良传统和弥足珍贵的中华警魂。随着事业的发展，一批批大专毕业生被分配到监狱系统工作。他们逐步成长为业务骨干，陆续走上了领导岗位。新老干部虽有交替，但监狱工作的优良传统始终未变。三年困难时期，监狱人民警察在自身遭受饥馑的情况下，正确执行党的政策，迅速制止罪犯非正常死亡，较快地渡过了难关。“文革”期间，许多监狱人民警察不顾自身冲击、遭迫害，仍力排各种干扰，坚守岗位，恪尽职守，保证了监狱工作正常运转。进入改革开放时期,广大监狱人民警察坚持解放思想,实事求是,与时俱进,积极推行办特殊学校、"三分"、改造工作"三延伸"和"双承包责任制"等一系列改革。在此期间,司法部对干警队伍建设提出了"革命化建设、军事化管理、正规化培训"的总体要求,颁布了《劳改劳教工作干警行为准则》,推进了规范化建设。随着《监狱法》《人民警察法》的施行,司法部又颁布了《监狱劳教人民警察政治工作条例》《监狱劳教所监区、分监区工作若干规定》使干警队伍建设进一步走向法制化、正规化。与此同时,司法部大力加强了干警三级培训工作,极大地提高了干警的文化素质。至 2000 年底,全国监狱人民警察总数已达 28.89 万人。其中大专以上学历的占 52.93%,年龄 45 岁以下的占 79.31%。干警队伍建设在推进年轻化、知识化、专业化的同时,始终坚持革命化。事实证明,监狱人民警察是一支政治坚定、业务过硬、作风严谨、纪律严明、能打硬仗的队伍。

5. 基本形成了中国特色社会主义监狱的鲜明特色。

(1)以改造人为宗旨,坚持惩罚与改造相结合,立足于改造。把罪犯改造成为守法公民,作为监狱一切工作的出发点和落脚点,是中国监狱执行刑罚的基本指导思想。

(2)注重对罪犯进行系统的、正规的政治法律教育和文化技术教育,并把对罪犯的政治法律教育放在首位,使监狱由过去的单纯监禁惩罚场所变成教育改造罪犯的专门机关。

(3)坚持实行教育和劳动改造相结合的原则,组织有劳动能力的罪犯进行劳动。通过劳动,改造罪犯好逸恶劳的坏习惯,并学会技能以适应回归社会后的就业需要。这是中国监狱改造罪犯的基本手段。

(4)发挥管理的矫治、养成功能,坚持管教结合,寓教于管,管中有教。通过依法、严格、科学、文明管理,矫治罪犯不良的思想品德和行为习惯,使之逐渐养成良好的思想品德和习惯。

(5)激励罪犯在希望中改造。坚持实行"惩办与宽大相结合"和"给出路"的政策,引进激励机制,充分调动罪犯的改造积极性,促使他们由强迫改造逐步变为自觉改造。

(6)对罪犯实行人道主义,严格保障罪犯的各项法定权利。坚持把罪犯当人看,尊重他们的人格,废除酷刑,严禁侮辱、打骂、体罚、虐待罪犯,保证罪犯的生活、卫生、医疗、教育、学习、劳动的基本条件,切实维护罪犯的合法权益。

(7)运用社会各方面力量参与对罪犯进行感化和帮教活动。坚持国家专门机关与群众路线相结合原则,动员国家机关、社会团体、部队、企业事业单位和社会各界人士及罪犯亲属参与对罪犯的感化、帮教活动。让罪犯与社会保持较多的联系，以树立其重新作人的信心。

(8)保护刑满释放人员的公民权利。中国监狱配合政府有关部门努力做好帮助刑满释放人员的就业安置和社会保护工作，为他们提供学习、工作、劳动的机会，使他们依法享有与其他公民平等的权利，能够自立于社会。

(9)重视监狱人民警察队伍建设。坚持从严治警，严格教育，严格要求，培养和锻炼出一支政治坚定、业务精通、作风过硬、纪律严明的监狱人民警察队伍。

随着社会主义市场经济体制的逐步建立，监狱生产大大滞后，矛盾凸显。150 余万犯人、近 30 万干警、70 万工人一切经费全靠生产解决，监狱本身根本无法承受。可见，半个世纪以来形成的监、企、社三位一体的管理体制辉煌已过，已不适应形势发展的需要，并成为严重阻碍监狱工作发展的主要制约因素。因此，监狱管理体制的改革势在必行。在党中央、国务院高度重视与支持下，经过几届司法部长及监狱局领导的努力探索，从试点到全面铺开，监狱已实现了“全额保障、监企分开、收支分开、双规运行”的改革目标。监狱经费纳入了国家和地方财政预算体系中，从而冲破了 50 多年来形成的监狱主要靠自己养活自己的传统模式和做法。这从根本上解决了监狱工作发展的困境，实现了监狱执行刑罚职能单一化，而不再承担经济职能，使监狱工作逐步迈向法制化、科学化、社会化的监狱现代化的健康轨道。

（以上内容参照中国监狱学会王明迪、郭建安主编，法律出版社出版的《新中国监狱工作50年》而写）

四、参加中国司法代表团访问泰国

应泰国司法部邀请，经部党组批准，以司法部办公厅主任孙在雍为团长、江西省司法厅长范佑先为副团长的中国司法代表团于1990年9月12日至22日访问了泰国。代表团成员有：山西省司法厅厅长王希文、贵州省司法厅厅长王基伦、浙江省司法厅厅长于国强、司法部劳教局副局长王增铎、司法部办公厅办公室主任刘坚、司法部基层工作司处长陈琪、司法部外事司交流处副处长张胜利以及翻译陈小珠。

访问团的主要任务是了解和考察泰国的司法制度，重点是律师管理制度、在职司法人员的培训制度及监管、少管制度。访问团先后到了曼谷、大城府、素可泰府、博他那等6个城市，访问了司法部及其下属司法事务办公室、法律执行厅、检察厅、律师学院及其训练中心、政法大学法律系、曼谷监狱、那沙空沙旺府少年法院及少管所、素可泰府法院等10个单位，顺便游览了这些地方的名胜古迹。

中泰关系是不同社会制度国家间友好合作的典范。

泰方对我国此次规模不高的司法代表团访问破格接待，安排周到，礼遇较高。从政府高级官员到普通老百姓，从中央机关到各府市，代表团所到之处都受到了热情友好的接待。泰国司法部长詹拉·芒卡拉腊亲自接见并宴请代表团，副次长扎兰·汶那亲自到曼谷廊曼机场迎送，两次给代表团每个成员亲自佩戴花环。到各个城市访问时，各地区、府市的市长、首席法官都出面接见并宴请。特别令我感动的是，泰国华侨对中国代表团的热情友好。每到一地，当地华侨都组织夹道欢迎和宴请，最多人数达到150多人。他们自发和代表团成员手拉手共跳泰国祝福舞，表演歌舞节目，气氛极为热烈。有位华侨席间动情地说："祖国强大，泰中关系好，华侨的日子就好过，我们和祖国的命运紧紧连在一起，祖国富强了，华侨们都感到自豪。"宴会中，华侨们争相把代表团员拉到身边交谈，和一家人一样显得格外亲切。

经过10天的考察，我对泰国的司法制度印象较深的有以下几点。

(一)关于律师管理机构

1985年泰国议会通过立法成立律师院，是管理全国律师的机构，是律师的自治组织。全国有两万五千名律师。律师院由25名委员组成全国律师委员会，其中包括司法部和法学院各一名。院长、副院长由律师选举产生，任期3

年，院长、秘书长都没有薪水。律师院的成员都有律师楼，(相当于我国律师事务所)是律师的活动场所。司法部长是律师院名誉院长，律师院决定的重大问题要报经司法部长批准。律师院的经费来源主要靠律师注册收费，其次是社会赞助。

律师院依法有五项任务：

1. 负责律师的培训。凡是想当律师的法律毕业生必须经过一年培训，考试合格才有可能取得律师资格。

2. 监督管理律师的职业道德。律师院对表现不好并经查实的律师可酌情给予处罚，直至取消律师资格。

3. 增进律师间的团结，维护律师的荣誉。

4. 为律师谋福利。

5. 宣传法律。中央和地方设有法律宣传部门，为老百姓提供法律服务。对聘请律师困难的，律师院免费提供服务。

从我们了解到情况看，泰国律师的培训、考核、授予资格等规定是很严格的，并且强调取得实践经验后再履行职务。这对保证律师的质量和律师队伍的整体素质是大有益处的。

(二)在司法行政机关建立监督执行机制

1979 年，泰国司法部在司法事务办公室下设立了缓刑监督办公室。全国这类办公室共有 41 个，其中曼谷地区 7

个,各府34个。缓刑监督办公室的任务是对法院判决不超过2年徒刑的执行缓刑监督,交给缓刑办公室在监外执行。司法部决定在老百姓中选择有声望的两千多人参与此项工作,经过一定培训,给少量报酬,主要是尽义务。罪犯期满后,没有工作的要帮助找工作,使其不致重新犯罪。据介绍,执行缓刑监督后的人,重新犯罪的比率很少。

在民事方面,司法部下辖一个法律执行司,负责法院对民事案件和破产案件判决的执行。执行司有权依法保管、没收、扣押和变卖当事人的财产,以保证法院的执行。这种做法是泰国司法制度的一个特点。

(三)在职人员培训和对老百姓的法律培训形成制度

泰国司法部对法官、司法行政官员和普通老百姓的培训采取不同形式,形成了一套制度。他们成立了培训中心,由司法部事务办公室直接领导。其主要负责培训的行政事务,制定培训计划、组织实施等。培训的对象一是法官,二是司法行政官员,三是普通老百姓。法官和司法行政官员的培训在业务部门指导下进行,培训的形式根据不同对象而定。培训助理法官的时间为4个月,培训司法行政官员的时间为一个星期。对老百姓进行短期法律知识培训时间为一个星期,每期300人。根据需要确定培训内容,每期重点学习一个方面的法律知识,如借贷、租赁、合同等等。培训实行免费,开训前在报纸、电台发出通知,自愿报名参加。采取这种方式,参加者求知欲比较高,针对性强,灵活使用,因而比较受欢迎。

(四)在监管、少管方面的特点

代表团在访问期间,参观了一所监狱和一所少管所,我对其总的感觉是环境、设施比较好,管理比较规范、严格,内部管理如报告、劳动、学习等制度比较完善,逃跑的很少。在分类管教方面,其主要依宗教信仰不同而采取不同的管教方法其分别用佛教、基督教、伊斯兰教的教义来启迪心灵,让犯人忏悔罪过,重新做人。监狱犯人生活费国家有保障,少年犯在生活上还给予特殊照顾。因此监狱、少管所的监管秩序较好,没有发生特别重大案件。

10 天的时间过得真快,访问团完成了预定任务于 9 月 22 日平安顺利回国。

五、参加中国司法代表团访问巴基斯坦、孟加拉

1993 年 4 月 26 日至 5 月 6 日,中国司法代表团先后访问了巴基斯坦和孟加拉。代表团团长为司法部常务副部长金鉴,团员有:

田　林　陕西省司法厅厅长

曾　兵　广东省司法厅厅长

王增铎　司法部劳改局副局长

吴彦时　司法部外事司交流处处长

赵林娜　司法部外事司干部，翻译

代表团于4月26日傍晚乘机抵达巴基斯坦卡拉奇，下榻珠际饭店，宿一晚。第二天上午乘机到达首都伊斯兰堡，开始对巴进行为期一周的访问。

巴基斯坦原是英属印度一部分，1947年巴与印分离，宣告独立，成为英联邦一个自治领。1951年5月，中巴正式建立外交关系。其是首个和中国建立外交关系的伊斯兰国家，中国坚定的朋友，与中国是长期全天候和多方面发展友好关系的国家。1956年3月，巴基斯坦伊斯兰共和国正式成立。

代表团抵达伊斯兰堡时，正值巴总统解散议会和内阁，司法与议会事务部长人选未定。因此，原定部长迎接改为副部长伊克桑·曹德里和我国驻巴参赞安啟光等到机场迎接。代表团下榻伊斯兰堡唯一的五星级酒店马里奥特饭店。

27日上午八点，代表团到尚未完全竣工的联邦最高法院，拜会了第一天上任的首席大法官纳西姆·哈桑·沙赫。陪同会见的有另外7名巴基斯坦知名大法官，及我国驻巴大使周刚、参赞安啟光等。身材矮小、德高望重的首席大法官，对于他到任第一天就会见来自中国（他们称为老大哥）的司法代表团感到格外高兴。他说这是他的光荣。会见中，他高兴地回顾了1989年到北京出席第十四届世界法律大会的情景，言语间流露出对中国和中国人民的友好感情。应主人邀请，我们在最高法院一个审判厅，旁听了一起行政案件的审查，审判长就是首席大法官本人。

中午一点，巴司法与议会事务部秘书（副部长）伊克桑·曹德里，在下榻的马里奥特饭店举行午宴，欢迎中国代表团。下午，在巴司法与议会事务部官员及我使馆二秘沈强陪同下，代表团参观了伊斯兰堡有40多年历史的拉瓦尔土坝。晚上，代表团参观了伊斯兰堡由沙特阿拉伯国王费萨尔捐助、耗时10年兴建的集伊斯兰文化与现代建筑艺术于一体的费萨尔清真寺。其风格独特，无与伦比。清真寺占地18.9万平方米，四座宣礼塔高达80米，祈祷厅穹顶高40米，宏伟壮观。大厅和广场可容10万朝圣者，是巴基斯坦国内乃至东南亚最大的清真寺，也是世界十大清真寺之一。基于伊斯兰教教规，寺内拒绝女人进寺参观。因此，代表团两位女同志只得遗憾地等在寺外。

4月28日，主人安排代表团到莫里山和帕特里阿塔景点观光，景点一般。

4月29日上午，代表团在巴议院大厦拜会了巴参议院主席萨贾德，参院秘书和周刚大使陪见。萨贾德曾担任过巴司法与议会事务部长、内政部长等要职。萨贾德主席言谈诚恳，会见气氛热情友好。会见后，代表团到司法部大楼会见司法与议会事务部秘书曹德里及辅助秘书阿穆扎德·阿里。主人详尽介绍了司法与议会事务部的有关业务，并询问了中国司法部的职能，金团长一一作答。

下午，应代表团请求，主人安排参观了拉瓦尔品第中央监狱，助理监狱长阿龙布介绍了监狱概况及监管、生产、生活等制度。监狱占地 100 公顷，狱院环境优美，监舍小院绿化如公园，建设布局比较合理。其有生产区（犯人织地毯、打家具）、学习区（分设大、中、小学课堂，结业发文凭）大礼堂、生活区，监舍较宽敞，犯人睡水泥大地铺，摆放较整齐，但苍蝇太多。管理人员严肃认真，狱内秩序井然。

晚上，周刚大使在我使馆举行招待会，应邀出席招待会的有巴最高法院首席大法官、司法与议会事务部官员、拉瓦尔品第和伊斯兰堡律师协会主席等。宾主频频举杯，共赞中巴兄弟般的友谊。

4 月 30 日，代表团乘机赴巴第二大城市拉哈尔。拉哈尔是巴旁遮普省首府，也是一座古城。代表团下榻珠际饭店。因为当天是星期五，伊斯兰教的假日，因此巴方安排代表团到巴游览胜地夏里玛公园参观。公园占地 42 公顷，园林建筑呈长方形，周围有高墙环绕，园内分高低三层，缀有大理石亭阁，喷泉池塘和园林花圃散落有序。虽然公园建筑典雅，环境迷人，但那天气候酷热，高达 48 度。在国内从未感到过如此炎热，因此代表团游兴大减。我的胳膊只要一见太阳马上变得通红，大汗淋漓，头脑昏昏。所以我和吴彦时同志躲在屋檐下，许多景点未去参观。晚上，代表团参观拉哈尔城堡和巴德夏清真寺，两处文物古迹给代表团留下了深刻印象。

5 月 1 日上午，拜会旁遮普省高等法院首席法官安·麦赫布·阿迈德。这位外表稳重、端庄的法官说，他曾于 1986 年来中国出席过世界知识产权会议，对中国热情接待和丰盛的宴会颇有感触。他曾做过 19 年律师，16 年法官。他自豪地说，他审理案件是最公正的，因为他既代表律师又代表法官。首席法官设午宴款待代表团。该院有 23 名法官放弃了“五一”国际劳动节假日休息，与代表团相聚，畅谈中巴友谊。午宴后根据主人安排，代表团参观了巴基斯坦和印度的瓦加边境。当代表团来到巴、印边境零公里处时，对面印度边防战士立即持枪走到印方国门中，目视来着，颇有阻挡之意。此时，我深感一个国家领土之神圣不可侵犯。

下午五点四十分，代表团乘机赴卡拉奇。由卡拉奇地区法官及我使馆领事张振瑞迎接，下榻珠际饭店。

卡拉奇是巴基斯坦第一大城市，巴最大的海港和军港，全国经济、金融、商业、贸易中心，信德省首府。

5 月 2 日，代表团到信德省高等法院会见首席法官纳瑟·阿什拉姆·扎伊德。该法院有 20 名法官，尽管是星期日，还是有 16 名法官陪同接见。会见中，首席法官介绍了该院的工作情况，表达了强烈的访华欲望。随后，代表团又拜会了信德省高级法院的律师协会主席沙拉夫·法里迪。根据巴基斯坦制度规定，最高法院和各地高等法院均有律师协会，但只有律师协会的律师才有资格分别在最高法院和高等法院出庭辩护。有上百名律师陪同律协主席会见代表团，气氛十分热烈友好。

中午首席法官扎伊德设宴，欢迎代表团。

下午六点三十分，代表团拜谒真纳墓。真纳是巴基斯坦国父，地位相当于中国的孙中山先生，备受国民尊崇。他是近代巴中友谊的奠基人。真纳墓是高大圆顶的白色建筑，庄严肃穆，代表团亲临真纳墓向其表示敬意，不虚此行。

5 月 3 日，代表团圆满完成访问巴基斯坦任务后，下午两点满载巴政府和人民的友好情谊，乘机前往达卡，开始对孟加拉国进行访问。代表团飞抵达卡机场后，孟加拉国国务部长巴里·阿未努尔·哈克、我驻孟大使张序江到机场迎接。

孟加拉国 1757 年沦为英属印度一个省，1947 年印巴分治后归属巴基斯坦，称东巴基斯坦。1972 年 3 月，其脱离巴而独立，成立孟加拉人民共和国。1975 年 10 月中孟建立外交关系，两国友好合作关系一直健康发展，在国际事务中密切配合。

达卡是孟加拉首都和第一大城市，是全国政治、经济、文化中心。当天晚上，孟司法及议会事务部部长哈非兹及夫人举行宴会，欢迎中国代表团。孟方出席作陪的有劳工部长、文化部长等高官，我驻孟大使张序江、参赞朱鹿昌应邀出席，哈非兹部长在宴会上发表了热情洋溢的欢迎词。这位年逾古稀的部长也是孟中友协会长，曾多次访华，对中国政府和人民有着深厚的感情。孟加拉人说他是半个中国人。在讲话中，他感谢中国政府对孟加拉的大力援助，极力称赞中国的改革开放政策。

5 月 4 日上午，代表团前往司法与议会事务部长办公室，拜会哈菲兹部长。这位部长非常健谈，热情地向客人介绍了孟加拉司法制度及该部的职能。

上午十一点半，代表团在议会大厦拜会了孟议会议长谢赫·拉扎克·阿里。这位议长曾两次访华。他提到第一次访华时，看到中国正值重建法制；第二次访华时，看到中国正在经济领域实行改革。他对中国短时间内，在经济领域取得的巨大成绩感到敬佩。他说，我们热爱中国，尤为珍惜孟中两国的友谊。金团长对议长热情洋溢的讲话表示感谢，并请议长介绍了孟加拉议会在立法方面的设想和计划。同时,他也向主人介绍了中国刚刚结束的八届人大会议情况。会见后,在议长陪同下参观了议会会议厅和图书馆。

下午一点十五分,代表团拜会孟最高法院首席大法官沙哈布丁·艾哈迈德。会见中,首席大法官希望双方司法界相互多多交流。他曾于 1988 年率团访华,希望中国成为亚太地区强国,并说:“中国的进步就是我们的进步。中国强大使孟加拉感到欣慰”态度诚恳亲切。

下午一点半,孟民族主义律师协会在布尔巴尼饭店宴请代表团。孟方出席的有司法部长、海运部长、新闻部长等,我驻孟大使张序江应邀出席。律协主席在致词中表示,希望两国司法界多来往,希望多听到中国的好消息,就像现在听到中国经济方面好消息一样。他衷心感谢中国对孟的多方帮助,并说:社会主义也被赋予新的定义,中国正在朝这方面努力。他还深情地谈到,在他学生时代就知道世界七大奇景之一的长城在中国。他非常渴望访华,了解中国古代和现代文明。金团长致答词说:“我们两国的友谊是老一辈领导人亲手创建和培育的。我们都曾经受过贫穷,但我们都在用自己的双手战胜贫穷”,并说:“我们两国友好关系不应只停留在文化、经贸等领域,也欢迎法律界相互交往。”

下午四点半,代表团参观达卡法院。首席法官致欢迎词后,20 多位年轻法官一一作了自我介绍。法官协会秘书长在发言中表示,希望孟加拉法官能有机会访问中国。金团长致谢词中表示,“欢迎孟各界朋友访华,当然也包括法官。”

晚上七点半,我驻孟大使张序江在使馆举行招待会。孟方出席的高官有 50 多人,宾主畅叙中孟友谊,气氛热烈。招待会结束后,张序江大使陪同代表团参观了新落成启用的大使馆。

5 月 5 日上午,代表团参观了中国政府援建的“孟中友谊桥”(后来听说,到 21 世纪初中国为孟援建了 6 座桥。孟加拉人自豪地说,从达卡出发到孟加拉国任何地方,都有孟中友谊桥。可见孟中友谊深入人心。)

下午一点半,代表团到总统府拜会了孟加拉总统阿卜杜尔·拉赫曼·比斯瓦斯。总统亲自接见代表团,使访问达到了高潮。进入总统府大门,代表团由两位盛装的卫兵手举长刀在前面正步走着引领,经过一段长廊步入接待厅。厅内布置豪华而不失优雅,总统先生态度慈祥和蔼地同代表团成员一一握手,欢迎中国司法代表团第一次访孟。这位总统先生在担任孟参院议长时曾访问过中国,他亲眼看到中国经济发展很快,人民生活幸福安康。他说,中国的经济快速发展令世人瞩目。中国对孟的大力援助深得人心,中孟兄弟般地传统友谊一定会保持下去。总统先生言简意赅，充分体现出孟加拉政府和人民对中国真挚友好的感情。

下午五点，应客人请求，代表团参观了两个中产阶级家庭，了解了孟加拉普通人家的生活水平。这两家人生活尚好，房舍宽敞卫生，待客十分热情，当地特产瓜果食品摆满一桌。由于孟加拉属于发展中国家，经济比较落后，孟加拉人民生活水平整体不高。首都达卡的街上，自行车、人力车、三轮车、摩托车、汽车交错混行，水果摊、食品摊比比皆是，街面比较杂乱，与现代化城市差距甚大。

晚上，代表团出席孟中友协宴会。孟方出席的有：司法国务秘书、社会福利及妇女事务部长、现任总理的姐姐、航空及旅游部长等高级官员，我驻孟大使张序江等也应邀出席。宴会开始前，孟艺术家表演了民族歌舞。孟航空及旅游部长在致词中说，他曾多次访华，但与中国司法部及最高法院还没有联系过。这次司法代表团访孟，使他有机会了解中国的法制，很感高兴。他说，法律是一面镜子，它反映一个国家和社会的面目，希望今后两国司法界不断交往。

5月6日上午，哈非兹司法部长及哈克司法国务秘书到代表团下榻的帕德玛国宾馆为代表团送别，简短进行了交谈。然后，哈克司法国务秘书陪同代表团到达机场送行。十一点五十分代表团圆满结束访孟，乘坐 BG082 航班经曼谷顺利回国。

这次访问,巴、孟两国接待规格较高,众多高级官员出面。特别是孟加拉总统亲自接见代表团,充分体现了与中国的友好情谊。虽然两国社会制度与我国不同,但都是发展中国家,共同语言较多。中国对巴、孟两国无私的援助,惠及两国人民,使中国与巴、孟两国关系十分友好。通过这次访问,与两国司法制度进行了交流,增进了了解,促进了友谊,访问是成功的,达到了预期目的。访问中,团长和翻译任务较重,而日程安排和内部事务均由外事司吴彦时处长负责,事情较多。我们几个团员除了认真学习、参观外,没有其他具体任务,所以比较轻松。团长金鉴副部长,来司法部前,是中共北京市委常务副书记,中央候补委员。他政策水平高,原则性强,外事经验丰富,知识面广,精明睿智。他在与外方接触交谈中,举止端庄,言辞得当,落落大方,不卑不亢,赢得了外方各级官员的尊敬,从而使访问得以顺利进行取得圆满成功。

六、参加联合国第50届人权会议纪实

联合国第50届人权会议,于1994年1月31日至3月11日在瑞士日内瓦举行,中国政府派出以中国常驻日内瓦代表团金永健大使为团长的16人代表团。代表团成员除外交部有关司局同志外,还有公安部、司法部、国务院宗教

局、西藏外办代表。司法部派我参加。

出席本届会议的有53个会员国524人,90多个国家派观察员376人,联合国机构及其他政府机构39个134人,非政府组织160个923人,共计1940人,是历届人权会议出席国家最多、人数最多的一次。会议采用英文、法文、俄文、中文等同声传译,因此每人都能听懂。

这次会议共审议了25个议题,如中东、西非、世界人权局势、宗教、少数民族、酷刑等等。从会议总的趋势看是:东西合流,北攻南守,涉我形势严峻。西方国家大肆宣扬人权至上,咄咄逼人,说什么"促进和维护人权已经不是一国的内政","尊重和促进人权已构成欧盟外交和安全政策的基石"。其以人权卫士自居,对亚非拉50多个国家进行点名攻击。涉及内容之多,言辞之激烈,超过去年。攻击中国集中在两个方面。一是司法制度问题。攻击中国司法制度落后于西方,并在"政治犯"、酷刑、拘禁问题上大做文章。二是西藏问题。为配合会议上对我国的攻击,达赖集团在会场外组织了两次藏民示威静坐(一次4~5人,一次50余人)。

(一)关于挫败西方反华提案有关情况

在美国支持与参与下,以欧洲同盟国为主的16个国家于3月4日向大会提交了"中国的人权情况"反华提案。我代表团预计可得到22~23票的支持。但提案表决的前几天，由于沙托克访华秘密接见魏京生，西方借此大肆渲染，攻击中国，气氛相当紧张。4 日下午散会前，美国代表团团长费拉罗夫人特意到中国代表团坐席前，气势汹汹地说："你们国家政府怎么搞的，为什么把魏京生放了又抓起来？"（魏京生原系北京市公园服务管理处工人。因主动向外国人泄露国家机密，并撰写反动文章和主编反动刊物《探索》在北京、天津散发，1979 年北京市中级人民法院，以反革命煽动罪判处其有期徒刑 15 年，1993 年 9 月 4 日被依法假释。）一些非政府组织也借机煽动反华。当晚，西方电视台每隔 20 分钟即放一次沙托克与魏京生会面情况。此后几天，西方报刊、电视台又连续报导刘刚、王丹、王军涛等人的情况，攻击中国不自由，又在抓人等等。前几届人权会一贯支持中国的塞浦路斯、突尼斯大使在提案表决前约见我大使，声称他们国家因受美国压力不能投票赞成中国。保加利亚大使会前 10 分钟通知中国，鉴于美国以最惠国待遇相要挟，国内通知他不能投赞成中国票，形势异常严峻。我代表团全力以赴，分别对各国进行工作，寻求支持。3 月 9 日下午，会议主席宣布对提案进行大会审议，并宣布这一提案又有日本、澳大利亚等国参加。希腊代表提案国发言，介绍提案内容，要求大会通过。中国大使金永健接着发言，义正词严地说明了中国的立场，对西方提案内容予以驳斥。正式提出动议，对草案不予采取行动。古巴代表团率先发言,毛里塔尼亚、叙利亚代表也相继发言,表示坚决支持中国,指责西方国家利用人权诋毁中国,是出于政治动机。美国代表接着发言,不同意提出不采取行动动议,并无端指责中国存在着严重的人权问题,诬称"中国对政治犯施加酷刑、人民言论不自由等等",要求委员会就提案进行表决。英国代表紧跟发言,支持美国。尼日利亚、斯里兰卡、巴基斯坦、伊朗代表纷纷发言,支持中国动议,强调国际社会必须看到中国在政治、经济和社会等方面所取得的巨大成就,对中国这些成就应该予以表彰和鼓励。会议主席询问无人发言后,即宣布对中国动议唱名表决。结果,以 20 票赞成,16 票反对,17 票弃权获得通过。这是继 1990 年、1992 年、1993 年之后,代表团第四次在联合国人权会打掉西方反华提案,挫败西方反华图谋。

此次人权会上,中国代表团经过艰辛工作,终于挫败了西方反华提案,有力地打击了美国的嚣张气焰,维护了祖国的主权与尊严,并受到了李鹏总理的赞扬。国内媒体也以显著版面作了报道。

(二)在不同议题中涉我国情况

在审议"所有遭受任何形式拘留或监禁的人和人权问题"(议题 10)中,美国发言指责我国"至今仍关押着持不同政见者"。大赦国际、人权观察以及国际和平基督会等

7个非政府组织发言,攻击我国劳改制度及司法审判程序,污蔑我国虽在法律上禁止酷刑,实际上酷刑非常普遍,一些犯人因酷刑致死;指责我滥用死刑,甚至对一些非暴力的犯罪也适用死刑;污蔑我国最近释放一些"政治犯"完全是处于政治考虑,实际上仍在继续逮捕反对政府的人,并称1993年是中国自1989年以来逮捕政治犯最多的一年;诽谤我对"政治犯"实行"先定罪后审判",并且经常通过酷刑迫其认罪;指责我国在西藏任意抓人,其中大部分是僧人,还有十几岁的小尼姑。

在本议题下,我做了"关于中国劳改制度和实践"的发言,阐明了中国劳改机关对犯人进行改造工作中所遵循的原则和做法。我着重讲了五点内容。

一是中国依法保障罪犯的合法权利,实行人道主义的原则。我说明了在中国犯罪依法享有申诉、辩护权、人格不受侮辱、人身安全和合法财产不受侵犯权、依法获得减刑、假释权、财产继承等方面的民事权利以及未被法律、刑事判决和监管制度限制的其他公民权利。强调说明,法律严禁对罪犯打骂、体罚和虐待,保障罪犯享有必要的物质生活、劳动保护和医疗卫生保健的待遇等等。为保障罪犯合法权利不受侵犯,人民检察院在监狱劳改场所设立常驻监察机构,对劳改机关的执法活动进行监督;各级人民代表、政协委员和其他执法监督机构,不定期到监狱、劳改场所检查执行情况。

二是通过劳动对罪犯进行改造。特别说明通过劳动，可以使罪犯逐步养成劳动习惯，增强组织纪律性；学会生产技能，有利于释放后的就业；还可以改善自身的生活福利。

三是开展比较系统的、正规的法制、道德、人生观和文化技术教育，把监狱劳改场所办成特殊的学校，力争把罪犯改造成为讲道德、有文化、懂技术、遵纪守法的新人。

四是注重对罪犯的感化，对改造工作实行综合治理。重点说明社会各界采取多种形式对罪犯进行帮教；组织亲属进行规劝；组织罪犯参观社会建设；搞好刑满释放人员的安置就业等等。使罪犯感到社会的温暖，增强改造的信心。

五是对罪犯实行区别对待和奖惩分明的政策。我强调说明，对确有悔改和立功表现的罪犯，将依法分别给予减刑、假释、记功或物质奖励；对抗拒改造或重新犯罪的，则分别给予禁闭、记过直至依法加刑。中国刑满释放人员的犯罪率一直低于8%，比世界上许多国家低得多。

我在发言的最后说，中国对罪犯进行劳改的目的是为了将他们改造成为无害他人，自食其力的守法公民。这是保证罪犯在关押期间和返回社会后，真正享受各项人权的有效途径。尽管中国的经济不发达，监狱的物质条件与发达国家相比尚有差距。但在法律规定的范围内,罪犯的人权受到了切实有效的保障。随着中国改革开放和经济建设的发展,保证罪犯人权的各方面条件也将得到完善和提高。我发言时会场比较安静,发言后不少国家争要发言材料。

公安部谭松球同志做了中国关于禁止酷刑问题的发言。以上两个发言,均从正面对西方攻击进行了有力驳斥。

在审议议题(9)“民族自决权及其对受殖民主义或外国统治或占领下的民族的适用”中,非政府组织“基督和平”在发言中将我国西藏与东帝汶(印尼)并列,攻击我国对西藏进行镇压。

在审议“在民族或属于少数人的权利”(议题18)和“消除给予宗教或信仰原因的一切形式的不容忍和歧视宣言执行情况”(议题20)中,爱尔兰国指责我国压制宗教信仰自由。一些非政府组织“国际和谐联谊会”、“反对酷刑委员会”对我国宗教及西藏问题进行恶毒攻击。诬称:“中华人民共和国是利用集权控制宗教的最后几个共产主义国家之一,宗教活动受到严格限制,有很多天主教神职人员被捕,基督教牧师被拘禁。”污蔑我国政府1月31日发布的关于《中华人民共和国境内外国人宗教活动管理规定》和《宗教活动场所管理条例》是对宗教活动的严厉限制。攻击我国在西藏“继续压制言论自由、信仰自由，破坏西藏自然环境和传统文化，强迫堕胎，镇压以和平方式表达政治信仰的示威活动，逮捕了数百名西藏人。”

国务院宗教事务局祝世援同志，西藏外办曲加(藏族)同志，在大会发言中对西方攻击我宗教及民族问题，针锋相对的进行了有力回击。

(三)特别报告员向大会提交的书面报告中涉我国部分

联合国人权委员会特别报告员奎杰尔·罗德利向本届大会提交“所有遭受任何形式拘留和监禁的人的人权问题，特别是酷刑或其他残忍、不人道或有辱人格的待遇和处罚的书面报告，长达133页。其中，专门有中国一节。报告中说他根据资料，对有酷刑危险的人向中国政府发出四次紧急呼吁。“虽然酷刑在中国为法律所禁止，但警察和其他国家工作人员继续用这种做法对犯人逼供、威吓或处罚”，“犯人被法院审判和判刑或被不加审判处以行政拘留之后，被转送监狱和劳改营，在这些地方酷刑和虐待也是很普遍的”，“在监狱里，当犯人违反条例或不服从命令时经常发生虐待事件”，“最常见的酷刑方法包括殴打、电棍击昏或击打，用手铐和脚镣引起痛苦，以扭曲的姿势吊住双臂，被迫做出痛苦或消耗体力的姿势，不许睡觉或不给食物，暴露于寒冷或高温之下”，“对判处死刑的犯人采用通常做法是，自其被判处死刑起直至处决，一直戴上手铐和脚镣，即使长达几个月也是如此”，“酷刑肇事者经常受到行政处分，如调离之类。事实上许多调查不了了之，被指控的肇事者根本不受起诉”。

联合国人权委员会特别报告员巴克雷·瓦利·恩迪阿那，向本届会议提交“在世界上任何地区、特别是在殖民地和其他未独立国家和领土上人权和基本自由遭受任何侵犯的问题法外处决，即处决或任意处决”的书面报告，长达 217 页。其中也有专门讲中国一节。根据报告员说：“已对范围广泛的大量犯罪应处以死刑表示特别关注”，“中国目前可以处以死刑的大约有 65 种刑事犯罪，约占所有依据中国法律确定的刑事犯罪的 1/3。”“凡盗窃或损失金额超过 3 万元的，几乎一律判处死刑。由于近年来中国经济迅速发展，这个临界值比过去更容易达到，常常连初犯都能达到，因此增加了判处死刑的人数”，“中国《刑法》第 44 条规定‘年满 16 岁不满 18 岁的，如果所犯罪行特别严重，可以判处死刑缓期二年执行，’这一规定与一些国际文书禁止对犯有任何罪行的青少年处以死刑的规定相抵触。”“中国的法律惯例中尚有无罪推定原则，因为关于有罪和判刑的决定据称是在庭审之外由受政治影响支配的‘委员会’做出的。”

此外，会议期间，联合国人权委员会下属机构“拘留人工作组”的印度、法国代表，两次向中国代表团提出该组织已先后收到1000多封指控中国劳教(包括收审)的信件。其认为劳教没有经过法庭审判即剥夺自由,不符合法定程序,希望到中国访问调查劳教情况,并要求看北京、陕西、青海、甘肃等省、市的一些劳教所和拘留所,和劳教人员谈话时中方不要在场。对其要求,代表团告诉其向国内反映,故暂未答复。

(四)关于吴弘达在日内瓦反华情况

多年来,为美国反华以劳改产品挑起事端的吴弘达,以非政府组织法国国际人权联盟成员名义出席日内瓦50届人权会议。吴3月初到日内瓦,企图在审议反华提案期间煽风点火。3月3日,刚刚成立的马丁·埃纳尔斯基金会(埃纳尔斯是大赦国际的创始人,1991年去世)在日内瓦一个小饭店为授予吴弘达人权奖举行会议,会前举行记者招待会。据参加此会的我国新华社记者周小平说,包括周在内仅有4名记者参加。主持人说,本来准备在联合国总部地址开会,因大会怕得罪"某一大国"(指中国)而未能同意。吴弘达在会上大肆攻击我国劳改、劳教制度,污称中国现有1000万劳教人员,从事各种生产劳动,并用"饥饿"这个武器强迫罪犯劳动,不劳动不给饭吃;说"共产主义作为意识形态已经死了"等等。

记者招待会后,举行发奖仪式,各国非政府组织代表约50人参加。这是马丁·埃纳尔斯基金会首次颁发人权奖，吴弘达获美元25,000元。该基金会表示，今后将于每年联合国人权委员会召开之际在日内瓦颁发人权奖。基金会成员中有“大赦国际”、“国际警报”等人权组织代表。授奖仪式中放映了以吴弘达为主角的、攻击中国劳改制度的录像片，其中有吴弘达于1993年3月回国偷拍劳改农场的镜头。去年8月非政府组织曾在日内瓦放映过此片，吴弘达还借此散发了他主编的反动刊物《劳改通讯》。

吴弘达没有被批准在50届人权会上发言，只在会场转了一圈，以后再未出现。劳改产品问题在本届会议中，各国及非政府组织都未涉及。

中国代表团在会议结束回国途经巴黎时，听到法国广播电台政治论坛节目中，正播放电台记者采访吴弘达及林希翎攻击中国劳改制度的讲话。据说，林希翎定居法国，吴弘达经常在法国活动。

从这次人权会议斗争情况看，我个人有以下几点想法和建议。

1. 积极做好人权问题的宣传工作。

我们同西方围绕人权问题的斗争是长期的，而且越来越尖锐、复杂，监狱工作又是西方攻击我国人权问题的重点之一。发展中国家及西方国家人民并不了解中国的真实情况，对中国监狱制度及其实践情况的所见所闻仅限于国外新闻媒介的攻击之词，对我存有误解。因此，我们必须从国际人权斗争的高度,加强对监狱工作的宣传。事实上,我国的监狱工作,从法律到实践都是成功的。“白皮书”的发表在国际上引起了很大反响,我们应该理直气壮地从各个方面、采取各种形式,充分运用报刊、广播、电视、电影等媒介,有针对性地加大宣传量。还可以有计划地邀请一些国外友好人士访华,参观监狱,增强各国对我国的了解,有力的配合开展国际人权斗争。

2. 增强法治观念,严格执法,是维护人权的关键。

干警违法乱纪,打骂体罚罪犯,是在人权斗争中授人以柄的突出问题。本届以及前几次人权会议攻击我国最多的是这方面的问题,即西方称之为酷刑问题。干警打骂体罚罪犯,甚至打死犯人,每年均有发生。虽数量较少,但性质严重。这种局面不改变,在人权斗争中就很难取得主动。因此,必须采取有力措施,认真搞好干警的依法管理教育和职业道德培训,不断加强干警的人权意识和执法意识,提高干警的业务素质和执法水平。这样,才能使我国在国际人权斗争中取得主动权。

3. 加速现代化文明监狱建设,努力提高改造质量,是从根本上实现人权的重要保障。

建立现代化文明监狱,不仅是因为罪犯构成的变化和社会主义市场经济体制的需要,也是为了适应国际人权斗争的要求。我们必须深化监管改造工作,不断提高改造质量。硬件要硬，软件要强，真正做到不仅把罪犯改造成为诚实劳动、遵纪守法、自食其力的劳动者，而且改造成为适应社会主义市场经济发展需要的有用之才。只有把罪犯改造成新人，才能保障罪犯最终实现人权。

4. 加强人权理论研究。

司法人权理论研究，部里已设专门机构负责，监狱局也应适当加强涉及监狱方面的人权研究。可以委托中央司法警官学院等单位专题开展这项工作，定期提出研究项目，为监狱涉外政策提供决策依据。同时，要搜集国外反动组织针对监狱的一些刊物、文章录像以及人物（如吴弘达之类）资料，进行分析，提出对策，对其造谣污蔑，坚决给予有效的回击。

5. 配合外交斗争，对联合国的调查要采取积极合作的态度。

联合国所属组织经常发出指控或查询函，涉及我国监狱、劳教方面的，应积极予以合作。尽量做到客观、详细地予以书面答复，不要认为是找麻烦，这也是促进我们工作和正面宣传我国监狱制度的机会。通过回复，实现辩护的权利。联合国对各国政府这类复函都全文印发人权大会，如果我们总以“查无实据”、“纯属捏造”来回绝，其效果适得其反。反之，回答得有理、有据才有说服力，才能争取更多国家的同情与支持。此事关系到国际人权斗争的大局，必须认真对待。

以上是我回国后向部领导的专题报告。常务副部长张秀夫审阅后极为重视,写下大段批示。他对我所提建议表示赞成,并批交部内有关单位研办。

第一次参加这样大型国际会议,使我开阔了眼界,增长了知识,也深感只有祖国的强大与和平的外交政策,才能赢得国际上大多数国家的信任与支持。

第50届人权会议,是由联合国人权委员会召开的。人权委员会每年春季举行6周的会议,总部设在日内瓦。此次中国代表团住宿在我使馆内。日内瓦是瑞士第二大城市,是世界各国国际机构云集的国际化城市,风景优美,街道洁净。在日内瓦的40多天,我每天早上都到日内瓦湖边悠闲漫步。那纯净的空气和煦的清风,给人一种美的享受。时而湖内大喷泉喷起一条高达140公尺的擎天水柱,与远处青山绿树相映,更是美丽壮观,日内瓦的湖光山色着实迷人。

会议期间,每逢星期日闭会,金永健大使带领全团人员到瑞士各城市游览。记得我们到了奥林匹克总部的所在地洛桑,到了与德国、法国毗邻的小城市,还到了瑞士东邻的一个小国列支敦士登。这个国家只有二万多人口,素有欧洲"袖珍之国"称号。会议结束归途中,我们在法国巴黎停留两天。我驻法大使馆工作人员带领我们参观了巴黎四大代表景点，即埃菲尔铁塔、凯旋门、卢浮宫和巴黎圣母院。

埃菲尔铁塔屹立在巴黎市中心的塞纳河畔，是世界上第一座钢铁结构的高塔。其总高324米，1889年建成，是法国文化象征之一。我们每人花50美元买一张门票，登上铁塔顶端俯瞰巴黎的景色风光，其壮观和气势磅礴一览无余。

凯旋门，位于巴黎戴高乐广场中央，是迎接外出征战军队凯旋的大门。其于1836年建成，是世界上最大的一座拱门。其高49.54米，宽44.82米，厚22.21米，中心拱门高36.6米，四面有门。这座雄伟的建筑是为纪念拿破仑1806年2月在奥斯特尔里茨战役中，打败俄、奥联军而建立的。12条大街，以凯旋门为中心，向四周辐射，气势磅礴，形似星光四射。凯旋门内墙刻有拿破仑一生96个胜利战役浮雕，外墙上有取材于1792~1815年法国战史的巨型雕像，人物栩栩如生。1970年戴高乐将军逝世后，改称为戴高乐将军广场。广场边设有专为游人休息的排排座椅，老人、小孩坐在椅子上撒一把面包屑，一群群银灰色鸽子迅速落在场内觅食。有的鸽子飞到人的肩上，毫无惧意，一幅和平景象，如诗如画。

卢浮宫是法国的王宫，居住过50位法国国王和王后。它是巴黎的象征，举世闻名的艺术殿堂，以收藏丰富的世界绘画、雕刻而闻名于世。其收藏的“蒙娜丽莎”油画，“维纳斯”雕像和“胜利女神”石雕，号称世界三宝，也是卢浮宫的镇馆之宝。众多的艺术精品，令人流连忘返。

巴黎圣母院是典型的哥特式建筑大教堂，是巴黎基督教总教区主教座堂。它高耸挺拔，辉煌壮丽，整个建筑庄严和谐，所有柱子都挺拔修长与上部尖尖的拱卷连成一片。从外面仰望教堂，那高俊的形态加上顶部耸立的神塔和尖塔，使人顿感一种向蓝天升腾的雄姿，十分雄伟庄严。巴黎圣母院正面高 69 米，其中一座塔楼悬挂着一口大钟，也就是《巴黎圣母院》一书中，卡西莫多敲打的那口大钟。走进这座教堂，四处可见虔诚的信徒双手交叉合拢托住下巴，闭眼凝神的祈祷，更突出巴黎圣母院的庄重肃穆。两天的紧张参观飞快地过去了，巴黎之美留下的深刻印记令我深感不虚此行。

第十三章　调查采访岳父陈元龙烈士革命事迹

一、陈元龙烈士革命事迹

1985 年，时已 90 岁高龄的岳爷爷陈续武，对其子陈元龙烈士（我爱人陈丽珠的父亲）的革命事迹一直想加以整理留给后人。但苦于对岳父参加革命活动和在部队情况知之甚少，因此每次见到我总要提及此事。我答应老人，由我和丽珠去访问一些老同志并查阅有关历史资料。经过半年多的调查、访问、查询，大体对岳父生前的革命活动有了比较全面的了解。于是我加以整理，写了一篇纪实文章，爷爷很满意。他同意后，以其名义送给岳父的老战友、老领导审改。其中，有北京军区顾问组长、原 129 师新四旅旅长徐深吉，中央政治局委员、中顾委副主任宋任穷，中央军委委员李聚奎上将，四川军区副司令员陈明义等。很快，文章得到各位首长回复、修改、认可和大力支持。各位首长，特别是宋任穷同志对陈元龙事迹给予很高评价。我将各位首长修订的稿子又加以归纳修订，写成一篇《短短一生献人民》的文章，以爷爷名义发表于军队及河北多家地方党史刊物上。

现将原稿及宋任穷同志复信附录如下：

短短一生献人民

——陈元龙烈士革命事迹追忆

陈续武

数十年来，早想把吾儿陈元龙的革命事迹写下来，但总未如愿。因为元龙是一个严格遵守党的纪律的人，对党分配的秘密工作任务从不对家人讲。后来他在部队工作，转战晋冀鲁豫一带抗日根据地，家属很少随军生活，对他的事迹知之不多，因而久拖未写。近见党中央正在大力整顿党风，十分欣喜。现将家属和向一些老同志了解到的元龙生前一些革命事迹略述于后，庶几对端正党风、教育后代，不无裨益。

（一）

陈元龙，原名陈刚成，1912年农历十月初二生于河北省深县甜水井村（今属辛集市）。因家庭困难，小学毕业后，即于1927年春到哈尔滨一家小店学徒。元龙酷爱读书，他不顾学徒的一天劳累，常常偷着看书到深夜，为此屡遭老板训斥，一年左右即愤而辞职。后来跟随其表叔夏其录学习俄文一年，考取到中东铁路局车务处工作。那里事务不忙，待遇较好,工余学习机会甚多,他便如饥似渴地阅读马列主义原著,如《资本论》、《共产党宣言》、《论帝国主义》、《唯物主义与经验主义》等,并订购了一些俄文和日文进步刊物,专门阅读有关介绍苏联社会主义的文章。不久,他又考取了哈尔滨法正大学夜班,后因被调到安达站货物处工作而退学。"九·一八"事变后,日本帝国主义侵占沈阳,东北军张学良奉蒋介石的"不抵抗"命令,撤到山海关以南。日寇随即占领辽宁、吉林、黑龙江三省,使东北三千万人民陷于水深火热之中。同年腊月三十日,日寇侵占了哈尔滨。消息传到安达,元龙那强烈的爱国心像被刀刺一样阵痛,竟忍不住失声痛哭说:"哈尔滨是我们的,不能丢!"当时有人劝他说,当局不抵抗,我们老百姓有什么办法?若是孤身想抵抗真是傻透了。他却不以为然地说:"无论做什么事,没有'傻子'是不能成功的"。苏联社会主义革命的影响,马列主义书籍的熏陶,"九·一八"亡国奴的悲痛,更加坚定了元龙献身革命的信念。正如他在部队填写履历表中所写的:"由于十七、八岁后,接近苏联人民与文化之经常影响和自己学习经济学对人类社会的分析,'九·一八'的炮声,亡国的命运,直接罩在我们的头上,于是自己于1932年中确立了信奉科学社会主义的信念"。从此,他积极宣传抗日,想方设法同日寇进行斗争。不久,经原法大一高姓同学介绍,元龙参加了中共哈尔滨省委领导的反日同盟工作,秘密搜集中东铁路沿线日军军运情报。1934年高姓同学被捕，关系失联。此时，日本宪兵队已注意和监视了元龙的活动。为了专心革命和保护家人安全，他把妻子和女儿送回老家。同时把手枪和书籍文件等埋在院内凉亭下，于1935年春化装转往北平，继续从事反日活动。在北平，他以小职员代表的身份参加了"一二·九"学生爱国运动，又引起国民党政府的注意，声言要逮捕他。那时他已身无分文，只得从同乡处借了路费赶回河北老家。革命的激情使他顾不得休息，立即买了些笔墨纸张文具等，借游学为名，联系深县南部各村学校进步教师，秘密成立"读书会"开展抗日爱国活动。他还常被邀请到学校讲课，宣传反帝反封建的革命道理，教孩子们唱《国际歌》、《工农兵学商一起来救亡》、《松花江》等革命歌曲，深受广大进步师生爱戴。1936年清明节，元龙因在深县大蒿科村庙会上公开登台宣传抗日救国的革命道理，又引起了国民党警察的注意。第二天上午，有本族人陈老可到家说："县警察局要到咱们村捉拿一个哈尔滨回来的名叫'陈坦'的人，是不是刚成？你们千万要提防些。"下午，元龙回家也听到了要抓他的消息。于是，让我帮他把一切书籍、文件、日记烧毁。虽面临被敌人逮捕的危险，但他显得非常镇定从容。但当把这些书籍、文件烧毁时，他却控制不住心痛的感情，流着泪说："烧这些东西真使我难过，可又不能不烧，不然让敌人得到会牵连很多人哩！"当晚，家人送他到束鹿县城乘汽车去了汉口(果然,元龙走的当天深夜,县警察局派人将我家包围,进宅强行搜查。当时,警察以为我是元龙,为拖延时间,我也不申辩,伪警察随将我五花大绑押到深县警察局关押半年,经亲友多方营救才得以释放)。元龙到汉口因无法活动又转回北平,由人介绍到保定女子中学教书。半年后,又转到束鹿县东刘庄培德中学任教。他往来于保束之间,继续团结进步师生,秘密组织"文艺社"从事抗日宣传工作。这个时期,元龙一心扑在革命事业上,无暇顾及家庭。直到"西安事变"后国共两党再次合作,才得以回村探望家人。

(二)

1937 年"七·七"事变,点燃了抗日战争的烽火。其势如火如荼,河北一带各式各样的抗日武装如雨后春笋,迅速发展。此时,元龙在深县、束鹿一带已是颇有名气和影响的人物,很多青年纷纷要求他出面领导抗日。但他自感势单力薄,遂带领几十名青年几经周折到武强县加入了段海洲组织的青年抗日义勇军。在段部,他初任秘书,后任政治部副主任。1938 年春,八路军一二九师部队的到来,给河北人民带来了抗战胜利的信心与希望。于是,他积极动员段海洲部官兵参加八路军。当时段海洲部队成分复杂,纪律松散,不少人沾染旧军队和土匪的坏习气,对参加八路军态度暧昧顾虑重重。元龙便以国家前途之革命大局,言传身教,耐心细致地做了许多工作,终于消除了段海洲等几个主要干部的动摇情绪，说服了少数反对改编的人，表示愿意参加八路军。1938年3月，段海洲派元龙为代表，去南宫与冀南区党委负责人李菁玉和一二九师政治部主任宋任穷、东进纵队司令员陈再道商洽段部的具体改编问题。同年4月，经一二九师刘伯承师长、邓小平政委、徐向前副师长同意，确定将段海洲部改编为八路军。改编后的番号为一二九师青年抗日游击纵队，委派李聚奎任政委，段海洲任司令员，元龙任政治部副主任。5月初，徐向前副师长和李聚奎同志到达南宫，段海洲在元龙陪同下也来到南宫。徐向前同志热情接见了他们，欢迎他们参加八路军，并当面传达了师部的命令，任命李聚奎同志为纵队政治委员，段海洲为司令员，元龙为政治部副主任。他们商定纵队以下编三个团，一个教导大队，一个警卫营，一个迫击炮连和一个骑兵连，并当即决定李聚奎同志随段海洲和元龙一同回武强县向段部进行动员教育。这支近六千人的游杂武装终于在6月初开到南宫进行整编。为了更好地改造这支部队，同年8月23日，青年纵队和一二九师的独立旅合编，番号仍为青年纵队。司令员段海洲，政治委员李聚奎，副司令员徐深吉，参谋长卜盛光，政治部主任吴富善，副主任陈元龙。从此，这支队伍在党的领导下转战于晋冀鲁豫地区，为巩固和壮大抗日根据地立下了赫赫战功。由于元龙在改编段海洲部过程中立场坚定，表现突出，经李菁玉同志介绍，中共冀南区党委批准，元龙于1938年春正式被接受为中国共产党党员。部队改编后不到两个月，少数干部战士对八路军战斗生活不习惯，有的开了小差，段海洲竟以探亲为名跑到国民党部队里去了。此时，元龙一方面以徐深吉司令员和他两人名义给段海洲写信劝导，另一方面立即在干部战士中反复进行教育。他旗帜鲜明地指出：只有跟着共产党，跟着八路军才是唯一的出路！从而稳定了军心，团结了广大干部战士于党的周围，受到宋任穷等领导同志的高度赞扬。李聚奎同志说："陈元龙同志有本领有远见，对改编、稳定段海洲部起了很大作用。"徐深吉同志赞扬元龙为党立了一大功！

（三）

为了适应对敌斗争的形势，1940年春，一二九师进行整编。青年抗日游击纵队被改编为一二九师新四旅，徐深吉同志任旅长，元龙任政治部副主任。元龙在青纵和新四旅期间，不仅作战勇敢，而且在党的培养教育下已成为一名深受广大干部战士爱戴的、有一定水平和经验的政工干部。平时，他关心体贴战士胜于自己，处处以身作则，堪称楷模。元龙参加八路军后，家属去部队看他时常听战士说，元龙无论到团、营、连哪一级检查指导工作，都和战士们吃一样饭菜，从不要特殊照顾。为了战士们吃饱吃好，他还亲自到伙房同炊事员研究怎样做好饭菜。有一次我去部队看他，徐深吉司令员非常热情地买只鸡招待,结果被元龙谢绝。徐司令员说,咱八路军虽穷,但为了招待老人,破费一点也不为过。元龙却说,一只鸡虽然算不了什么,但当前我们部队生活还很艰苦,这样做影响不好,坚持不让买鸡。就是那次看元龙时,我看到他穿着一双异样的板尖蓝鞋,与当时干部战士穿的青棉鞋不一样,感到诧异。后来和饲养员闲聊,谈到这双鞋,这位饲养员笑着说:"那双鞋还是我给他的哩!"我更奇怪,问他:"你买一双鞋很不容易,为什么他要你的呢?"饲养员以赞叹的口气说:"主任的东西,我们如果谁需要,他都给。上次领鞋他在最后,但只剩一双小的了,实在不能穿。当时他穿的旧鞋都挂不住脚了,我看着不忍心,才把我的鞋给主任了。"饲养员同志的话,道出了八路军上下级之间的关系是多么互相关心、亲密无间啊!战士们还说,陈主任经常给他们讲解国内外革命斗争形势,讲得深入浅出,举的例子都是部队中的实际事,字字句句说到人们心坎上,大家听了心悦诚服,称他是新四旅的"理论家"。

元龙对家属要求也很严格,从不让我们接受什么例外照顾。有一天我和一个战士闲谈,听这个战士说:"你这次来是个好机会,前几天,有个战士的父亲来部队,我们主任给了他300元钱。"我说:"我不是来要钱的。"后来我回去时,同行的还有侦查股长的岳母等3人,他只给了我15元钱,因那时走路困难,过敌人据点时,常被敌人盘查耽误时间,怕钱不够用,我便对他说:“再多拿5元吧?”他却执拗地说:“不能这么办。”我把那天战士的话一说,他笑着解释道:“那是因为那个战士家里遇到了特殊困难,没有300元就过不去。咱家没有这5元钱能过不?”我说能。他严肃地说:“能过就不必要了。为了自己,就是一元钱用的不当也不应该。我计算这15元钱足够你们到家了。”我被他说服了,高兴地踏上回家的路程。

元龙同驻地群众的关系也很好。某村长魏老近对我说过,部队来了就住在老百姓家里。陈主任无论住到哪家,都像自家人一样。他态度和蔼,尊重老人,见活就干,不惜力气,所以乡亲们都很信任他。在他的影响下,参加抗日的人很多,仅魏同增家就有兄妹三人参了军。

(四)

太平洋战争爆发后,日寇更加紧了对敌后抗日根据地的进攻,疯狂对我解放区实行残酷的杀光、烧光、抢光的“三光”政策,冀南解放区处于更加艰苦困难的阶段。那时,部队经常夜行转移,元龙为部队作战而无心照顾家属。他预感形势日趋严重,嘱咐妻子说:“打仗不能没有牺牲,不过为了解放全人类,为了子孙后代的幸福,这样的牺牲是值得的。如果我有什么意外,你不必难过。”元龙忘我的工作,几乎每晚都忙至深夜。1941年,在“一二·四”、“一二·一七”反合围战斗中,元龙和旅指挥员一起,奋不顾身带领干部战士浴血奋战,突破敌人重围,粉碎了敌人一次次的扫荡和进攻。元龙不管敌情如何紧张,都冷静如常的和其他指挥员一起商讨战斗策略。行军途中,他常常清唱几段京戏,缓解部队紧张的气氛。部队转移时,他总是和担负掩护任务的部队一起走在最后。在"一二·一七"突围中,他把马让给有病的战士骑,而自己赤着脚步行了20多里。当时敌人分七、八路合击我军,有个副连长因负伤落在部队后面,他指挥警卫连作掩护,自己要去背他。但因副连长负伤地点已被敌人占领,终于没有抢救下来。他把这件事视为一生最大憾事,不断地埋怨自己。

1942年4月29日,敌人从华中、华南调来日军万余、伪军数千人,由敌酋岗村宁次亲自指挥,采取空前毒辣残酷的"铁壁合围"战略方式,合击我冀南区党、政、军机关,战线长达九十余里。四旅全体指战员奋起反击,战斗异常激烈。经过无数次勇猛冲杀、肉搏,战士们终于突出了重围,又一次粉碎了日寇妄图摧毁冀南抗日根据地的阴谋。在这次突围中,元龙为了掩护旅机关人员突围,亲率几十个乘马人员离开指挥部,单独进行突围。途中他看到一位同志走不动了,立即命令警卫员把自己的马让给他骑走;后又遇到背两个公文包的旅政治部秘书徐化民,眼看她跑不动了,就让她把画马恩列斯伟人像的白布扔掉,轻装突围(后来徐同志说,当时不敢扔,倘不是有陈副主任命令,我累死也不敢扔掉它的)。元龙让同志们安全脱险了,然而他自己却在敌人猛烈火力阻击下不幸中弹，壮烈牺牲了！全旅上下闻知，人人悲痛不已，热泪盈眶。徐深吉旅长听到元龙牺牲的消息，如晴天霹雳，情不自禁地大叫一声："元龙！"顿时泪如雨下，悲痛欲绝。战士们一个个呼喊着他的名字，发誓要多杀几个日本鬼子，为烈士报仇！在悼念元龙的文章中，战士们称他为"最敬爱的、最坚强的旅领导者之一"，"中国共产党的优秀党员"。李菁玉同志著文说："元龙同志对冀南根据地和新四旅部队建设是起了很大作用的"。宋任穷同志说："元龙同志是一个好党员、好同志，他的死正如毛主席说的重于泰山。"

元龙牺牲时年仅30岁。他一生虽短暂，但却是革命的一生，战斗的一生，光辉的一生。他把自己的全部无私地献给了党，献给了人民，献给了祖国伟大的解放事业，虽死犹荣。元龙永远活在人民心里。元龙牺牲已经43年了，我也到了行将就木之年。我经过冥思苦索陆续整理出这些片段，用意在于慰藉英灵和让元龙子女及后人知道，现在的幸福生活来之不易，是千千万万烈士们的鲜血换来的。列宁说过，忘记过去就意味着背叛。重温往事，可以激励我们继续奋进，走好烈士们未完成的征程。至盼子女及后人，切切牢记和学习先烈们坚定信念、舍己为人、廉洁奉公、艰苦奋斗、不怕牺牲的奉献精神，发扬革命优良传统，完成先烈遗志，在建设"四化"中贡献出一切力量，为让先烈们开创的江山红旗永远飘扬，永远不要做玷污党玷污先烈的事情。本文若能将此教育效果于万一，则吾愿足矣。

一九八五年十二月

二、附宋任穷同志给岳爷爷续武的信复印件

續武同志：

來函敬悉，來稿已拜讀。

元龍同志在抗日戰爭中英勇犧牲，我們至今仍感到十分悲痛。他是一个好党员，好同志，他的死正如毛主席説的重於泰山，他是為國家民族、為人民、為共產主義犧牲了他的寶貴的生命。我們永遠不會忘記在冀南抗日戰爭中犧牲的八路軍指戰員，地方幹部和人民群衆，包括陳元龍同志在內。

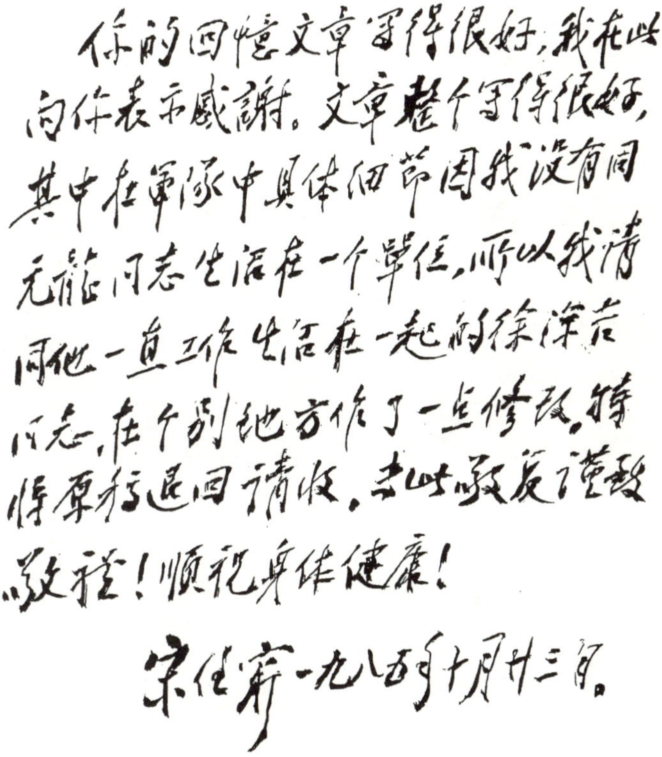
你的回忆文章写得很好，我在此向你表示感谢。文章整个写得很好，其中在军队中具体细节因我没有同元龙同志生活在一个单位，所以我请同他一直工作生活在一起的徐深吉同志，在个别地方作了一点修改，特将原稿退回请收。专此敬复，谨致敬礼！顺祝身体健康！

宋任穷 一九八五年十月廿三日。

三、附记

据2015年8月25日人民日报载：民政部公布第二批600名著名抗日英烈名录。

为永远铭记抗日英烈的不朽功勋，弘扬伟大的民族精神和抗战精神，经党中央、国务院批准，民政部公布第二批在抗日战争中顽强奋斗、为国捐躯的600名抗日英烈和英雄群体名单。

其中陈元龙为600名著名抗日英烈之一。

另:北京中国人民抗日战争纪念馆内烈士墙上载有陈元龙烈士的镌刻碑文:

陈元龙,八路军第129师新编第四旅政治部副主任,河北省深县人,1912年11月10日生,1942年4月29日在山东省邱县牺牲。

第十四章　离休后的工作与生活

一、在中国监狱学会工作

（一）担任学会党组成员、常务副秘书长

1995年1月23日，部政治部常务副主任孙在雍到煤管局宣布：部党组任命齐泰瑛同志为煤管局局长，批准我离休。我本人已超期服役，早些退下来，正如我愿。齐泰瑛同志学煤炭专业，长期在煤炭部工作，对煤炭业务熟悉，本来已在司法部属下太平实业总公司任总经理，有经营管理经验。齐时年49岁，正值年富力强，我认为选他来煤管局是最佳人选。记得在宣布会上，我表示高兴地服从党组决定后，当即赋诗一首，表达心意：

劳煤尽职整四年，改革务实历艰难。
各项工作有突破，缺点错误实难免。
长江后浪推前浪，新人开拓定超前。
齐心协力建劳煤，猪年跃进谱新篇。
注：1995年为农历猪年

清理好材料,办完移交,感到一身轻松。我心想如何过好晚年生活呢? 不久,王明迪同志从监狱局局长岗位上也退下来。时任中国劳改学会会长的金鉴老部长,约我俩谈话,让我们俩到劳改学会去工作。明迪同志在职时即兼任劳改学会副会长,到学会工作顺理成章,我没有任何职务,金会长说,你先担任常务副秘书长吧! 金部长主管劳改劳教工作,是位有能力、有水平、有理论、善总结,平易近人的好领导,我们都非常敬重他。虽然我对去协会毫无思想准备,但还是服从了金部长的决定。

中国劳改学会前身是中国法学会劳改法学研究会,1985 年 7 月成立。劳改法学研究会是为了开展劳改工作和罪犯改造理论研究、建设劳改学科理论体系而建,第一任会长是李石生。1991 年 12 月,经司法部同意、民政部批准,劳改法学研究会更名为中国劳改学会,是归司法部管理的全国性一级学术团体。1994 年《监狱法》颁布实施后,经司法部同意、民政部批准,中国劳改学会正式更名为中国监狱学会。

我和王明迪同志到劳改学会后,明迪同志为驻会常务副会长。当时驻会的副会长还有王喜文、杨世光,杨并兼任秘书长。王、杨和我都是公安部、司法部老同事,他们比我长三、四岁。喜文同志从劳教局局长调任司法部人事司司长、部党组成员,离休后到学会工作。杨世光同志原为监狱局政治处主任(副局级),1953 年公安部组建劳改局时即在劳改局工作,也是学会创建者之一。他俩都是老劳改工作者,劳改业务熟悉。金会长宣布我为常务副秘书长,负责学会行政,分管办公室及财务工作。不久,经部领导批准,宣布我为学会党组成员。

学会有十几名工作人员,大部分是劳改系统退休下来的,学会设有办公室、编辑部(负责编辑《监狱理论研究》双月刊)、联络部、人组部。学会下属九个分支学科专业委员会,即监狱法学专业委员会,刑罚执行专业委员会,狱政管理专业委员会,教育改造专业委员会,监狱政治工作专业委员会,监狱经济管理专业委员会,监狱史学专业委员会,监管医学专业委员会,回归社会学专业委员会。上述各专业委员会虽属学会领导,但依托有关省、市监狱学会组办,每年都召开专业理论研讨会或进行论文评选。当时,学会租用北京工人体育馆两间房办公,比较拥挤。金会长要求严格,工作安排很紧,工作人员每天上全班。

我上任后,首先抓了学会自身建设和学会的经费保障。学会日常经费来源是从个人会员、集体会员、会费和部监狱局不固定支持一部分解决。随着学会工作的开展,定期出刊物、编辑理论研究专著、扩大对外交流、组织出访团和接待来访团,费用投入加大,经费明显不足。为此,我和部监狱局以及有关省、市监狱局和经济效益较好的大型监狱反复协商,获得了他们赞助学会经费的力度,基本保证了学会的经费需要。为节约办会,我和办公室的同志起草了有关财务制度规定,经会长办公会批准执行。

第二是改善办公条件。鉴于工人体育馆租用两间办公房,已远远不能适应学会业务发展的需要。经多方考察论证,最后确定在崇文区金鱼池一带租下了一座二层小楼,改造装修成十几间办公用房。这样,学会有了会议室、图书室,午餐也有了保障。学会随即由工人体育馆搬迁至此,虽不宽敞,但基本上满足了学会各部室的办公需要。

第三是组织筹办各种会议。学会每年定期召开一次常务理事会,几次理论研讨会或论文评选会。在会长、副会长领导下,在外地召开的会议,基本上由有关省、市监狱学会具体筹办;重要或规模较大的会议,由我事先协助督办。在北京召开的会议,由我负责做好会务工作,从住宿、饮食、会场、交通、参观等方面都要细致安排。虽然工作繁杂些,但我和办公室有关同志不怕麻烦,精心组织落实,从而保证了每次会议的顺利进行。

另外,学会组织编辑出版的一些重要理论著作,诸如《监狱学》、《岁月铭记——新中国监狱50年》、《中国监狱学会20年》等。我也是编委会成员之一,参与了审稿、通稿的具体工作。

第四是参与对外学术交流。学会对外学术交流活动比较活跃,在金会长领导下,突破了前几年和香港善导会单一的交流渠道,拓宽了交流领域和内容。其中既有中国香港、澳门和台湾地区,也有韩国、日本、加拿大等有关矫正部门建立了联系,组团互访。通过交流,从中寻求出可资借鉴的经验,同时积极宣传了中国特色的监狱制度,发挥了民间学术团体的优势和独特作用,扩大了对外影响。

香港、澳门、台湾地区及外国来华访问团,事先经会长办公会研定了接待原则、规格、参观项目、交流内容等,具体接待由我负责。我在学会 5 年间共接待来访团 24 次,其中接待香港团 13 次,澳门团 1 次,台湾团 2 次,日本团 2 次,韩国团 2 次加拿大团 4 次。来访团的迎送、住宿、参观项目,会长、副会长或司法部领导会见、交流、宴请,一般都由我承办,参观北京监狱及名胜也由我和有关人员陪同,像台湾地区来内地、日本、加拿大第一次访华,他们在北京及到上海、苏州、西安等地参观访问,则由我全程陪同。

学会在对外学术交流中,同香港地区来往最多。同我会长期保持来往的主要是香港善导会。两会交流内容丰富,既有专家、学者、职员小组的互访,也有共同举办大型理论研讨会。由善导会搭桥,我们同香港惩教署(香港政府主管监狱的部门,类似内地监狱局)也有互往,主要是参观双方的监狱。

香港善导会,原名香港释囚协会,成立于 1957 年,20

世纪80年代易名为香港善导会至今。善导会是香港政府资助、专门为服刑人员释放后康复提供服务的非政府志愿福利机构,属下有20多个服务单位,100多位聘用人员。经费来源90%来自政府拨款,其余部分来自香港公益金、香港赛马会和社会人士捐献。香港善导会总干事彭盛福于1987年6月其来京进行学术访问,这是两会首次接触。同年11月,应香港善导会邀请,杨世光、郝忠副会长参加香港善导会成立30周年纪念活动,这是中国法学会劳改法学会研究会首次访港。从此,开启了两会之间交流互访的大门。其中既有学会组织的互访交流,也有各省、市劳改学会与香港善导会的互访交流。

(二)三次出访香港地区

我在学会期间,参加了四次出访任务。其中三次到香港,一次赴加拿大。

第一次是1995年12月12日到19日。由我任团长的中国监狱学会19人访问团,赴香港参观考察。广东省监狱局副局长刘南龙任秘书长,北京市监狱局副局长郑振远为副秘书长,团员均为各省监狱学会的负责人,如山东省监狱学会会长律希林、上海市监狱学会会长颜锦章等。访问团参观了香港的赤柱监狱及善导会属下的中途站等单位。香港善导会赞助人、最高法院首席大法官杨铁樑,善导会会长苏国荣等会见并宴请了访问团。

第二次出访是1996年12月16日至22日,由我率领学会5人职员小组去香港访问善导会。职员小组成员有庆巴图(内蒙监狱学会会长,蒙族)、孟光华(新疆监狱协会秘书长)、王桂英(女,中国监狱学会联络部干部)、何卓之(广东省劳教局干部)。此次访问任务,是协商落实1997年1月两会联合在香港举办“罪犯回归后的康复就业及预防重新犯罪”研讨会的筹备工作,探讨香港回归后两会交流与发展前景。期间,善导会工作人员还带领我们参观游览了香港海洋公园、太平山、维多利亚港湾等名胜。香港不愧为高度繁荣的国际大都市,高楼大厦林立,商品琳琅满目,入夜万家灯火,相互辉映,美丽夜景,令人陶醉。

第三次出访是1997年1月14日至16日。此次是参加由中国监狱学会与香港善导会联合举办的“罪犯回归后康复就业及预防重新犯罪”亚太地区理论研讨会,地点在香港扫杆埔体育大楼召开。参加会议的有金鉴率领的中国监狱学会代表团20人(学会王明迪、杨世光、力康泰副会长及我和有关学者为团员),来自美国、加拿大、澳大利亚、新加坡、日本及澳门地区的代表13人,香港地区的学者14人,政府部门福利署、惩教署、劳工处的代表53人,学生18人,善导会成员103人,合计223人。国际释囚协会执行总裁亚利博士参加了会议,香港地区保安司长黎庆宁、社会福利署长梁建邦、惩教署长黎明基出席了会议。

会议规模之大，参加国家（地区）之多，进展之顺利，气氛之友好，都超过了两会联合举办的前三次会议。

罪犯回归后的康复、就业，及预防重新犯罪是当今国际社会普遍关注的热点问题。代表们围绕会议主题，阐述了许多重要理论观点，并取得了广泛共识。如监管的目的在于鼓励罪犯能成功地返回社会生活，防止累犯情况出现；重新安置犯人，必须在他们离开监狱前，学习对自己行为负责；教育对罪犯融入社会，具有特殊重要性；强调善后服务对于减少囚犯再次犯案的重要意义，特别是协助他们在刑满前接受工作技能的训练；监狱官员与社区专业工作员之间，必须保持良好的合作关系等等。各国（地区）在开展回归人员安置、帮教中普遍予以重视，各自介绍了多种形式、做法的经验。

会议共收到论文 36 篇，我会提交 8 篇。其中有 3 人在全体会议上发言，全面陈述了我国改造罪犯工作的指导思想、基本原则和具体措施，重点介绍了开展综合治理的状况及成效。特别是在建立社会主义市场经济、改革劳动用工制度的形势下，强化狱内职业培训、推行多渠道、多形式的就业安置，加强社区帮教、建立工作网络等新鲜经验，引起了与会者的广泛兴趣和普遍重视。会议期间，金鉴会长会见了加拿大、美国、日本等国外宾和香港善导会、惩教署负责人，相互商谈了开展学术交流的初步意向。

先后三次访问香港,使我对香港善导会和香港监狱有了进一步的了解,从中得到了很多启示。

第一,香港善导会为刑释人员全方位服务,服务范围广泛,值得借鉴。

(1)释前辅导服务。善导会与香港惩教署紧密合作,一方面,在多个监狱举办不同类型的、配合市场需要的就业培训课程;另一方面通过委派社工定期探访惩教单位,通过与监狱工作人员合作,定期向犯人介绍善导会的服务项目,帮助他们准备适应出狱后的生活,如居住、就业、家庭复合等等问题。

(2)辅导处服务。通过社工的专业辅导,帮助刑释人员解决个人面对的经济、就业、家庭、社交、心理情绪、滥用药物等问题。

(3)宿舍服务。善导会设若干个中途站,为获释后有居住困难的刑释人员提供短期的居住服务。

(4)精神康复服务和临床心理服务。主要是帮助曾患精神病的刑释人员,培养和加强他们的自我照顾能力和社会适应能力,使他们能在社区重过独立生活。

(5)职业发展服务。善导会通过对刑释人员职业技能训练,在工艺所及自设服务公司临时安排工作和度身拟定岗位,尽量按服务对象的求职动机、专业技能和工作要求,协助他们在劳动市场中寻求就业机会。

(6)康乐服务。为给缺乏正常社交活动的刑释人员提供富有意义的业余活动。善导会专门设立了两个康乐中心,通过开展文娱康乐活动,提高他们的社交和群体生活能力。

(7)义务工作发展服务和社区教育活动。在已康复的刑释人员和有志于刑释人员康复工作的市民中招募义工。其目的是利用社会力量共同推动预防犯罪教育,让社会人士正面认识刑释人员的康复过程,从而能接纳他们重返社会。同时,也使已康复的刑释人员从义工活动和社会服务中建立信心,更好地融入社会。

(8)对滥用药物者服务。通过善导会和社会其他机构帮助吸毒人员进行戒毒治疗,使其早日重返社会。

(9)对病态赌博者服务。在对病态赌博者作出鉴定的前提下,培养他们对其他健康娱乐活动的兴趣,摒弃恶习,并帮助他们解除毒瘾。

(10)助更生热线电话。通过 24 小时热线电话,及时了解刑释人员的需要,帮助他们解决困难,提供可以服务的信息和渠道,解答他们所关心的问题。

第二,香港监狱管理严格规范,犯人生产项目由政府投资,生产产品由政府统一收购。

以香港赤柱监狱为例。赤柱监狱建于 1937 年,是香港最大的一所监狱,押犯已近 2000 人。香港监狱分为高、中、低度设防三种，其警戒设施的配备和对犯人管理的严格程度依次递减。赤柱监狱为高度设防监狱，香港监狱对服刑人员按性别、年龄、刑期、犯罪性质的不同实行分管分押。根据服刑人员的危险程度、表现好坏、刑期长短等因素，又将犯人分为甲、乙、丙、丁四类，每类再分为初级犯、普通犯。赤柱监狱关押下列男犯：(1)刑期超过2年的甲乙及丙级初级犯和普通犯；(2)上诉犯；(3)根据《入境条例》规定羁留的人员(必须经总部批准的)；(4)医生包括精神病医生建议须予特别管理的犯人，也需经总部批准。

赤柱监狱内部管理有统一的规章制度，犯人的行为有严格的规范。如犯人起床后直到就寝前，不得进入囚室；监狱的住宿、生产、生活、娱乐区域分隔清楚，何时、何处、干何事都规定的十分严格；犯人进出的所有通道均设两道门，任何时候两门不能同时打开，钥匙由专人保管。

按照《监狱条例》规定，香港监狱所有具有劳动能力的犯人均需从事有益的工作。主要是使犯人有所寄托，减少不安，使管理工作更见成效。同时，帮助他们养成良好的工作习惯，培养责任感，以及学习与他人共事之道。此外，犯人也可以通过工作明白优质的概念和学习不同行业的技能，有助于更生。犯人每天工作时间不少于6小时，不超过10小时，平均为8小时。犯人的生产项目均为室内的工业生产，狱内有完善的工厂，由工业部人员管理。行业种类包括:制衣、制鞋、交通标志制作、木工、印刷、信封制造、皮革制作、书籍装订、电视和收音机修理、洗熨以及一般的维修和杂物工作。监狱生产的投资全部由政府提供,产品和服务不进入市场,全部供政府结构和公营部门使用。参加劳动的犯人,按规定给予一定的报酬。犯人的被服、伙食、医疗、日用品全部由政府保障,由监狱统一发放。监狱厨房置有齐全的烹调设备,囚犯在合格的膳食导师督导下烹调膳食。监狱设有 80 张病床的医院,有一位专职医生,并有专科医生定期到监狱巡诊,在公立医院设有专用病房,用于治疗在狱内医治有困难的服刑人员。

狱内教育的主要内容,一是心理辅导。心理服务组的心理医生对犯人的心理状况定期进行研究,作出评估报告,以适应惩教治疗的需要,同时也可以为犯人家属提供参考,以便更好地相互沟通。二是普通教育和职业训练。它为年轻犯人提供普通教育及各种职业训练课程。犯人还可以上参加监狱开办的晚间辅导课,各种自学和远程教育,可参加香港和海外的各种考试,已有 120 多名犯人通过教育获得不同学历。另外,在犯人文体活动、会见、全力保障等方面都有相应的规定。

对于职员的管理和培训,由惩教署所属职员训练员负责。对不同岗位的职员的日常培训有不同时间要求,以提高职员的个人能力和素质。

（三）出访加拿大

第四次出访是应加拿大刑法改革与刑事政策国际中心邀请，参加中国监狱学会代表团访问加拿大。此前，加拿大刑法改革与刑事政策国际中心主任浦瑞方庭先生与该中心的布朗先生、杨诚博士（加拿大籍华人，原为华东政法学院教授）多次访华，与中国监狱学会进行了学术交流。杨诚博士英语流利，知识面广，对促进、推动中加学术友好交流起了重要作用。

中国监狱学会访加代表团一行 6 人。团长为副会长王飞（原上海市监狱局局长），我为副团长。团员有江苏省监狱学会会长陶国元、福建省监狱学会会长杨睦松，中国监狱学会联络部主任李德天，上海监狱局干部董正言（翻译）。这是中国监狱学会第一次访问加拿大，全程由杨诚博士陪同。代表团访问主要在温哥华市，就加拿大的罪犯矫正制度及现状进行了考察。代表团参观了各种警戒等级的男女监狱 6 个，少年犯管教所 2 个，社区矫正中心 2 个，旁听了假释委员会的假释听证会；与司法学院、太平洋地区假释委员会、矫正局卑诗省假释犯管理办公室等机构进行了座谈交流；在飞沙河谷学院举办了讲座，介绍了中国监狱制度、中国监狱学会等情况；代表团还代表中国监狱学会就中加监狱系统进一步交流合作的具体意向，与加拿大矫正局作了磋商。加拿大全国假释委员会副主席兰尼·考兰蒂女士和矫正总局副局长露西·麦克兰女士，分别于9月10日、11日长途跋涉，专程从首都渥太华赶来，陪同代表团进行访问，表明了加方对中方考察极为重视。

考察期间，代表团所到之处受到友好热情接待，双方交流的气氛融洽活跃。此次访问，尽管时间较短，但所见所闻丰富多彩，收获良多。突出的有以下四点。

第一，加拿大的矫正工作与我国的监狱工作有着许多共同之处。

首先，双方一致认为惩罚是一种手段而不是目的。我国监狱的指导方针是“惩罚与改造相结合，以改造人为宗旨”，要把绝大多数罪犯改造成为守法公民和对社会有用之才。加拿大矫正总局在其《任务书》中明确提出：“矫正局的使命是对罪犯实施安全、合理和人道管制，积极鼓励并帮助罪犯转变成为守法公民，从而为保护社会做出贡献。”我们相信“人是可以改造的”，加拿大矫正局也“承认罪犯有转变成为守法公民的可能”。因此，双方都把罪犯的教育转化工作作为监狱工作重点。采用的改造、矫正措施也有很多是相同的，像认罪服法教育、文化教育、个别教育、劳动项目以及文体活动等。其中，有不少项目值得我们借鉴。他们对我们在改造罪犯过程中保护人才、造就人才的思想和做法很感兴趣。

其次，双方都十分重视科研工作。加拿大矫正总局有专职研究人员 10 人,大多具有犯罪学或心理学博士学位。他们每年带领 50 名左右有专业的大学实习生,从事与矫正机构运作相关的、诸如罪犯与矫正工作者的关系、罪犯危险性的评估等实用性理论研究,为矫正项目的改进、矫正项目的出台提供依据。他们有一份具有国际水平的学术刊物《论坛》。他们一年的科研投入为 200 万加元(10 年前为 50 万加元),有关基础理论的研究,则通常由各大学的教授和司法部进行。甲方通过来华访问和我们这次考察了解到,中国监狱学会广泛团结法学、监狱学学者、社会学学者、退休的原监狱工作者以及现职的监狱工作者,坚持"老中青相结合"、"科研、教学工作者与实际工作者相结合"、"基础理论研究与应用理论研究相结合"等原则,对我国监狱工作的重大理论与实践问题展开了大量调查研究和理论研讨。因此,对我们学会有着浓厚的兴趣。他们打算在加拿大也建立一个类似的全国性非政府学术团体,进一步加强科研工作。

再次,双方都十分乐意巩固和发展已经建立起来的友好关系。中国监狱学会在考察中就今后双方的交流提出了具体建议,对此加方完全赞同。

第二,成功地贯彻了假释制度。

加拿大开展假释工作已有 99 年历史。其早在 1899 年就通过了《假释许可证法案》(这是假释制度的雏形),

从此确立了有条件释放的假释制度。1992 年,在广泛征询了各方意见之后,正式通过了《矫正和有条件释放法》,用该法替代了自 19 世纪 60 年代起就实施的《监狱法》和 1959 年的《假释法》。新法案确立了更开放、更负责、更有效的矫正制度和有条件释放制度,使罪犯矫正工作跟上了社会发展、司法变革的步伐,并与公众的要求、"加拿大权利和自由宪章"相协调。

加拿大全国假释委员会隶属内政部领导,委员都是社会上德高望重的知名人士,有法学家、教授、律师,也有商人和土著民族代表。其职权是根据矫正机关上报的材料,经过聆讯等程序,批准对罪犯的假释。加拿大现行的假释制度是比较完备的,根据不同的罪犯情况,有许多不同的假释条件和不同监督程度的假释类型。(1)工作释放。即罪犯可依据有关条款获准外出参加社区服务或社区劳动的项目。(2)临时性离开监狱。即出于医疗、学习、出庭、照顾或改造等方面的原因,可以获准不定期、间歇性的离开监狱(其中,又分为有陪伴的离开和无陪伴的离开两种)。(3)白天释放。这是一种有控制的过渡性假释形式。白天释放的罪犯,晚上一般都要回到社区矫正中心或社区居住中心过夜。在取得完全假释资格前 6 个月时,罪犯即符合了申请白天释放的条件。(4)完全释放。完全假释就是罪犯在剩余刑期内全日处于有条件释放状态。凡服定期刑的罪犯,在服满刑期三分之一且7年之后(两者取其短)一般就有了完全假释的资格。(5)法定假释。这是指凡服满刑期的三分之二又未能获得假释的罪犯,应让其加入到社区中去,在监督之下服完余刑。另外,对比较特殊的情况,还有提前假释和特别假释两种方式。以上5种假释方式,循循渐进,使罪犯逐步回归社会。

对假释犯人的假释批准、监督管理、假释的暂停、中止和撤销也有比较严格的程序。当某罪犯符合了某种假释条件时,由矫正局负责该个案的管理官员按照"矫正和有条件释放法"以及全国假释委员会的政策,准备好提请假释委员会审批的一切文件。假释委员会指定2至3人,为假释听证小组举行假释听证。听证会上由罪犯讲述自己的犯罪史、对罪行的认识、自己在狱中的改造情况,保证假释后不会违反限制条件及不会重新犯罪的有利因素等。随后,由矫正官员介绍罪犯的改造表现、监狱的推荐意见。期间,假释听证小组可随时插话提问。在休会片刻,由假释小组自行做出书面决定后,再次开会由假释委员会宣布是否同意假释的决定。这种决定的做出,完全属假释委员会的权限。假释犯的监督管理,则是由矫正局在当地的假释犯管理办公室负责。他们在当地警方、社区矫正中心及志愿人员的配合下,控制、监督假释犯,分阶段对罪犯的危险程度进行评估,逐步减少定期接触罪犯的次数。当某罪犯违反假释协议规定的条件时,可视情况先教育、后采取暂停、中止乃至撤销假释等措施。具体规定十分详细,可操作性极强,总的衡量标准是罪犯对社会的危险程度。

加拿大对假释的运用十分普遍,近半数的罪犯处于假释之中。以1997年至1998年度为例,联邦罪犯处于监禁的13,727人,处于假释的有9290人。假释之所以普遍运用的原因,主要是(1)假释比监禁节省费用。以1991年至1992年财政年度为例,关押一个罪犯的年费用51,814加元,而在社区监督每个罪犯的年费用仅为9726加元。(2)他们认为,罪犯来自社会,而最终绝大多数罪犯又将回归社会。因此,让其分阶段在不同限制条件下,逐步适应社会,有利于罪犯的回归,而且社区的环境比起监狱来,对罪犯的改造更有利。(3)实践证明,假释犯的重新犯罪率较低,一般在10%(其中暴力犯占1%)。

当然,总有极少数屡教不改、暴力性强,对社会危害极大的罪犯,对他们的假释不予批准。但这部分人比例较小,全国每年约有300人。

第三,成功地让女性矫正工作者直接管理男性罪犯。

加拿大矫正机构中女性工作人员之多,令我们大为惊奇。接待我们的两位高级官员,矫正总局副局长和全国假释委员会副主席都是女性;与我们座谈的卑诗省假释委员会几位官员清一色是女性;在听证会上,介绍罪犯情况的矫正官也是女性；太平洋地区唯一的一所最高警戒级男监（肯特监狱）的监狱长布莱特·马歇尔又是一位女性。这绝不是偶然的巧合。更令人叹为观止的，竟有40%的女性矫正工作者直接管理着男性罪犯。

为了弄清楚，代表团在芒顿监狱提出，想找正在值班的女矫正人员谈谈。监狱长答应了这个要求，请两位分别于1989年、1990年参加工作的青年女性杰里和卡西单独与代表团交谈。我们问到了她们参加工作时的想法、管理中碰到过什么困难、有没有犯人对她们不礼貌或进行性骚扰等等，她们直率地回答了所有问题。总的来看，由于加拿大素有尊重女性的社会风尚，罪犯对女矫正工作者也比较尊重。同时，由于女性比较富有同情心和幽默感，常会像母亲对待孩子一样地关心、照料罪犯，在处理某些冲突时，比男性矫正工作者易于与罪犯沟通，更便于控制事态。因此，她们认为，女性不但能胜任此项工作，而且可以比男性做得更好。当然，工作中也遇到过个别犯人比较粗暴等问题。但只要矫正人员能耐心工作，让他们懂得如何做人的道理，一般不会出现令人尴尬的局面。他们认为，矫正罪犯是一项十分重要而且有意义的工作，富有挑战性。因此，很为自己的选择而自豪，家人也比较支持。据我们观察，加拿大女性矫正工作者大多数是成年妇女，体格比较健壮，这恐怕也是成功的原因之一。

加拿大矫正系统之所以大量聘用女性矫正工作者的重要原因,可以用矫正总局副局长露西的一句话来概括:就是"软化环境,减少暴力"。看来,这个目的是达到了。

第四,成功地对土著罪犯实施了特殊的矫正政策。

加拿大是一个移民国家,原土著居民仅占总人口的3%,但土著罪犯却占了罪犯总数的10%以上,而且这个比例呈现上升趋势。因此,加拿大矫正部门对如何矫正土著罪犯十分重视。其于1976年起,连续组织了多次专门调研,制定并逐步实施了符合土著不同的文化习俗、生活习惯、宗教信仰和其他需求的特殊矫正政策。

对土著罪犯的特殊措施主要有:重建并加强了民族联络服务组织;设立了土著戒毒治疗项目;规定了土著精神教诲项目的实施程序;大量招聘土著雇员;在全国范围内对矫正工作人员加强了土著意识的培训;确定了土著联络服务的全国标准;增加了土著团体、土著社区的参与;会同土著妇女一起评估并解决了土著女犯的需求;用5种民族语言录制了一部专题片,向土著罪犯介绍了矫正和假释制度;允许土著人联络员在监狱中开展咨询服务;允许土著兄弟会、姐妹会在监狱内活动等等。土著联络员作为土著罪犯和土著工作人员之间的桥梁,又创立了其他许多服务项目。例如:土著成人教育;土著罪犯文化意识的培养;宗教团体之间的沟通;引进土著的嗜酒者、戒毒者自救互诫协会及其治疗项目;土著生活技能的培养和提高家庭生活水准的训练等等。多年来,为土著罪犯特设的矫正项目和服务项目不断增加,并取得了良好的效果。

考察中,在卑诗省假释委员会,主持座谈的省假释委员会副主席爱伦·依兹女士就是一位土著人。同时,在座的还有一位土著头人玛莉·露易斯女士。她们很为自己的民族文化而骄傲,也为自己投身于矫正事业而自豪。她们特意把本族人庆典时使用的鹿皮鼓和民族图腾的标志赠送给代表团。在威廉·海德监狱,我们看到了监狱当局为尊重土著习俗,专门按民族风格修建的活动室和土著传统的治疗窝棚。正在制作工艺的土著罪犯听到我们对她们的手艺赞赏不绝时,欢欣异常,自发地跑到治疗窝棚旁的空地上,围成一圈,击鼓高歌,用民族礼仪表示欢迎。他们兴致勃勃、情绪饱满,特殊矫正政策的成功由此可见一斑。

上述考察报告,是在王飞团长主持下,经全团认真讨论,由董正言同志起草,经王飞同志审改定稿的。王飞团长多年从事劳改工作,经验丰富,思维敏捷,访问中有礼有节,重点抓得牢,细节不忽视。因而使访问圆满地完成了交流经验、增进友谊两大任务,达到了预期目的,访问是成功的。

代表团访问期间,加方还特意安排我们参观了加拿大一些名胜。温哥华是联合国卫生组织评定的最美城市之一，市内建设优美，街道十分整洁。访问时正值枫叶般艳红的秋天，公园里各种花卉，颜色缤纷的鲜花争相盛放，娇媚百态，好看至极。9 月 13 日，布朗先生、杨诚博士专程陪同代表团乘火车到具有欧洲风情的威勒斯小镇（一译威乐士）参观。这个小镇环山傍湖，是著名滑雪胜地，搭乘观光缆车，登上威勒斯山最高峰，俯瞰雪山群岭，饱览独一无二的雪山湖色，令人心旷神怡，心情豁然开朗。我当即吟诗一首，记述于下：

游威勒斯山

千万游客慕名山，缆车三送彩云端。（注）
一层缆车俯首看，满目青山兰湖畔。
二层缆车抬望眼，白雪皑皑绕山巅。
三层缆车不胜寒，登高壮观冰雪川。
开怀拥抱神奇景，笑邀王老再登山。（注）

（注：乘观光缆车上山，分三层，每层略停，一层一景。王老即王飞团长。）

代表团回国后，中、加双方交流活动逐步深入。除双方组团访问次数增多外，1999 年 2 月，加方杨诚博士专程到北京与王明迪副会长和我研究商定合编《中加矫正制度比较研究》一书的编辑出版及翻译事宜。加方由杨诚博士负责组织编写，中方由我和兰洁教授、学会编辑部徐俊刚主任为主编。此后，我们完成了中国矫正制度概述、狱政管理和狱内矫正、刑满释放人员的社会保护等三章的编写工作。加方由杨诚博士牵头完成了加拿大矫正制度概述、监狱与社区矫治的运作，假释和有条件释放三章的编写，我和杨诚博士各写了一篇“序言”，合编成书。经学会组织翻译后，中、英文版《中加矫正制度比较研究》一书于2001年6月由法律出版社出版，国内外发行。

在中国很少有著作论及加拿大矫正制度，在加拿大很少有人知道中国矫正工作的任何情况，更难以见到关于中国矫正制度的出版物。因此，《中加矫正制度比较研究》一书的出版填补了一项空白。它的出版问世既是加拿大刑法改革与刑事政策国际中心和中国监狱学会开展罪犯矫正改造理论交流合作的一项重要成果，也是更有效地交流形式的一种尝试。它的出版成为连结中加矫正界友谊的象征和纽带，为今后进一步发展双方在罪犯矫正领域的合作开辟更加广阔的前景，产生更为广泛的影响。

2000年3月24日至25日，中国监狱学会第二次会员代表大会在北京召开。会上，选举的新一届学会领导班子有些调整，我不再担任学会党组成员、副秘书长职务，被聘为学会顾问。

二、夫妻相伴国内游

从中国监狱学会退下来后,“无官一身轻”了,时间完全可以由自己安排。在职时没有时间陪妻子陈丽珠外出游玩,退下来正好弥补这个缺憾。陈丽珠说,国内各省景点很多,不必到国外去。我遵从她的意见,每年我们安排一到两次外出旅游。几年间,我们的足迹几乎遍及了全国各省市。有的省如云南省、江苏省、山东省等连去多次,看到了改革开放后国内的巨大变化,领略了祖国的大好河山,观赏了各省众多美丽的自然景观和人文景观,体验了浓郁的少数民族风情,品尝了各省独特的美味食品。真的是心情愉悦,视野宽阔,达到了健康疗养的目的。

春天,正是春暖花开旅游的好季节。我们先后到河南、江苏、山西五台山、陕西、云南等省参观。丽珠特别喜欢看花,于是我们首选去河南洛阳。时值洛阳牡丹节,走进了占地六百多亩的牡丹园,眼前为之一亮。只见花如海,人如潮。一千多种红、白、粉、黄、紫、兰、绿、黑各色牡丹,竞相开放,千姿百态,姹紫嫣红,蔚为壮观。我们见一处围观人众多,前去一看,竟然是围看一朵人称“黑花魁”的黑牡丹花。墨黑墨黑硕大的牡丹花,实属罕见,我们也是第一次饱睹芳颜。其他各色花朵雍容华贵,端庄富丽,艳而不俗,柔而不媚。被人们赞誉为国色天香,“洛阳牡丹甲天下”名不虚传。

归途中，我俩还看了龙门石窟、白马寺和少林寺。龙门石窟在伊水东西两山的峭壁上，南北长达一公里，共有九万多尊大小佛像，最大的佛像高达 17 米多，最小的仅有 2 厘米，群群佛像造型各异。虽然壮观，但看到其中有的穴内空缺，有的残头断臂，显然是被盗窃的，令人悲愤不已。

白马寺创建于东汉年间，为中国第一大古刹，是佛教传入中国后兴建的第一座寺院。因为是纪念白马由印度驮经来华，故取名“白马寺”。寺庙布局规整，风格古朴。寺庙大门之外，广场两侧左右有两匹石马，大小和真马相似，形象温和驯良，作低头状，似埋头前行的样子。

少林寺位于河南登封市嵩山五乳峰下。由于其坐落嵩山腹地少室山茂密丛林之中，故称少林寺，是少林武术的发源地。看了少林寺后，觉得与电影《少林寺》相比，少林寺远不如电影拍出来的宏伟壮观。

在春末夏初的季节，我和丽珠到江苏游览。先后参观了 12 个城市，21 个景点。各地秀山丽水，绿荫环抱，风景幽美，举目如画，江南风光一览无余。

我俩先到南京（古称金陵，为六朝古都，与北京、西安、洛阳并称为中国四大古都），观看了孙中山临时大总统办公区和庄严肃穆的中山陵；夜逛夫子庙，泛舟畅游秦淮河，感受到这座古城的历史悠久和近代繁荣。

在号称“园林甲天下”的苏州,我们游览了拙政园、留园、退思园、虎丘、寒山寺等景点。拙政园、留园与北京的颐和园、承德的避暑山庄合称为中国四大名园。拙政园为古典的山水园林,以水为主,构筑精巧,布局奇妙,艺术性极强。其亭台楼榭皆临水而建,池广树茂,景色自然。进入园中仿佛处处是画,面面是景,看不胜看,令人流连。苏州城那阡陌小巷和小桥流水显露的温婉,优美动听的评弹昆曲的余韵,让人对这座城市回味无穷。

在碧波太湖江南烟雨的无锡,我俩观览了闻名遐迩的灵山大佛。由青铜铸造的释迦牟尼大佛坐落在无锡太湖边的小灵山上,是由中国佛教协会会长赵朴初先生亲自主持建造的。佛高 88 米,巍然屹立,气势威严。据说,这是中国第一大佛,也是世界上最高的佛像。大佛右手指天,传说是大佛在为众生除去痛苦;左手指地,传说是保佑众生平安快乐。我们俩随着游人摸了摸大佛的脚,众说摸摸佛脚保平安,但愿如此吧！在大佛景区的“九龙灌浴”表演,游人拥挤值得一看。只见一座含苞待放的巨大莲花铜雕矗立在广场,硕大的莲花由四个威武的大力士托起,底部衬托着白色的圆形大理石水池,神采各异的九条飞龙环绕着水池。当音乐响起时,六片莲花瓣徐徐绽开,一尊高达 7.2 米全身鎏金的太子佛像微笑状从莲花中缓缓升起。这时,九龙口中一齐喷射出数十米高的水柱,为太子佛像沐浴。顷刻间，广场四周鼓乐齐鸣，喷泉千姿百态。太子佛像在巨幅水幕中慢慢环绕一周，随着乐声渐弱，莲花花瓣包裹着的太子佛像缓缓合拢。围观人群，仰首续看，个个舍不得离开。

镇江也是一座历史悠久的江南古城，有许多名胜古迹和秀丽壮观的自然景区。我俩最喜欢观看的举世闻名的金山寺。因为这座依山而建、临江而立的禅宗古刹，与普陀山、文殊寺、大明寺并列为佛教禅宗的四大禅林之一，非常古老而壮观。登上寺庙顶峰，俯望长江，清水滚滚与天相连，气势雄伟；寺庙依山而建，殿宇栉比，亭台相连，遍山布满金碧辉煌的建筑，将整个金山密集的包裹起来，山与寺浑然一体，形成“寺裹山”的独特风格。金山寺民间历史传说甚多，诸如“白蛇传”、“梁红玉击鼓抗金兵”、“岳飞金山详梦”等，传说都发生在这里。尤以“白娘子水漫金山寺”故事老幼皆知。它传说寺庙主持大和尚法海，是阻挠破坏许仙、白娘子爱情的罪魁祸首。据史书记载，法海，本姓裴，为唐玄宗时丞相裴休之子，后出家做了金山寺主持，是第二代开山祖师，有道高僧。法海这个冤案恐怕在人们心中很难洗清了。

“烟花三月下扬州”，到扬州最值得一看的是瘦西湖，此湖因瘦长而得名。泛舟湖上，窈窕曲折的湖道，串以长堤春柳花卉，配以 24 桥景色，甚是迷人。古诗云：“两堤花柳全依水，一路楼台直到山。”

参观了句容茅山，著名的三座山峰，印象殊深。峰峦曲折，起伏连绵，树木苍翠，流水潺潺。这里是新四军抗日根据地。当年新四军在此山发生激烈战斗时，牺牲了很多战士。其中有一名 14 岁的小司号手，奋不顾身，冲在前面，壮烈牺牲。1995 年，当地政府在此建成苏南抗战胜利纪念碑。1997 年，附近居民偶然发现每当在纪念碑十几米台阶下燃放鞭炮时，纪念碑前上空就立刻响出“滴滴哒、滴滴哒”的军号声。我们参观时也凑趣燃放了鞭炮，“滴滴哒、滴滴哒”的军号声果然在空中响起，犹如军队冲锋号响起一样。而且鞭炮燃放的越多，空中军号声越响。对于这一奇特现象，有的老百姓说：“这是新四军小号手显圣。”当地政府请了许多专家论证，有的说是地磁场作用；有说是山峰结构不一造成，至今没有科学解释。不管何种说法，“碑前放鞭炮，空中响军号”可谓世界一绝。

我和丽珠还到了常熟，兴趣盎然地参观了沙家浜。沙家浜位于秀丽明媚的阳澄湖畔，浩荡的芦苇，宽阔的水域，配以当地以京剧“沙家浜”巧设的景点。沙家浜老街刁家大院、春来茶馆、江南一渔村等一批红色遗迹，使游人感到“芦花放、稻谷香、岸柳成行”之独特江南水乡的田园风光，吸引着大批游客。到淮安，我们特意参观了周恩来纪念馆；在徐州，参观了淮海战役纪念馆和距今 2100 多年的龟山汉墓。

江苏之行结束了,丽珠说,“江南处处好风光,村村镇镇似公园”。我想作为北方人,不身临其境,很难有此感触。

在一年的5、6月,我俩去了山西五台山。五台山位于忻州市五台县东北部,它是由东西南北五座高山山峰环抱而成,故名五台山。五座山峰,山势雄伟,星罗棋布的三百多个寺庙是历代修建而成,殿宇巍峨,金碧辉煌、佛塔摩天,庄穆肃然。它集佛、道、喇嘛教于一体,名列中国佛教四大名山(浙江普陀山、安徽九华山、四川峨眉山)之首。其中,显通寺、碧山寺、龙泉寺、普济寺,雕塑、石刻、壁画、书法遍及各寺,游人最多,香火不断。每当钟声响起,僧人们进入大殿诵念经文时,游人多驻足观看,老僧鬓髯持重,闭眼合十,聚精会神默默念诵;而幼僧们则有心无意地四处观望,应付念诵;那些文静的女居士,肃敬虔诚、神情专注的在后排低首诵经。普济寺内供奉着文殊菩萨,传说周恩来是文殊菩萨的化身,人们怀着崇敬的心情纷纷进香礼拜,我俩也虔诚地向文殊菩萨行三鞠躬礼。丽珠对大同小异的各种寺庙不太感兴趣,她发现南山坡上开放着鲜花的一片草甸,立即来了兴致,拉着我直奔而去。阳光下绿荫的草地上,各色盛开的迷人野花,破浪起伏,金黄一片,十分耀眼。丽珠已是近70岁的人了,跑呀、跳呀、蹲呀,后来索性躺在草坪上，让我照足了相，仍不愿离开。

在山西，我们还参观了乔家大院。那院套院的有序建筑，精美细致的砖雕和鎏金彩绘的梁柱，彰显出当年晋商的辉煌、智慧与气概。我们还到了黄河边，目睹了气势雄伟、壮观无比的黄河壶口瀑布。站在岸边上，只见滚滚黄河水，奔腾呼啸而来，到壶口形成巨大浪涛，猛泻谷底，咆哮之声，势如千牛大吼，如雷贯耳。我顿有"风在吼，马在叫，黄河在咆哮"这威严雄壮歌声的豪迈之感，心情为之一震，惊叹黄河有如此绝境。

古都西安，历史悠久，名胜古迹甚多，如大雁塔、钟楼与鼓楼、化觉巷清真寺、古城墙、碑林博物馆、陕西历史博物馆、半坡遗址博物馆、秦始皇兵马俑博物馆、华清池、法门寺等，都值得一看。

秦始皇兵马俑，举世罕见，是20世纪考古史上的伟大发现，被誉为世界八大奇迹之一。1974年，陕西一农民打井时发现许多碎陶人，经考古工作者探测发掘认为这是秦代一个兵马俑坑，定为一号坑，(后又发现二、三号坑)，埋有六千多个真人大小的陶俑。兵马俑按实战军阵排列，陶俑非常逼真，最低为1.78米，最高为1.97米，轻重110至300公斤。他们身披铠甲，手持长弩，或长兵器，威武雄壮，气象森严，令人望而生畏。每条路中间排列有驷马战车，最为神奇的是还发掘有两乘大型彩绘铜马车，与真车、真马、真人无异。车、马、人总重 1243 公斤,主体为青铜器铸造而成。车马金银装饰共有 1720 件,总重量达七公斤,有 32 匹战马拖着战车。马车据说是秦始皇所乘,看着无比威严。这两架铜马车是我国时代最早、驾具最全、级别最高、制作最精美的青铜器珍品。中外游客频频慕名而来,据说已有 200 多个国家元首莅临参观。

大雁塔也是游人必看之处。大雁塔建于慈恩寺内。慈恩寺建于开皇九年,唐朝时扩建规模,并请闻名遐迩的玄奘法师(即民间传说的唐僧)任寺内大主持,在寺内翻译经文长达 12 年。玄奘为保存好从印度取回的佛教和佛像,请求在译经院造塔,后经获准后亲自设计,建以约六十米高的 5 层塔。武则天在位时加高至 10 层,后因战乱破坏改为 7 层,高 64 米,保留至今。玄奘对佛教在中国的传播,作出了巨大贡献。玄奘不畏艰难险阻取经、译经、传教的坚韧精神,永远值得后人学习。

西安的碑林也名声中外。因碑石众多如林故称碑林,是收藏我国碑石最早、数目最多的一座艺术宝库。三万多平方米的大院,陈列着从汉到清的各代碑石、墓志铭共三千多块,均为历代著名书法家所写,如唐代大书法家欧阳洵、颜真卿、柳公权、王羲之等,包括篆书、隶书、楷书、行书、草书多种书体,反映出我国文字的演变过程,爱好书法的人不可不看。

历代帝王游兴的别宫华清池，位于西安骊山脚下。其依山势而建，规模宏大，建有温泉宫，传说每年唐玄宗携杨贵妃在此过冬沐浴。华清池东面，有一雅致小院称环园。1936年，蒋介石亲临西安部署剿共计划时，即住环园，下榻五间亭，引发了震惊中外的“西安事变”。张学良、杨虎城将军劝蒋抗日不成发动兵谏，于12月12日在此园内激战，蒋仓皇出逃越墙而过。其碰伤脊背，由侍卫搀扶上山，匿身于西绣岭虎斑石处的草丛中后被发现。至今，五间亭的玻璃窗、墙壁上保留有西安事变时的弹痕。我到蒋介石藏身处看了看，山坡异常狭窄，常人难以藏身。可见当年老蒋情属无奈，委曲求全而已。

记得1987年我在职时，有一件轰动中外的特大新闻。内容是在陕西法华寺维修塔基时，意外发现一个地宫，又在地宫中发现了深藏千年之久的释迦牟尼指骨舍利和供养舍利的大批文物。这次我俩特意去法门寺一看，果真不假，让我们大开眼界。地宫长21.2米，面积31.84平方米。当年发现分置不同处的共四枚佛骨舍利，经中国佛教协会会长赵朴初先生鉴定第二枚是释迦牟尼的真身指骨，其余三枚是唐朝皇帝为保护真骨而命人仿制的，叫“影骨”。在佛教徒眼中“影骨”也是“圣骨”，虔诚供奉。地宫发现的两千多件金银器皿，都是稀世之宝，弥足珍贵。参观地宫的游人和外国僧侣朝拜者，每天络绎不绝。

我和丽珠两次去了云南，一次 6 月，一次 8 月。我们先后到昆明、大理、丽江、瑞丽、腾冲、西双版纳等地游览。

昆明四季如春，不管春夏秋冬，走到哪里都是绿草如茵，鲜花盛开，而且气候宜人，无愧于“春城”这一雅称。所谓“昆明腊月无可裘，三伏轻棉汗不流，梅绽隆冬香花满，柳舒新岁叶将稠”。昆明附近的景点石林也是游人必去的地方。石林内无数石峰、石柱、石笋、石牙拔地而起，林林挺立，奇形怪状，引人遐思，值得一看。大理市是白族群众聚集地，其崇圣寺的三塔，形成鼎足之势，布局统一，造型和谐，浑然一体，是大理市的标志。大理的蝴蝶泉，据说是“五朵金花”谈情说爱的地方。至今，每年 4 月，青年男女都要到这里“丢个石头试水深”，用对歌寻找自己的意中人。到了纳西族的古城丽江，我们就真正领略到“家家溪水绕户转，户户垂扬赛江南”的独特风貌。丽江城北 15 公里的玉龙雪山，位于金沙江东岸。其由十三峰组成，似条条玉龙飞舞，气势挺拔，雄伟壮丽，峰峰积雪终年不化，故名玉龙雪山。乘索道上山，每峰景色各异。我们最感惊奇的是云杉坪，这里春季山花浪漫，夏季碧草连天，秋天一片金黄，冬季则成了一个银色世界。去时 8 月，秋高气爽，我们不由自主地躺在茵茵绿草中，仰望蓝天、白云和晶莹的雪山，只觉得云随山动，山随云转，恍惚间，似觉脱离尘世，渐入仙境，美不可言。

位于云南西部的腾冲是座历史文化名城，是著名侨乡、文献之帮和翡翠集散之地。其距缅甸200公里，距印度600公里，是中国通往南亚、东南亚的重要门户。腾冲虽然有百看不厌的翡翠、独特的地质奇观，但我们最感兴趣的它还是座抗战名城。我们参观了滇缅抗战博物馆，从那里得知1942年5月，日军侵入占领了怒江以西包括腾冲在内的大片国土，之后成为滇西抗战的主战场。1944年9月14日，中国远征军经过127天的血战收复腾冲，其成为中国沦陷区第一个光复的县城。这次战役虽歼敌六千多人，但远征军官兵阵亡9168人。根据介绍和图片资料，战斗空前激烈，国民党官兵浴血奋战，不畏艰难，不怕牺牲，英勇杀敌，谱写了可歌可泣的悲壮历史，令人肃然起敬！

人人都说西双版纳是个好地方，但只有身临其境，才能体会其美。这里没有冬天，是中国唯一的热带雨林自然保护区。气候温暖湿润，树木葱茏，蔓藤盘环错节，叫不上名字的各种珍禽异兽，数不清的稀有植物，遍地皆是。这里是傣族群众聚居地，傣族姑娘穿衣打扮十分讲究，什么时候穿着都非常漂亮，个个貌美如花。妇女地位高于男子，男女结婚都是男方到女方家做“上门女婿”，家家户户喜欢女孩，女孩结婚后即成为一家之主。傣族的“泼水节”最有情趣。每年4月的“泼水节”又是傣族新年。我在职时有一次出差赶上泼水节，热闹非凡。节日当天，只见一个个男女青年，用脸盆、铜钹盛水，涌出大街小巷，逢人便泼，走一路，泼一路，行人全身湿透，也不放过。我被浇得全身湿淋淋，同行者人人皆是。说也奇怪，那种欢乐兴奋的心情难以言表。持盆男女，你泼我，我泼你，嬉闹不断，傣族人说："湿透全身，幸福终生"。因为傣族心目中的水，是润育万物的乳汁，是生命的血缘。有机会来西双版纳一游，会给你带来无穷的欢乐。

炎热的夏天，旅游首选是去东北。我俩曾和王喜文、杨素华夫妇，山东监狱局老局长律希林夫妇先后结伴去了辽宁和黑龙江。我们游览了哈尔滨和牡丹江等地名胜。哈尔滨有独特的欧式建筑、鳞次栉比的精品商厦，环境优美，秩序井然，是一道亮丽的风景线。著名旅游胜地太阳岛位于松花江岸，那里碧水环绕，景色迷人，具有质朴、粗犷、天然无饰的原野风光特色。夏天，岛上花红柳绿，草木茂盛，香花四溢，白沙碧水，犹如踏进人间仙境。

旅游避暑胜地牡丹江境内的镜泊湖是必去之地。据说镜泊湖是中国最大、世界第二的高山堰塞湖。这里的夏天20度左右，气候宜人，绿荫遮湖畔，轻舟逐浪欢。坐在游船上，享受着湖的广阔、宁静与悠远，看着跳出水面的鱼儿，飘荡在天空的朵朵白云，愉悦安详的心情溢于言表。湖东面一座毛公山，遥望其山峰，酷像毛泽东主席的卧状，形象逼真，令人惊叹！

秋高气爽的秋天，也是旅游的好季节。我俩先后去了山东、新疆、四川、广西、福建、安徽、贵州等地。

在山东，我们先后去了济南、泰山、青岛、烟台、威海、微山湖等处，领略了山东深邃的历史文化底蕴，多彩的自然景观，碧海蓝天的海滨城市，朴实豪爽的山东人民，深感不虚此行。省府济南，素有“天下泉城”的美誉，景点甚多，诸如大明湖、趵突泉、千佛山等等。游览大明湖，使人确切感到了“四面荷花三面柳，一城山色半城湖”的绝佳美境。号称“天下第一山”的泰山，我们在职时都来过。那夜登十八盘、气喘吁吁、大汗淋漓的情景，犹在眼前。这次登泰山，依然感到其雄伟高大。“红日出泰山，苍茫云海间”，吸引着游客连绵不断。我们乘缆车到中天门，尔后漫步经南天门、天街，到达王皇顶最高峰。俯瞰周围其他山峰似都在脚下，显得那么渺小，不由使人想起了孔老夫子“登泰山而小天下”的赞叹，和杜甫的“会当凌绝顶，一览众山小”的千古绝唱。

青岛、烟台游人众多，海滩杂乱。倒是威海这个海滨小城，给我们留下了难忘印象。威海的刘公岛，以建筑、雕塑、绘画、影视综合艺术展示了甲午海战悲壮历史的大型纪念馆。馆内以电、光、声等现代科技营造的气氛，生动逼真。游人置身其中，耳闻目睹，甲午海战的惨烈与悲壮，无形中给人们进行了一次深刻的铭记历史、缅怀先烈的爱国主义教育。我们下榻的宾馆就在海边，每天晚饭后，信步海滩，身心放松。尔后跃入海中，踏浪畅游，甚是惬意。不觉吟诗一首：

黄沙碧海湛蓝天，微风信步威海滩。
海连天际风推浪，极目遥望不到边。
夫妻相伴游大海，任凭风浪送我还。
甲午风云刘公岛，秀美赤山看喷泉。
夕阳生活无限好，携手再度五十年。

2002年8月我们到新疆，几乎游遍了全疆。在北疆，游览了阿勒泰、布尔津、喀纳斯湖、福海黄金海岸、魔鬼城、克拉玛依油田、奎屯、赛里木湖、果子沟、霍尔果斯口岸、伊宁、那拉提大草原。在南疆，游览了莲花湖、库尔勒、阿克苏、喀什的香妃墓、清真寺、大巴扎、和田、沙漠公路、轮台胡杨、塔里木油田、吐鲁番、天山天池及乌鲁木齐市容。

“吐鲁番的葡萄哈密的瓜，库尔勒的香梨人人夸，叶城的石榴顶呱呱”。早就听说的这几句歌谣，一到新疆就切身感受到了。8月正是新疆水果丰收的季节，新疆盛产的各种美味水果我们都品尝到了。在南疆，我们应邀到一维族同志家作客。走进院内，郁郁葱葱的葡萄架立即给人以阴凉之感。热情好客的主人端上各种水果，摆放在院中一个低矮的方桌上，晶莹的鲜葡萄各式各样。有的红、有的绿、有的白，有的似珍珠，有的似玛瑙，有的绿如翡翠。看着她们，尚未品尝即垂涎不已。到了吐鲁番，才是到了葡萄王国。绿绿葱葱的葡萄架遍布葡萄沟溪流两侧，葡萄藤曼层层叠叠，游人漫步葡萄架下，倾首观赏珍珠般的各色葡萄。坐在葡萄架下，品尝着据说是十三种的各色葡萄，美味令人心醉。

到北疆不能不看最美的喀纳斯湖。其特点是湖水似一翡翠，不同的天气、不同的时间、喀纳斯湖有不同的景色。水清时为蓝绿色，冰川水注入时为淡绿色，亦或是金黄色、银白色。水流缓慢，湖面宁静，像是一面镜子，看着让人痴迷。湖北面是白雪皑皑的奎屯山，高耸入云的友谊峰，山林犹如花屏。不同的植物群层次分明，色彩各异。我们到时的8月正是万木争辉的时节，金黄、殷虹、墨绿各呈异彩，林中灌木叶茂，野草遍生，草甸如毡，山花争艳。任何一处拍照出来都是绝好美景。

荒凉的八百里戈壁滩，一望无际的砾石在阳光下闪闪发光。每当大风掠过，黄沙滚滚，遮天蔽日。整个地区植物稀少，仅生长一些红柳、骆驼刺之类的耐寒植物，人迹罕至，一片荒凉。走过了戈壁滩，再到塔克拉玛干大沙漠，更是另一番景象。整个沙漠东西长一千公里，南北宽四百公里，沙漠面积43万多平方公里，是中国最大的沙漠，占中国沙漠面积的60%，也是世界十大沙漠之一。维语说这是“进得去出不来的地方”，寓意是“死亡之海”。据说解放军进疆路过沙漠，遇到不少麻烦。塔克拉玛干沙漠虽是大片无际沙漠，但有着辉煌的历史文化，古丝绸之路就途经沙漠南端，沙海中的丝路遗址、远古村落、地下石油、矿藏都被深埋在神奇沙漠之下，有待后人去探寻发掘。我们乘车沙漠公路，犹如荡舟大洋。苍茫天穹下“上无飞鸟，下无走兽”，一望无际的高低不等的连片沙丘，灰蒙蒙的单一情调，变化多样的沙漠形态，显得那么神秘而又具有诱惑力。面对此情此景，令人感慨万千。

游罢新疆，感触良多，曾赋诗一首，追记于下：

马年八月天晴朗，乘车万里游新疆。
流连忘返天山池，吐番葡萄甜又香。
青树蓝湖草原广，北疆绿洲遍牛羊。
南疆飞沙常蔽日，戈壁滩上红柳杨。
喜见河旁稻禾壮，转眼沙海路漫长。
不到新疆不知大，西域神奇好风光。

号称“天府之国”的四川，肥沃的土地，丰富的自然资源，悠久的历史和绚丽多彩的少数民族文化，构成多样性的自然和文化景点。如大家熟知的峨眉山、都江堰、黄龙、九寨沟以及乐山大佛、杜甫草堂、武侯祠、大足石刻等,还有珍贵稀有的大熊猫、银杉等各类珍稀动植物保护区。

成都的景点以及峨眉山等处,此前我们都去过,这次重点看了九寨沟和蜀南竹海两个地方。

九寨沟位于四川西北部阿坝藏族自治州内,以九个藏族村寨而得名。这里风景独特优美,夏无酷暑、冬无奇寒,是世界闻名的旅游景点,前来的中外游客,终年络绎不绝。

九寨沟海拔在两千米以上,原始森林遍布。沟内分布108个湖泊,水境绮丽,碧蓝澄澈,千颜万色,多彩多姿,洁净异常。九寨沟以翠海(高山湖泊)、叠瀑、彩林、雪峰、藏情被称为“五绝”。

翠海。终年都是碧蓝的,随着季节与光的不同,呈现出不同的水韵,奇湖错落,目不暇接。百余湖波,个个古树环绕,奇花簇拥,宛如镶上了美丽的花边。湖泊都由激流的瀑布连接,犹如用银链和白涓连起的一块块翡翠,各具特色,变化无穷。湖泊中野鸭成群,天鹅、鸳鸯常来嬉戏其中,天然的美妙画面浮现眼前。

叠瀑。九寨沟是水的世界,也是瀑布王国。特别是诺日朗瀑布,从翠沿激流而下,似巨画凌空飞落,赏之,驻足忘返。

彩林。彩林覆盖面积占景区一半以上,两千多种植物，争奇斗艳。林中奇花异草，色彩绚丽，使游人看着眼花缭乱。据导游介绍，原始森林里栖息着大熊猫、白唇鹿、苏门羚、金猫等珍稀动物，可惜我们没看到。

雪峰。九寨沟三条沟谷，层峦叠嶂，山势挺拔，眺望远方，白皑皑一片银色世界尽收眼底。艳阳之下的冰斗，令人目眩。登上尕尔纳山，极目远眺，山峦逶迤，谷壑幽幽，云海连天，絮浪翻腾，峰峦错愕，时隐时现。在云海雾浪中，沉浮升降，似在天宇中尽情游弋，天下奇观，一览无余。

藏情。九寨沟长期以来即为藏族聚居地，神秘凝重。地域特色的藏族文化与奇异的山水风光融为一体，相得益彰。我们到了一家藏族同胞屋里，品尝了藏族风味的食品。

看了九寨沟“五绝”的原始古朴，神奇梦幻，不由使人赞叹：这里才是人间仙境的地方啊！

蜀南竹海位于四川宜宾市境内，面积有120公里。进入景区后，一望无际的竹子连川连岭，整整覆盖了五百多个山丘。七万余亩的翠竹可谓是竹的海洋。景区内有58种竹子，有的如碗口大，有的细如柳条，天然竹林，根连枝叠，拥青泻翠，郁郁葱葱，林荫蔽日，千峰万岭，峰峰是竹，岭岭皆绿，真像一个竹篮大盆景，景色美丽奇绝。深邃幽深的竹海里，处处充满灵气。茂密的修竹节节向上，将游人包围在竹海之中。我俩最感兴趣的是，每天清晨漫步于蜿蜒纵深狭长的林荫小路上。这里空气是那么清新纯净而湿润，负离子含量极高，真是天然的大氧吧。每一次呼吸都是对心灵的洗礼，精神为之一爽，顿有回归大自然的感觉，浑身舒展愉悦的很，真想在这里多住几天。

到了广西，必去桂林漓江一游。我们乘着游船荡漾在漓江上。漓江的水蜿蜒曲折，江水澄澈，波平如镜，两岸青山连绵，千姿百态，造型各异，百看不厌。群山倒影，幻化出山托水、水浮山的神秘境界，不由使人赞叹："桂林山水甲天下"传言属实。

在秋高气爽的好季节里，我们还先后去了浙江、湖北、福建、安徽、贵州。在浙江，我们游览了西湖美景、灵隐寺、九溪十八涧、品尝了色味俱佳、鲜爽甘醇的龙井茶；还去了鲁迅家乡绍兴和蒋介石故居奉化溪口。在湖北，我们参观了雄踞长江之滨、蛇山之首，背依万户林立武汉的黄鹤楼和风景秀丽的东湖。在福建，我们游览了登山可望水、临水可看山的武夷山。山上有距今 3800 年高插于悬崖峭壁的悬棺，令人叹为观止。我们还登上了有"海上花园"美称的厦门鼓浪屿岛。岛上四季如春，树木丛生，环境优美，琴声悠扬。岛内无一车辆穿行，显得无比清雅脱俗，不愧为中外旅游胜地。在安徽，我们游览了黄山，饱尝了黄山四大独特景观：奇松、怪石、云海、温泉。神奇的黄山松，千姿百态，绝妙的黄山石异彩纷呈，多层的黄山云，变幻万千，灵秀的黄山泉，常年喷涌。游黄山感到时时处处都在梦境般的变动之中，大有“黄山归来不看山”之感。

到了素有“八山一水一分田”说法的贵州，黄果树大瀑布是必看之地。我们去时是个晴天，大瀑布瀑声震天，十里相闻。瀑布旁边那赤橙黄绿青蓝紫的彩虹，迷人好看。瀑布下的过道，形似水帘洞，在此一过，水溅湿身，惬意无比。

冬季旅游，我们去了海南岛和广东。

每年 10 月底 11 月初，北京已是冷雨伴寒烟，北风如碎剪的时节，北方人像候鸟般涌入海口、三亚等地。许多北方人，尤以黑龙江、吉林等地老人，购置或租房子在此过冬。许多患有气管炎、哮喘病的老人，一到海南，立即好转甚至痊愈。因为海南冬季温度也在 20℃以上，树木常青，气候宜人，我们到了海南身同感受。经朋友推荐，我们在海口参观了距今约一万年的火山口公园奇观；在三亚参观了天涯海角、亚龙湾海底世界、鹿回头、蝴蝶谷等景点。“天涯”、“海角”背靠马岭山，面向茫茫大海，海湾沙滩上大小百余块石头耸立，“天涯”石、“海角”石和“南天一柱”石突兀其间，十分显眼。“天涯海角游览区”为郭沫若先生 1961 年题写，“天涯”“海角”只是两块突起的大石头而已。但这里环境优美，沙滩干净、漂亮而柔软，空气新、海水兰，置身其中给人一种海天相连的感觉。在树荫下喝着天然的椰子汁,那种惬意不过的感觉真是太好了！在亚龙湾,我们参观了梦幻般的海底世界。那天天气清朗,我们乘小船到了一个停在海中半潜的船艇上,下到船舱后,两壁是大玻璃窗,这就是海洋观光区。透过玻璃看到蔚蓝、透明、清澈的海水里,种类繁多的各色珊瑚,还有摇曳多姿叫不出名字的藻类植物和围着船舱追来逐去的各色鱼群、海蛇、海胆、海星,令我们北方人大开眼界。年轻人还可在船上下水潜游,细看海底世界。我俩还专门去了趟博鳌。博鳌是海南省琼海市的一个镇,万泉河在此入海口,被中外专家誉为自然生态保护的近乎完美的地方。这里海风习习,河水清澈,林木葱翠,湿地盎然,空气洁净,环境静谧,是人与自然和谐共存的天堂。那绵长的海岸线,颇似一幅迷人的山水画卷,百看不厌。博鳌以其优美的自然环境,宜人的气候条件,被"亚洲论坛"选为2011年开会场所,并定为"论坛"永久会址。由此博鳌而闻名于世,吸引着大量中外游客前来游览。

广东也是避寒胜地。从冰冷的北方到广州后,立即感到春天般的温暖。10月后的广州满城尽是花,漫步在紫金花盛开的林荫道上,望着串串鲜艳的紫金花,如同置身于花的海洋,令人心旷神怡。广州还有我们辛中的几位老同学,任振基、张志英、刘春芬、张素稳、张福成等人,他们早年参军,离退休后定居此地。我们在职时和退休后到广州，大家都要相聚一堂，谈天说地，共叙友情，他乡遇故知，相逢尽开颜。

深圳是必去之地。记得 1979 年我出差广东来到此地，那时深圳只是一个小渔村，窄窄的一条坑洼不平的石子路，两旁零星的店铺冷冷清清。谁想到，二三十年的功夫，一个鲜为人知的小渔村发展成为一个现代化的国际大都市。如果不是党的改革开放好政策，哪来今天繁华美丽的深圳？我俩在深圳住了五六天，先后参观了世界之窗、野生动物园、明斯克航空母舰等多处景点。其中世界之窗、锦绣中华非常值得一看。

世界之窗是世界各国著名建筑物的缩影，内有世界广场、亚洲区、大洋洲区、欧洲区、非洲区、美洲区、世界雕塑园、国际街等 9 大景区，将世界奇观、古今名胜、历史遗址、自然风光、各国民居、异国雕塑、民族风情、民间歌舞等汇集一园。精致绝伦惟妙惟肖的景点，使游人通过“世界之窗”，看到了世界各地的美妙奇观。我和丽珠说，“真像到世界各地周游一圈，不必再去国外了！”

深圳的锦绣中华公园，据说是世界上面积最大、内容最丰富的实景微缩景区。其占地 450 亩，近百处景点，是中国各省市自然风光与人文历史精粹的缩影。如北京的万里长城、故宫、天坛、明十三陵，陕西的秦陵兵马俑、黄帝陵，江苏的中山陵、苏州园林，山东的泰山、孔庙、杭州的西湖,广西的桂林漓江山水,贵州的黄果树瀑布。全国各地各具特色的名塔、名寺、名楼、名石窟以及具有民族风情的地方民居,汇聚于此,皇帝祭天、孔庙祭典的宏伟场面与民间的婚丧嫁娶风俗尽现眼前。一天之内,我们领略了中华民族五千年历史风云,畅游了大江南北的锦绣河山,不出园好似在全国游览了一圈,此行真是值得。

三、担任离退休第七党支部书记纪实

2003 年,我当选离退休第七党支部书记,至今已连任四届。前两任书记是梁健、李永同志,因年事已高辞任。支部委员先后有邵桂新、莫坤荣、张志英、陈奇、刘景奎同志,现任支委周伟、石少岗同志。

司法部机关凡离退休干部,组织关系均转离退休干部局统一管理。局内设办公室、组宣处、服务处、活动站管理处,党组织设党总支、按住地区域划分设置 19 个基层党支部。

第七党支部始建于 1988 年,当时党员 7 人,现已达 30 人。其中局级干部 8 人,处级干部 22 人,离休干部 7 人,平均年龄约 75 岁,党员多数是从部监狱局、劳教(戒毒)局、燕城监狱离退休下来的。十几年来,在党总支领导下,在全体党员支持参与下,支委一班人精诚团结、开拓务实,以抓政治学习为根本,以提高党员素质为重点,以服务党员为抓手，以制度建设为保障，围绕“争先创优”“创建五好党支部”，做了大量富有成效地工作，取得了显著成绩，多次被司法部机关党委、局党总支评为“先进党支部”、“五好党支部”，支部多名党员多次被评为“优秀党员”、“优秀党务工作者”、“四好老干部”、“老有所为先进个人”。2009 年，我被中央组织部评为“全国离退休干部先进个人”。

经过十几年的探索与实践，支部总结出了“四个坚持，打造学习型、作用型、服务型党支部”的作法与经验，得到了上级党组织的肯定与兄弟支部的认同，并多次在总支经验交流会、国家机关工委组织的中央部委离退休党支部经验交流会上重点发言，博得广泛好评。

（一）坚持正面教育引导，永葆党员先进本色

抓好政治学习，始终是支部工作的头等任务，也是永葆党员先进本色的重要保障。十几年来，不论遇到什么情况，党支部抓政治学习从未放松；不管遇到什么困难抓政治学习的决心从未动摇，基本做到了常抓不懈，贯彻始终。实践中，支部探索总结了“三必学、四到位”的学习方法。“三必学”，即党中央总书记重要讲话必学；全国“两会”文件必学；全国司法厅（局）长会议文件、全国老干部局长会议文件必学。“四到位”即学习计划制定到位；学习文件发放到位；学习主题布置到位；主旨发言人明确到位。

通过学习，使每位党员政治觉悟不断提高，保持了清醒的政治头脑，对坚持和发展中国特色社会主义充满了信心，对实现民族振兴、国家富强、人民幸福的“中国梦”、对实现“两个百年目标”充满了希望；在面对思想领域多元、多变、多样的复杂形势下，增强了抗干扰的能力，不为噪声所扰，不为传言所惑，始终保持政治坚定，是非分明，自觉把自己的言行统一到中央领导讲话精神上来，从思想上、政治上、行动上同党中央保持了高度一致。

（二）坚持活动多样化，提升党支部凝聚力、战斗力、亲和力

生命在于运动，党支部工作的生机在于多样化活动。十几年来，支部做到了年初有计划，年终有总结。月月有活动，形式多样，主题鲜明，效果明显。每年支部都以党和国家庆祝、纪念活动为契机，有针对性的组织开展主题鲜明的座谈会，如开展了“忆党史、思党恩、保本色”纪念建党90周年座谈会；学习“杨善洲同志先进事迹座谈会”；“知党情、感党恩、安度幸福晚年”纪念干部退休制度30周年座谈会；如何实现“中国梦”座谈会等等。

组织外出参观活动。为开拓视野，结合学习，亲身感受祖国巨大变化。十几年来，支部每年组织一次参观监狱或戒毒场所。其先后组织到改革开放后的天津、河北社会主义新农村——晋县周家庄和革命圣地西柏坡等处实地

参观，切身感受改革开放后祖国各方面的巨大变化。在参观革命圣地西柏坡当天，已入甲子、耄耋之年的老党员个个情绪饱满，激情四射，一路上高唱红色歌曲，仿佛回到了青春时光。在西柏坡，大家通过观看一幅幅珍贵的照片，一件件罕见的文物和瞻仰毛主席、周总理等老一辈无产阶级革命家故居，并在七届二中全会会址前，由书记带领在党旗下重新宣读了入党誓词。有位老同志当场激动地说："宣誓一分钟，奋斗要终身"。当天，支部又组织大家逐字逐句重新学习了"毛泽东同志在七届二中全会上的讲话"。通过参观学习，大家受到了一次深刻地革命传统教育，深感今天美好生活来之不易，更加深刻认识到党中央、毛主席的英明伟大。大家一致表示，作为受党培育多年的老同志，虽然离退休了，但要始终铭记入党誓词；革命意志不能衰退，艰苦奋斗精神不能丢，教育后代责任不能忘；要牢记"两个务必"，永葆党本色，做到"离休不离党，退休不褪色"，永远跟党走。

（三）坚持服务社会，老有所为做贡献

老有所为一直是支部工作的价值取向。多年来，支部倡导老同志们在自愿量力的情况下，充分发挥每个人的政治优势、经验优势和威望优势，积极发挥余热，以阳光的心态，从我做起，从小事做起，为社会做贡献，为党的事业增添正能量。

1. 每位党员要做到“五带头”。一是带头弘扬党的优良传统作风和中华民族传统美德；二是带头践行文明、友善、诚信、包容；三是带头引领家庭和谐，促进邻居和睦团结；四是带头节约用水、用电、用气；五是带头垃圾分类投放。

2. 积极为司法行政工作建言献策。支部许多老同志特别是司、局级同志，撰写自己参加司法行政工作重大历史事件，撰写阐述司法行政工作的理论文章，在有关刊物上发表；有的撰写回忆录；有的运用各种形式对司法行政工作提出建议。

3. 量力而行，积极参与社区志愿活动。支部老同志充分利用时间优势和资历优势，立足社区，积极投身构建和谐社区、平安社区工作。几年来，累计有 380 余人次参与重大节日社区巡逻、值班维护社会治安。有的担任大院居民代表或楼长，积极反映居民意见；有的参加居民文艺演出；有的协助社区组建京剧队，活跃社区生活；全体老同志为社区组织的救灾活动捐款、捐物、捐书画；支部组织的四方舞队多次在社区、公园演出，受到区、社的表彰。有一名老同志因表现突出，被社区评为“社区优秀服务之星”。

4. 真情帮教失足青少年，开展“银色之光”帮教活动。2004 年，司法部离退休干部局倡议、联合最高人民法院、最高人民检察院、安全部、教育部、卫生部老干部局发起“银色之光”帮教活动。支部积极响应，由我担任帮教小组组长，先后有 5 名同志参加，定期到北京市未成年犯管教所开展帮教。11 年来，该活动已先后成功帮教 12 名未成年犯罪嫌疑人。其中 11 名均受到减刑表彰，顺利或提前假释出狱；一名正在服刑，表现较好。帮教工作受到上级部门的肯定与表彰，多家媒体予以报道。其为维护社会和谐稳定作出了贡献。（详情另章叙述）

（四）坚持为党员服务，支委带头送温暖

热心为老同志服务，让老同志老有所学、老有所乐、老有所为，老有所养，是历届党支部时刻关注的“民生”问题。支部三名委员坚持无私奉献的精神，尽职尽责，一心扑在支部工作上，以热心、爱心、诚心、细心，从多方面服务老同志，为老同志排忧解难。

1. 为维护老同志权益服务。

2006 年，支部通过及时向上级汇报，多方奔走，帮助解决了 13 户老同志的搬迁难题，使老同志们愉快地搬进了新居。

本支部有 7 名离退休较早的老同志，他们当了一辈子警察而没有享受警衔补贴，这关系到他们切身利益的实际问题。支部根据政策积极口头或书面多次向上级汇报、反映，终于得到了妥善解决。再如解决支部集中报销点和活动点问题,部分老同志转换定点医院看病问题,重病号老同志自费较多急需补助问题等等,支部积极向上反映并与有关部门多次协调,均得到圆满解决。

2. 为老同志生病住院服务。

由于支部年老体弱的成员逐年增多,突发病常有出现。支部一班人不辞辛苦、不怕麻烦,总是尽快赶到或陪同到医院探望,带去支部党员的问候,使生病老同志感到组织的温暖。支部有两名癌症患者,一名脑梗中风患者,多年居家卧床。支部委员定期到家探望,与他们“话聊”鼓励他们安心养病、战胜疾病;同时送学上门,带去精神食粮。重病老同志及其家属对支部的关心照顾非常感谢。脑梗中风老同志虽口语不清,但常常激动地留下泪水,躺在床上行军礼以示谢意。有的家属说:“你们支委真是全心全意为老同志服务啊!”

支部先后有 3 位老同志病逝,支部主动协助离退休干部局办理丧事。有一位老同志因心脏病告急,3 名支部委员立即赶到家中,协助家属呼叫救护车。后经医生紧急抢救无效死亡,家属悲痛不已。3 名支委跑前跑后协助办理后事,组织同院 4 名女同志日夜陪护其老伴。他们有的端来热粥,有的送上鸡汤,家属子女感动不已,其儿媳动情地说:“像你们老同志这样真挚的感情,当今社会真是少见啊!”

3. 为党员过生日服务。

十几年来，支部坚持每位党员生日当天，组织委员即送去电话祝福或寄上生日贺卡。支部还为3位老同志金婚举行了隆重地聚餐庆祝。同时，支部还坚持每年两次为上半年和下半年过生日的同志举办集体聚餐祝福活动。人到老年，渴望交流、沟通和理解，更需要相互关爱。因为和子孙之间有代沟，很少共同语言。而通过AA制生日聚餐这一平台，大家自带酒水，在欢乐轻松的气氛中，热议国家大事，畅谈养生之道，笑说开心之事，共话个人理想梦。大家有说不完的话、道不完的情，无形中增进了团结，促进了友谊。

四个坚持有力促进了党支部的建设，提升了党支部战斗堡垒作用。用心至真、用情至深的支部服务，换来了老同志的安心，赢得了老同志家属的欢心，也使上级党组织放心，从而使支部凝聚力、战斗力不断增强，支部工作不断迈上新台阶。

当然支部工作也存在一些缺点，主要是思想工作不够深入细致；工作计划不够周密；组织支部学习与活动创新不够；对新形势下如何做好支部转型工作研究不细。与兄弟单位先进党支部相比，支部还有不少差距。这些不足主要是我这个支部书记的责任，定当在今后工作中注意改进。

四、坚定信念,永远跟党走——和机关青年讲传统

2011 年 5 月,司法部机关党委和离退休干部局安排我和王明毅、张桐先三位老同志,为机关全体青年同志讲讲革命传统。这是我的发言稿。

青年同志们:

明天是“五四”青年节,祝大家节日快乐!

大家知道,“五四”运动是中国革命史上有着非常重大意义的事件。它标志着中国新民主主义革命的开端,促进了马克思主义在中国的迅速传播,为中国共产党的成立奠定了思想上和组织上的基础。我们纪念“五四”运动,就是要学习、传承和发扬五四运动的传播精神,做一个有志有为的好青年。

谈不上什么讲话,我想和青年同志们谈谈心,交流交流学习的体会。我说的题目是:“坚定信念,永远跟党走”。分三个问题谈一谈。

第一,学党史,理想信念不能忘

今年是党的 90 周年纪念日。回顾我们党走过的历史过程,中国革命并不是一帆风顺的。可以说,中国共产党的 90 年,是为中华民族解放和人民幸福而前仆后继、英勇奋斗的 90 年,是马克思列宁主义普遍原理,同中国革命具体实践相结合的 90 年,是党内正确纠正错误、光明面战胜

阴暗面的90年，因而也是经过无数艰难和曲折走向一系列胜利的90年。

中国共产党紧紧依靠人民，领导人民，经过28年艰苦卓绝的北伐战争，土地革命战争，抗日战争、解放战争四次伟大的革命战争，终于在1949年推翻了以蒋介石为代表的国民党反动统治，取得了新民主主义革命的伟大胜利，建立了人民当家的新中国。中国人民从此站起来了，一个崭新的中华人民共和国巍然屹立在东方。

新中国成立以后，我们党领导各族人民继续前进。在以毛泽东、邓小平、江泽民为核心的中央领导集体和以胡锦涛为总书记的党中央坚强领导下，经过62年的革命、建设和改革，实现了三个历史性的转变。一是实现了从半殖民地、半封建社会到民族独立，人民当家作主的新社会的历史性转变；二是实现了从新民主主义革命到社会主义革命和建设，确立社会主义制度的转变；三是实现了从高度集中的计划经济体制到充满活力的社会主义市场经济体制的转变，从封闭、半封闭到全方位开放，开创中国特色社会主义道路的转变。三大转变，使我们的祖国发生了翻天覆地的巨变。我国的现代化建设取得了举世瞩目的辉煌成就，“十一五”规划已胜利完成，我国经济实力大幅提升，已跃居世界第二，综合国力大大加强；改革开放取得重大突破，人民生活基本达到小康；民主法治建设，国防和军队建设取得了历史性的成就，我国国际地位和影响显著提高；社会主义事业在中国日益显示出蓬勃的生机和活力，并展现了民族振兴的光明前景。

90年的历史发展，使我国人民共同发出内心的赞叹：中国共产党好，社会主义好，改革开放好。

在纪念中国共产党90周年的时候，我们深深感到，中国人民的伟大成果来之不易；现在的幸福生活来之不易。它是中国人民在中国共产党的正确领导下得来的，是千百万在战场上、刑场上和各种战斗岗位上牺牲了的共产党员和一切革命者用鲜血浇灌出来的。他们凭的是什么？我们党凭的是战无不胜的马列主义和毛泽东思想、邓小平理论、"三个代表"重要思想和深入贯彻科学发展观的指导思想。革命烈士们靠的是，为了实现共产主义的伟大理想和全心全意为人民服务的信念。这种崇高的理想信念，激励他们对党的事业无限忠诚，对人民群众充满深情，不畏艰险、不怕困难，甚至献出了宝贵的生命。我们学习党史，就是要把革命先驱坚定不移的共产主义理想，革命必胜的信念，全心全意为人民服务，一辈子艰苦奋斗的精神，牢牢地永远记在心上。

第二，忆成长，党的恩情永不忘

我参加革命已有63个年头了，是有着58年党龄的老党员。我的每一步成长，都离不开党的培养。

1934年5月，我出生在河北省深县城关镇南街村一个贫苦家庭里。1937年“七七”事变，抗日的烽火燃遍祖国大地。1938年初，我的父亲毅然舍家参加了吕正操领导的冀中八路军，奔赴抗日前线，并于1942年战斗中牺牲。1948年1月，我参加了革命工作。1950年朝鲜战争爆发，我响应祖国号召，被批准参军，一心当志愿军入朝作战。但到了北京，我被指派到中央公安干部学校(公安大学前身)学习。1951年7月提前结业分配到公安部，1984年调司法部，1995年离休。在公安部工作了33年，在司法部至今已有27年，这就是我的简单历史。在这几十年中，党培养我的过程，以及在坚定信念指导下，我的成长经历主要从四个方面说一说。

1. 个人成长离不开党的培养

我从一个初中未毕业的青年，逐步成长为国家机关干部，从当办事员、科员、副科长、副处长、处长到副局长、局长，一步步都离不开党的教育培养和老同志们耐心帮助。参加工作初期，我的各级领导，上至部长下到科长，全都是老红军、老革命。他们将党的理论讲授给我，他们将英勇作战、艰苦奋斗的革命史说给我，他们用实际行动将党的优良传统作风传给我，他们用一个革命者应具有的崇高理想引导我，使我的政治觉悟渐渐提高，工作更加勤奋努力。1953年2月，19岁的我光荣地参加了共产党。从此，我由单纯对党的感恩上升到理性地为了党的事业奋斗终身的信念。我处处严格要求自己,遵守党的纪律,无条件地听从党的安排。不管工作上遇到了多少困难,不管政治上遇到了多少风波,不管生活上遇到多么艰苦,我都坚持过来,从未发表过不利于党的言论,从未有过不利于党的行为,从未动摇过对党的信念,永远相信党,坚定地跟着党走到了今天。

2. 忠诚党的事业,党叫干啥就干啥

几十年间,我换过多种工作岗位。公安部工作时,我先后在政治保卫局、文化保卫局、经济保卫局、消防保卫局工作,其中又具体参与了帝特、国特案件的侦察,治安刑事案件的破案、机关内部保卫工作,政治案件的调查审讯,大型活动保卫及中央领导的警卫工作等等。在司法部,我又从事劳教、监狱和部直属劳改煤矿的管理工作。可以说,我是个"万金油"式的干部。尽管我文化低,水平差,但不管哪项工作都是愉快地服从党的安排,党叫干啥就干啥。我如饥似渴地学理论、学文化、学习与业务有关的知识,并通过自学获得了大专证书。我恪尽职守,学着老同志严谨细致地工作作风,勤奋努力地工作,不懂就问,不会就学。虽然工作上也有失误与缺点,但在领导指点教育和同事们帮助、协作下,最终都能圆满地完成任务,故经常受到领导的表扬和同志们的认同。

3. 困难面前不动摇,风波来临立场稳

我在公安部时两次下放劳动。一次是困难时的1960年劳动1年,一次是“文化大革命”中下放“五七干校”劳动3年。1960年“反右倾运动”后,国家正处于自然灾害严重困难之时,公安部决定从各局抽调百余名中青年干部分别下放到甘肃和陕西农村劳动锻炼。我被下放到陕北洛川县土基镇和曹马村。这里是黄土高原,由于大跃进带来的后果,人民生活极端困难。老百姓吃食堂,村里没有粮食和副食,仅靠十几位下放干部有限的定量粮,掺上野菜做成糊糊粥,供全村几百户人家用餐。那时除与社员一起下地劳动外,我还兼做食堂管理员,每天要从深达四五十米深的井里挑水四、五十担,累的心发慌,腿发颤。吃饭要到群众家里吃,从食堂打回的糊糊粥,稠一点的让给老人、小孩吃,自己只能喝一碗稀汤,根本吃不饱。晚上饿的饥肠辘辘,只好以热水充饥。这种日子熬到秋收才吃上一顿饱饭。年底全体下放干部奉调回部时,女同志全部浮肿,我一个二十多岁的小伙子体重不到90斤。在这样艰苦的条件下,为什么能坚持下来?因为自己是共产党员,越是在困难的时候,越是要和群众同甘苦、共患难。我们没有偷懒,没有怨言,坚信党,信任党一定会调整政策,领导群众渡过难关。事实正是这样,1961年后全国农村走出了难关,过上了好日子。

第二次下放是在1968年10月,公安部被“砸烂”,业务工作基本停止,全体干部集体下放黑龙江笔架山“五七干校”劳动。我参加先遣队先行到笔架山做筹备、修葺房屋,准备粮草。我们冒着刺骨寒风翻修宿舍,冒着零下20多度的严寒,踩着一尺多深的积雪上山捞柴。吃一口雪,咬一口冻僵的馍,山上山下跑,硬是累的汗流浃背,汗刚落全身又冻得发抖,衣服硬邦邦的。干校的3年,春天播种,夏天除草,秋天收割,冬天打场,一年四季不得闲。最冷时达到零下40度,口鼻出气,立即成冰。艰苦的环境没有动摇我们对党的信念,再苦再累没有忘记自己是共产党员,坚定的信念支撑我的意志,坚信党不会忘记这些老公安战士。果然,1971年林彪叛逃后,周恩来总理亲自指令,让公安部的同志陆续回部工作。

1989年春夏之交,国内发生了一场严重的政治风波,在北京也可称为是一场暴乱。数十万人占据了天安门广场、东西长安街,高喊什么“共产主义已经过时”“资本主义将不战而胜”,甚至公然出现“打倒×××”的大幅标语,明目张胆地否定共产党的领导,否定社会主义制度。在动乱策划者的煽动下,他们气焰十分嚣张,设路障、烧军车、砸警车,甚至发生当场杀害解放军战士的严重事件。党中央及时采取果断措施,一举平息了这场动乱。这场动乱对每个共产党员都是严峻考验。那时,劳教局、劳改局在公安部八号楼办公,从窗户里就能看到动乱的人群,不少中央国家机关干部打着旗帜喊着口号上街游行。我当时任劳教局副局长,自觉坚守岗位,并嘱咐全局同志一律不准上街,不能上班者电话通知。最紧张的几天,我住到了办公室日夜值班。我们还冒着汽车被烧的危险,到郊区劳教所布置,检查安全工作,并设法给全国劳教系统发了紧急通知,保证了场所安全。我们旗帜鲜明地反对这场动乱,坚守岗位,并在极其危险的情况下,从动乱的人群中穿过去检查场所安全。这来自于对党的忠诚,来自于坚定地政治立场,来自于对党的高度信任,说明我们在关键时刻经受住了考验,做到了党的一名忠诚卫士。

4. 离岗不忘责,永葆党本色

我从现职岗位退下来,已有17个年头了。按理说,舒舒服服安享晚年也不为过。但我想到自己是一名老共产党员,虽然没有职了,但不等于没有责了;虽然没有权了,但不等于不尽力了;虽然年纪老了,但不等于什么都不能干了。我还要站在党员的岗位上,发挥晚年余热,多做些力所能及地好事、善事,对人民有利的事。

因此,离休后我始终按照新时期共产党员保持先进性的要求,坚持政治学习,关心时事和国家大事。每天除收看新闻播报外,还要读书、看报两三小时。每年的两会文件,政府工作报告,中央领导同志重要讲话以及中国特色社会主义理论体系等都是我必学的内容,并认真写读书笔记。时刻用党的先进理论武装头脑、指导言行,在党支部学习讨论会和党总支举办的学习培训班上,每次我都认真准备,做出理论联系实际的发言。无论国际、国内风向如何变幻,在大是大非面前,我立场坚定,旗帜鲜明,不信谣,不信邪,始终做到了在政治上、思想上、行动上同党中央保持高度一致。

我连任三届离退休干部第七党支部书记,我和支委一班人,认真履行党的职责,认真落实党中央关于老干部党支部建设和加强老干部思想政治工作的要求,不断探索做好离退休党支部建设的新路子,总结出了"一学、二看、三服务"的工作思路。一学即坚持政治学习,二看即组织外出参观,三服务即为维护老干部权益服务,为向社会献爱心,为老同志保健需求服务。这些工作思路,保障了支部工作落到实处,发挥了支部的战斗堡垒作用,充分发挥了老党员的先锋模范作用,并做到了政治坚定,思想常新,理想永存。支部先后获得部机关党委和老干部局党总支授予的"先进党支部"、"五好党支部"的荣誉称号,并在国家机关工委创建五好党支部经验交流会上作了大会发言,受到与会者的好评。支部党员多人、多次被评为"优秀党员"、"优秀党务工作者"、"四好老干部"等光荣称号。

2004 年,司法部离退休干部局牵头六部委开展"银色之光”帮教活动。7 年来，我带领帮教小组，怀着对社会、对人民高度责任感，淡泊名利、不计得失、不辞辛苦、无私奉献，成功地帮教了 5 名家庭困难的少年犯。我们先后深入监狱 46 次，家访 5 次，相互通信 63 封。我们以民警责、亲人情、长辈爱和帮教对象平等交流，和他们谈人生、讲法律、挖罪根、论前程，并积极捐款捐物，帮助孩子们解决实际困难。我们用爱的雨露去滋润孩子们饥渴的心田，促使他们接受改造，悔过自新，重塑自我，真正把刑期当学期，认真学习，踏实改造，把悔恨的泪水化作自觉地改造行动。5 名帮教对象全部被评为改造积极分子，4 名已获得减刑、假释，并先后重返社会。正在服刑的一名少年当上了班长，各方面表现很好，今年又获得减刑 1 年奖励，年末可望出狱。帮教工作不但赢得了帮教少年的信赖，家长的欢迎和有关方面的赞誉，也引起了有关部门及媒体的关注和报道。中央综治委、国家机关工委老龄办、《法制日报》《中国老年报》《北京日报》、北京电视台等十几家媒体先后进行了采访和报道，帮教活动取得了良好的社会效果，为实现老有所为和构建和谐社会作出了应有的贡献。2009 年 7 月，我本人被中组部授予“全国离退休干部先进个人”荣誉称号。

向大家汇报这些，似乎有自我宣扬之嫌，但我确实是这么走过来的。最近学习了杨善洲同志的先进事迹，我既感到震撼,又深感惭愧。杨善洲同志是一部教科书,他一辈子忠于党的事业,永葆共产党员本色的崇高境界和淡泊名利,无私奉献的精神,是我终身学习的榜样。杨善洲同志又是一面镜子,照出了自己的差距与不足。杨善洲同志从地委书记的岗位退下来,不是进城安享晚年,而是回乡带领群众上山造林。他一干就是22年,硬是把几万亩荒山秃岭变成了青山绿水。对比之下,我的政治觉悟没有杨善洲同志高,我的党员模范带头作用比杨善洲同志差得远,我的精神追求远没有杨善洲同志那么高尚。因此,自己今后要向杨善洲同志那样,永葆党员本色,不忘共产党人的责任和追求,一辈子坚守共产党员的精神家园,力争做到像杨善洲那样夕阳不落红似火,毕生奉献立新功。

第三,谈感悟寄希望

在座的青年同志们,在学校里您们是佼佼者,毕业后经过层层筛选进了中央机关,可谓是机关的精英。您们思想敏捷,知识面广。我和您们谈话简直是班门弄斧,但我还是以长者自居,无忌无束地结合我的人生感悟对您们提出三点希望吧!

1. 坚定信念、站稳立场。

坚定的理想信念,是共产党员和一切革命者的立身之本、成事之基、动力之源。坚定的理想信念,是一个人的政治灵魂与坚不可催的精神支柱。也可以说理想信念是思想和言行的总开关,坚守理想信念是需要终身填写的一张答卷。如果说,战争年代支撑我们前辈的精神力量是建立一个和平、民主、自由强大的中国。那么,社会主义建设时期,支撑我们的理想信念则是坚定不移地走中国特色社会主义道路。有了崇高的理想,就有正确的方向;有了坚定的信念,就有了前进的力量。可谓思想明则方向清,方向清则心气顺;心气顺则干劲足,干劲足则进步快。不可否认,当今的社会,在商品经济的浪潮中,信仰经常受到质疑和挑战,多元的世界产生了多元的价值取向。不少人淡漠了信仰的内涵与力量,各类社会的热点问题甚至反动的观点叠加出现,信息传播手段日益多样便捷,思想领域呈现活跃和复杂状态,人们不可能不受到干扰和影响。没有攻不破的堡垒,只有催不毁的信念。坚定地理想信念,必然产生浩然正气。只要我们的信仰与价值追求矢志不渝,就能站稳立场,明辨是非;就能抵制种种邪说、权利、金钱,美色的迷茫与诱惑,保持清醒的头脑,保持公正廉洁,永远立于不败之地。

2. 爱岗敬业,心想事成。

爱什么岗?爱党分配之岗,当前就是爱您所在的司、局定位之岗。敬什么业?敬党的事业,具体说就是敬司法行政之业。司法部任务重,业务门类多。在部党组的正确领导下,经过上下努力,司法行政各项工作整体推进,全面发展,取得了历史性进步,司法行政事业已站在新的历史起点上。不管你现在哪个司局,具体分管什么业务,都是司法行政工作的一部分。只要做好了本职工作,就是爱岗敬业的表现。当然,工作没有重次之分,只有做得好差之分。要干一行爱一行,干一行学一行,干一行专一行,行行出状元,认真干、踏实干,总能做出成效来。我希望您们心想事成,这是一句良好的祝愿话。“心想”是一种追求,或者说是一种目标和指向,“事成”意味着成功。现实生活中,“心想”不一定“事成”,两者没有因果关系。一个年轻人,没有志向、没有追求,不可取。但有了志向、追求而不付出努力,也只能说你的志向追求是心血来潮的产物,到头来可能是“水中捞月一场空”。白了少年头,空悲切。当然,人各有志,志向追求都不尽相同。我希望青年朋友们要立“大志”做“大事”,但千万不要追求去当“大官”,那样会后患无穷。“大志”必须从“小事”做起,从点点滴滴做起,一步一个脚印,事业终会成功。志当存高远,路需足下始,空喊志向追求无用。既要仰望星空,又要脚踏实地。不付出艰辛,就不可能有所作为;没有作为就没有地位,就不可能心想事成。

3. 加强修养,健康成长。

加强修养主要是加强党性修养与道德修养,作为执政党的共产党员更要注意党性修养。要牢固树立共产主义必胜信念并为之奋斗终身，随时准备为党和人民牺牲一切；遵守党的纪律，服从党的组织，在革命实践中锻炼自己，言行一致，光明磊落。总之，始终保持共产党人的政治操守和优良作风就是党性修养的体现。

道德修养就是道德品质的修养。做人也好，从政也好，都应具有一定的职业道德、思想品质和精神风范。德，对做人做事都非常重要。就领导干部来讲，无德少才者，不能成为领导干部；有德无才者，无法胜任领导岗位；有才无德者，不可能完成党赋予的重任。就一个人来讲，无德少才、有才无德者，被人鄙视；有德无才者，被人怜惜。只有德才兼备，才被人敬服。如何加强修养呢？

一是要注意思想改造。思想改造很长时间不提了。我聆听过多次周恩来总理生前给科技、知识文艺界的讲话，他说“要活到老、学到老，改造到老”，并以他本人的出身为例，说明受封建阶级、资产阶级的影响也需要改造。他生动地比喻要过好“五关”即政治关、思想关、社会关、亲属关、生活关，强调思想改造的重要性。辩证唯物主义认为，要不断改造人生观和世界观，需要从思想改造入手，从思想深处修德。只有不断克服非无产阶级思想，才能抵制灯红酒绿与金钱权势的诱惑，做一个政治清醒的革命者。

二是要在日常工作生活中加强修养。有了权时，不要把它看得太重；有了钱时，不要花天酒地；有了名时，不要被其束缚;顺利时,不要忘记逆境之苦。在日常工作、生活中,要特别注意稳定情绪。情绪往往反映一个人的修养,保持稳定良好的情绪是一个人成熟的标志。有的人激动时,说话偏激,遇事易莽撞,无法正确应对环境,自然会碰钉子,遭失败。有的人,顺利时忘乎所以,遇到逆境或受到委屈时就垂头丧气。20世纪50年代,我的一位老领导告诫我说:"一个人要经得起表扬,还要经得住批评,更要经得起委屈和冤枉",这话我牢记至今,受益无穷。

三是要经常反思。也可说是自我批评、自我解剖。批评和自我批评是我们党的三个优良作风之一,可惜现在强调的太少了。我们年轻时,每周开一次生活会,每个人首先要对自己缺点进行自我批评。古人也强调反省,孔子说过:"吾日三省我身、为人谋而忠乎?与朋友交而不信乎?传而不习乎?"圣人之言,难以做到。但经常反思反省,做做自我解剖,对提高修养是大有益处的。经常用英雄模范人物的崇高思想对比自己的差距,也是自我解剖的好方法。唐太宗有句名言:"以铜为镜,可以正衣冠;以古为镜,可以知兴替;以人为镜,可以明得失。"此话真是至理名言。

四是要做人讲诚实。诚实历来是评价一个人品质的重要标准。讲诚实,首先是对党、对党的事业要忠诚。对人要真诚,诚实是为人之要、成事之基、立业之本。诚实,就要说实话,说真话,要人前人后一个样。工作上要树立正确的政绩观，提倡务实之风，反对虚假、形式之风。否则，就破坏了党和政府的形象，失言于人民。

五是要强化自律意识。自律就是要自己约束自己，自己管住自己。我听到一位老同志讲话，说管住自己要做到“三慎”。一是“慎独”，就是谨慎自律。人前人后，8 小时内外都一样。二是“慎微”即要时刻警醒自己，即使在小事、小节上也毫不放松自己。“小洞不补，大洞难堵”，纵观大大小小的贪污腐败分子的堕落，都是首先在小事、小节上被攻破防线，最后深陷泥潭而不能自拔。三是“慎始”，就是要杜绝与腐败沾边的第一次和“下不为例”，才能使病毒无可乘之机。

六是要妥善处理好人际关系。猜疑、嫉妒、狭隘、自私、泄私愤都是与人交往，处理人际关系的大忌和障碍。同在一个机关工作的同志，彼此之间的关系要建立在互信的思想基础上，不能无根据地乱猜疑，更不能“以小人之心，度君子之腹”。不能对别人的过错幸灾乐祸或冷嘲热讽，要提倡宽容。宽容是美德，也是对人的支持。凡是具有宽容、大度的人，越能得到别人的尊重，越能与人团结合作，共同搞好工作。

七是要正确对待职务升迁问题。大家都是机关干部，职务升迁是每位同志都要面临的现实问题。正确对待与否，确实是对每个人的考验。一个人想晋升，要进步，立志要在更重要的岗位上为党为人民干一番事业,是好事,无可非议。但领导职务是有限额的,而且越往上位子越少,干部队伍客观上是金字塔形的。因此,竞争非常激烈。竞争上岗升迁了,不要认为自己比别人强多少,要力戒骄傲。因为新职位能否胜任又要面临考验,所以你只有更加勤奋地工作。没有晋升的,不能说明你工作没有成绩,不要气馁,不要怨天尤人,不要一头钻到牛角尖里想不开,觉得丢面子,要想得开、看得远、找差距、再努力,是金子总会发光的。我希望年轻的同志们对待工作要有上进心,对待职务升迁一定要保持平常心。

以上七点着重说的是加强思想修养方面的问题。我一直在国家机关工作,这既是我的亲身体会,同时也包含着对青年同志们的厚望。当然,广义的说,思想修养,也应该包括健康修养。你们智商都很高,但“健康”或许注意不够。健康是革命的本钱。健康好比是个“一”字,试想如果“一”没有了,一切都是空谈。人们常说,职务是暂时的,荣誉是过去的,金钱是身外的,身体才是自己的。这话有一定哲理。如何保持健康呢?四句话:心态平衡、合理膳食、适度运动、戒烟戒酒,我想这些大家不难做到。只要身心健康,你们才能在建设中国特色社会主义道路上,大步前进,贡献出自己的力量。

历史就像一条奔流不息的长河。她的今天,是由昨天发展而来，而她的明天又是今天的延续。长江后浪推前浪，一代更比一代强。我相信，在座的青年朋友一定会超过前人，为党的事业，为司法行政事业谱写出更美丽的篇章。

最后，我想借用温家宝总理在2009年“五四”前夕到清华大学的一句讲话，送给您们。温总理深情地对学生说：“什么能使你们的心灵永远明亮而不致后悔？那就是你们的理想、信念，把一生献给人民——这就像一盏灯永远在你们的心里点燃，而且照亮你前进的方向，不要退缩”。温总理的话说的何等好啊！青年同志们，祖国未来是你们的，司法部未来的希望靠你们！让我们一起手拉手，坚定信念，永远跟党走！

青年朋友们，给力！加油！

谢谢大家。

五、金婚庆典

2011年是我和陈丽珠结婚50周年，人们称之谓“金婚”。丽珠79周岁，家乡风俗要庆80寿辰。女儿王东胜提议要庆祝一下，儿子东强也极力支持。于是东胜积极筹备，首先让我俩照了一套“金婚”影集，拍了一部“风雨同舟五十年”视频。庆典地点定在河北省石家庄市，因我俩亲属大部分都在石家庄、邯郸、辛集、深县一带，亲属们当天都可返回。有关庆典仪式，东胜多次和石家庄婚礼公司商议，除司仪由我外孙女廖雨嫣主持外，会场布置全由婚礼公司操办。廖雨嫣当年是高中二年级学生，爱好文学，从小学到高中，学校晚会经常担当主持，还当过“小记者”，让她做主持大家都放心。庆典现场定在石家庄市五星级中茂海悦酒店，邀请了亲属、朋友、老同学百余人，置办了10 桌宴席，事先告诉亲友不收礼金。仪式定名为：王增铎、陈丽珠金婚纪念、陈丽珠八十大寿庆典。

随着庆典举办日期临近，我的思绪回到了几十年前我俩相识、相知到相恋，结婚到家庭幸福生活的漫长历程。

陈丽珠生于 1932 年 7 月 20 日，河北省辛集甜水井村人，幼时随爷爷到黑龙江嫩江生活。1949 年 1 月，她从嫩江中学转学到河北辛集中学插班，被分到我所在的 13 班，从此相识。记得陈丽珠刚到校时，身着一身列宁装，一双大而明亮的眼睛，稍圆而透红的脸庞，亲和靓丽的外表，温和恬静不张扬的性格，显得那么端庄大方、秀丽高雅。她的到来，立即迎来了同学们注视的眼光。后听说她是烈士的女儿，我也是烈士子弟，说不清为什么，使我特别喜欢接近她。课后、假日，我常邀她在校内操场或村边散步、闲聊。从家庭到个人经历，天南海北相互很谈得来。她比我长一岁半，因此也常以姐弟相称。1950 年 6 月朝鲜战争爆发后，我响应祖国“抗美援朝、保家卫国”的号召，积极报名参军被准。名单公布后，同学们恋恋不舍，纷纷临别赠言，我的一个小本子上记满了老师、同学们的嘱托。其中丽珠写得是："活泼可爱的小弟弟啊！弟弟！你要记住，在任何情况下要不怕一切困难，在新的环境里搞好同志们的关系，尽量克制自己的个性，更要保重自己的身体。尽量发挥你的聪明智慧，以便给人民做出伟大惊人的事迹。亲爱的弟弟啊，弟弟！我将永远忘不了你，你呢？会忘了我吗？不会吧！去吧，光荣的去吧！铎留念，姐丽珠敬草。"这段深情激励鼓舞的话语，深深地刻在我的脑海里。

1951 年 6 月陈丽珠于辛中初中毕业，考入河北省保定市女子中学高中部学习。我已被分配到公安部工作，与丽珠保持着通信联系，我将穿军服的照片第一时间寄给了她。鸿雁传书难解思念之情，1953 年秋我专程赴保定女中看望了她。为了不影响她学习，我没有深谈什么。

1954 年丽珠高中毕业，因学习成绩好，政治审查合格，被国家选定作为留苏学生人选，到北京俄语专科学校学习俄文一年。期间，我到俄专去看过她，鼓励她好好学习，那个年代能被选作留苏生是非常光荣和令人羡慕的事。1955 年夏，她作为新中国首批高中毕业生被国家派往苏联读大学，分到基辅工学院无线电系学习。我内心为她特别高兴，继续保持着通信联系。她来信说由于语言障碍学习异常紧张，天天晚上坚持复习。考虑到她学习的紧张，我没有过多的写信。但每逢新年、春节“三八”等节日都选些精致的贺卡邮去，我总是抑制不住暗恋她的心绪，夜间她的影子频频在我脑际浮现，挥之不去。

丽珠于1957年暑假回国探亲，我喜出望外，陪着她游览了颐和园、中山公园、景山、劳动人民文化宫等景点。记得一天傍晚，在劳动人民文化宫东侧假山旁，我俩促膝谈心，我情不自禁的向她畅谈了离别期间的思念，正式向她表达了爱慕的痴情。她静静地听着，突然像电击一般向我深深一吻，我不知所措，而内心说不出的甜蜜。丽珠说：“我在苏联学习还有二三年，暂不考虑个人问题，不要耽误了你。”我坚定地说：“别说两三年，我发誓再长也要等下去！”当丽珠暑假期满我送她回苏联的当晚，辗转反侧，不能成眠，索性赋诗一首：

礼　物

正午，太阳像火一样，
晒得人头昏脑胀。
有的人，躲在冷食店里，
饮着清凉的汽水、酸梅汤。
或者躺在公园里的树荫下乘凉。
然而，一个年轻人啊，
却在王府井大街上独自奔忙。

因为他要选件精致的礼物，
送给即将分离心爱的姑娘！
年轻人几乎走遍了百货店和商行，
但一件称心礼物也没选上。
是那丝绸衣服不鲜艳？
还是那各色珠宝不放光？
莫非北京的蜜饯果脯不甜？
难道连盛开的鲜花也不香？
那么，就是年轻人太吝啬，
舍不得多花几个钱买个刺绣的西湖像！
不！不！
年轻人心暗想，
这些东西好是好，
只是日久天长，总不能永远珍藏。
年轻人走进了东安市场，
称心的礼物还是没选上。
怎么办啊！
急得他汗珠往下淌。
突然间，
他向自己的头上猛拍一掌，
自语地责骂着：
愚笨地年轻人，

你办事为什么如此荒唐，
那么好的礼物都没选上？
傍晚，
年轻人坐在姑娘身旁，
喃喃地把话讲：
我要送你一件最好的礼物，
请你收藏。
她既不是珍贵的翡翠，
也不是漂亮的珐琅。
它是一颗钱买不到、换不到纯洁而朴实的心啊！
年轻人甘愿将它献上！
他要用最最真诚的心，
永远等待心爱的姑娘！
姑娘紧紧握着年轻人的手，
轻轻地对他讲，
你最好的礼物，
我将永生不忘、不忘。

（这首诗清晰地写在我的日记本上，当时没有寄给她。结婚后一个偶然机会她读到了，十分感动，一再对我说，她算找对人啦！）

此后几年里，丽珠的倩影常常浮现在我的脑海里，工作之余往往自觉不自觉地在纸上反复地写着她的名字。青春的纯洁而朴实的心啊，完全属于他心爱的姑娘一个人。尽管其中有插曲，有人劝我："人家是留学生，人又漂亮，不知多少人追她呢！你别傻等了！"好心的中小学老师马林章、老同学王顺宏大哥以及一些老领导都热心、推荐其他姑娘，但怎么也动摇不了我对丽珠的痴情诚意。我心中放不下她，要坚守誓言，一直等下去。

1960 年初，我在陕西洛川县土基镇下放劳动锻炼时，如前所述，时值国家困难时期，老百姓缺衣少粮。下放干部和老百姓都吃食堂，每天吃不饱，还要带头参加体力劳动，身体倍感疲惫。但每每看到丽珠的来信，感到无比欣慰，顿时艰苦劳累被驱逐一空。1960 年 6 月，丽珠结束了 5 年的国外学习生活，获得工程师称号。毕业回国后被分配到国防五院工作，授予中尉军衔。丽珠工作一段后的一封来信，令我激动不已。信中说："看来感情也奇怪，她只能属于一个人，如果有三心二意，那两人总是处不好的，我的心情很复杂，我知道有人在骂我，但也有一个人自始至终地爱着我……"信中还附有丽珠的一张近照。我细心地珍藏起来，闲暇时拿出来看着出神。她信中的话语使我明显的感到两人的恋情向前迈进了。当年底，下放期满我将要回京时，丽珠来信说："我真的盼望见到你，一天天等着你，自己不会丢掉一个爱我的人……无论从哪方面考虑,我都应该属于你……”真情的表达明显无疑,我恨不得马上见到她,真是归心似箭。1960 年 12 月,我回部工作,当晚,急忙赶往南苑国防五院与丽珠见面。两人相见甚欢,说不完的话,讲不完的情。她见我身体消瘦马上拿出粮票给我,让我补充营养。此后,每逢休息日,我俩都在一起,如胶似漆。爱情紧紧地捆绑住了两个人的心,瓜熟蒂落,爱情之果水到渠成。我俩商议着结婚大事,心情甜蜜蜜的。丽珠在日记中写道:“我真是出自内心的愉快,觉得找到了最爱自己的人,同时也是我最爱的人,这样的人作为自己的丈夫当然要加倍地去爱他”。我更感到十分幸福,在日记中写道:“突然想起了著名作家何其芳在《预言》中的诗:爱情原为树叶一样,在人的忽视里绿了,在忍耐里露出蓓蕾,在被人遗忘里红色的花朵开放”。我们俩同是保密单位,结婚要写申请报告,经组织调查才批准。有情人终成眷属,两人经过 10 多年马拉松式的爱情长路,终于在 1961 年 2 月 3 日登上婚姻殿堂。部里分给我一间 20 多平米的单间房,配发了双人床,一张三屉桌、两把椅子。房子我简单粉刷了一下,时值困难时期,买了两斤高级糖果,请同事、亲朋好友到新居坐坐,就算正式结婚了。

拥有了爱,心是幸福的,拥有了家,心是充实的。婚后,我们过着幸福美满的生活。1962 年 1 月 16 日,我们爱情的结晶——东强儿诞生了。年轻的夫妻第一次享受着为人父、为人母的幸福欢悦，在儿子的啼哭声中感受着天伦之乐。东强健康成长，1985 年中国政法大学毕业后，一直从事律师工作，他是新中国改革开放后经国家考试合格的第一批律师工作者。

1968 年 1 月 22 日，我俩亲爱的女儿东胜降临人世。东胜自幼聪明、热情、勤奋、好学，北京农学院毕业后，曾担任过几年中学教师，后调北京市朝阳区委组织部工作。

1988 年 11 月 9 日，期盼已久的孙女爽爽出生了。第三代，隔辈亲，看着孙女健康成长，感到无比欣慰。爽爽于 2010 年夏上海华东政法大学毕业后去美国深造 1 年，现在中央一家国企工作。

1995 年 8 月 7 日，我刚离休不久，可爱的外孙女廖雨嫣诞生。雨嫣从小聪明懂事，活泼好学，现就读于中国传媒大学。

时光荏苒，转眼 50 年过去了。半个世纪的流光岁月，一万八千二百六十个日日夜夜，印证了我俩风雨同舟、相濡以沫忠贞不渝的爱情。我常常想，我们何以做到如此呢？

一是我俩在政治上志同道合。坚定地政治信念是灵魂，是人一生的精神支柱。我俩都是革命烈士的后代，是在党的哺育下成长，对党的恩情深深扎根于心；又同是共产党员，始终坚信党的领导，恪守党的宗旨，忠诚党的事业。20 世纪六七十年代，政治运动不断。我俩相互鼓励、相互告诫，任何时候都要相信党，永远跟党走，提醒注意克服各自的缺点，不能违心办错事，困难面前不动摇，政治风波来临立场稳。因而没有犯过政治错误，顺利地走到今天，在各自工作岗位上作出了应有的贡献。

二是我俩工作上相互支持。虽然我们俩人的工作性质不同，双方单位都属保密机关，彼此不能过问工作情况。但相互鼓励也相信并支持对方能做好本职工作，也不因家庭琐事而影响。丽珠转业到北京市无线电研究所任工程师（后晋升高级工程师），从事民间技术工作不保密。但我也绝不干扰她、而是多方支持关心她。因此，双方都能圆满完成党交办的各项任务。

三是我俩在生活上相互体贴。结婚后，贤惠温柔的妻子担负起了家庭重担。我俩收入不多，抚养两个孩子上学，还要赡养孝顺双方老人，丽珠处理的井井有条。为了节省开支连孩子的衣服都是她自己做，全家的衣服都是她在休息日洗理干净，家庭生活十分和睦欢悦。公安部“文革”前上午、下午、晚上上三班，我早出晚归，有时出勤常常半夜回家，而心里挂念着妻子往往坐车过站。我出差时间长了，丽珠一人在家，常常心神不安。她写信说：“亲爱的，你不在家一个人太没意思了，晚上总希望骑车来的人是你，但不是。家里有很多活需要做，而心中想你做不下去，吃饭也不太感兴趣。可以想象离开你,我的日子是多么不好过吧！但工作需要又有什么办法呢?你是属于我的,可是首先应该属于党的啊!”“首先应该属于党的”这共同的心声发出铿锵的语言,是何等亲切感人啊！如果没有共同坚定的政治信念和相互信赖的感情,是不可能说出这样动人的话的。几十年的生活,不管双方身处顺境还是逆境,不管遇到什么困难或矛盾,都能做到相互信任、相互理解、相互谅解、相互协商。因而“任凭风吹浪打,我自岿然不动”,什么困难都能得以顺利解决。

1966 年“文化大革命”对人们是个严峻考验。我俩都属“保守派”,对运动有相同看法。“四人帮”砸烂公检法,我被下放黑龙江集贤县笔架山“五七干校”,白天劳动,晚上开会,忙得四五个月没有书信回家。妻子思夫心切,在那动乱的日子里,担心我出什么意外,急忙发了电报。不等回电,就毅然带着 6 岁的儿子和 1 岁的女儿乘火车赶往笔架山。下了火车,没有看到我接站,十分担忧和生气。她哪里知道,此时我正在距队二十多公里外的北大荒,带领二十多名小青年开垦处女荒地,没有看到电报不知她们母子前来。队里得知她们到达车站,一面派人前去迎接,一面派拖拉机将我接回。夫妻见面,她看到我风尘仆仆的样子和农场劳动紧张的场面,一颗悬念的心和误解自然消除。

我在农场劳动三年多，根本无法顾及家庭。紧张的业务工作、繁忙的家务、教育子女的重担、抚养老人的义务都落在妻子一人身上，她默默地愉快地承担下来，无怨无悔。这使我十分感动，总觉得对妻子歉疚，但也更因此越发深爱着妻子。1972 年初我奉指令调回部工作后，我俩更加相亲相敬，心心相印，过着美满、和谐、幸福的日子。

我们先后离、退休，如何安排好晚年生活、保持晚节，也是对人生的考验。我们共同认识到，永葆党本色，保持心态平衡，培养共同情趣爱好，才能使晚年的生活丰富多彩，也是巩固爱情的关键。

1. 永葆党员本色。作为老共产党员，退休后虽然没有职务了，但不等于不尽力了；虽然年纪老了，但不等于什么都不能干了。要时刻不忘自己是共产党员，仍然要关心国家大事，积极参加党组织生活，力所能及地参加一些公益活动，为党的事业发挥正能量。做到大事不糊涂，原则问题不妥协，不信谣、不信邪，只听主流声音，始终做到了在政治上、思想上、行动上同党中央保持高度一致。

2. 保持心态平衡。退休后虽然衣食无忧，子女自立成家，无须挂虑。但在社会主义市场经济条件下，各行各业依然面临着差距，社会上不公、不平之事时有发生，这都是客观存在。人生一世，欲望是无止境的，不能斤斤计较、盲目攀比。我俩相互告诫要知足常乐，顾全大局，坚信在党的领导下,人民生活会越来越好。事实不正是这样吗?随着国家富强,人民生活显著提高,过去说电灯、电话,现在不是家家电脑、汽车嘛!如果说到工资,改革开放初期与现今比,哪一位不是增加了十倍甚至二三十倍以上。

3. 老年夫妻更要互敬互爱。关键是心态平和,心理相容。人老了,疾病多,毛病也多。夫妻要坚持做到相互认知和理解,相互尊重和爱护,相互信任和体谅,相互包容和谦让,相互适应和调节,相互善待和珍惜。这样才能"少年夫妻老来伴,白头到老常相随"。这方面男同志要大度一点、心宽一点,才能使老两口既安度晚年又欢度晚年。

4. 培育共同的爱好情趣,是夫妻晚年幸福生活的添加剂。夫妻过好晚年生活,健康第一重要。拥有健康就拥有幸福,没有健康就失去一切。老伴退休后才学会了游泳,夫妻俩每周坚持几次游泳,其乐无穷。每天上街买菜携手同行,晚饭后坚持到住地河边散步半小时,风雨无阻,雷打不动。俩人坚持新闻必看外,都喜欢看同部电视连续剧。特别是喜欢看体育节目,中国女排、中国乒乓球、中国羽毛球的各项比赛,都是必看节目。我俩每年还外出走走,看看祖国大好河山,目睹各地巨大变化,心情快乐愉悦。可以说,共同的情趣,才有了共同的语言,使俩人晚年情意更浓,其乐融融。

50年来,夫妻间始终是和和睦睦、恩恩爱爱,忠贞不渝。毫不夸张的说，从没有吵过架红过脸或闹感情纠纷，一直平平安安、快快乐乐，牵手相伴走到了今天。我始终觉得，烈士子女的阶级之情，对党的感恩之情，对爱情的坚贞之情，像一条红线一样把俩人紧紧连在一起，这是产生感情和滋生爱情的根源。而为实现共产主义奋斗终身的共同理想，则是俩人决定结合并永远不离不弃的政治基础。真心相爱，互相信任、相互理解、彼此谅解，共同的价值取向，相同的生活情趣，则是爱情持久不衰的保障。

世间只有百折迂回的流水才会更清澈，也只有经历沧桑的感情才更珍贵。如今，俩人正过着一个幸福、安宁、和谐、有尊严的晚年生活。夕阳无限好，满目青山夕照明的灿烂晚霞，永远陪伴着两位老人。

庆典于 2011 年 7 月 20 日（丽珠生日）在石家庄市中茂海悦酒店举行。宴会厅入口处，搭建了由鲜花组成的喜庆门，四周摆放着我俩各个时期放大的影像易拉宝。在欢庆的乐声中，我俩手挽手洋溢着满足与幸福的笑容，从花门走进大厅。两个活泼欢跳的幼童在前面不断散发着花瓣，亲友们在两旁站立热烈鼓掌。我俩环顾四周频频招手答谢，缓步走上舞台。舞台背景悬挂着我俩放大的相片，两行喜联写着："举案齐眉互敬如宾五十载，风雨同舟相濡以沫伴终生。"外孙女廖雨嫣那清脆悦耳生动的主持词博得阵阵掌声。我俩落座后，雨嫣充满激情地说道："从花门到舞台总共50米。携手走过这50米,姥爷、姥姥你们可曾想起携手走过的50年？河北、东北、北京、俄罗斯,你们的足迹哪是区区50米能够代表？相知相恋,成家立业,50年的牵手,又哪是这50米能够包涵？赡养老人、照顾弟妹、抚育儿女,50年辛劳又哪是这曲曲50米能够诉说？50年啊！你们辛苦了！但你们是幸福的,因为你们有爱,爱还将永远陪伴着你们！大家今天为你们庆祝金婚,现在请允许我代表全体来宾,向二老说出我们的心声:祝你们再相亲相伴走过50年!”在掌声伴随着欢快的气氛中,雨嫣有条不紊地指挥者剪纸祝寿、点燃蜡烛、共唱生日歌、切蛋糕。尔后,大屏幕放映出“风雨同舟50年”记录着我俩从相识相恋到结为伴侣全过程的影视短片。在场亲友饶有兴致的看完后,雨嫣又引导着我俩互赠信物,请嘉宾致辞、子女祝寿、全家共印手泥印,然后引领我俩走到舞台边的香槟酒塔。雨嫣风趣地朗诵着:“朋友们,在这美好的一刻,怎能少了美酒的陪伴？这层层叠加的香槟塔就像我姥爷、姥姥爱情的见证,一步步,彼此间的情谊日渐深厚;一层层,幸福的路也越走越长！(我俩倒香槟酒,子女在一旁相扶)这一刻,爱的源泉在汇聚,情的河水在流淌。五彩的光芒在闪耀,美好的生活在闪亮。这就是生命的精彩,这就是爱的源泉。就让这爱的源泉流进每个人心里,流淌在我们生活中的每一天、每一时、每一分、每一秒……让我们的人生从此光辉永驻,璀璨永恒!”我俩倒好香槟酒后,雨嫣在欢庆乐声伴奏中,柔声朗诵着:“世间什么都会老去,只有爱情永远年轻。在真爱的世界里,有一首写给婚姻的赞歌,它和岁月一样亘古不变,只有日出,没有日落;在真情的季节里,有一朵叫作金婚的玫瑰,它随生命四季轮回,只有花开,没有花谢……岁月幻化成风霜雨露,唯有白头携手相伴远行。在浩淼的时间长河中,50 年只是弹指一挥间,然而半个世纪的风雨同舟,让我们看到了不离不弃。”在家人举杯同贺时,雨嫣发出鸟鸣般地号召:“请全场所有来宾,斟满你的酒,让我们共同举杯,真心祝福这二老及现场所有的亲朋好友,健康快乐,一生平安,干杯!”接着雨嫣宣布金婚庆典到此礼成,庆典宴会开始。现场气氛顷刻间热闹起来,相互碰杯之声不绝于耳。我俩举杯走到亲朋桌旁一一敬酒答谢。其中我老家亲属 20 多人,都是晚辈。陈丽珠弟妹及晚辈 20 多人,老同学李占凯夫妇、方中秋夫妇、焦兵站、朱兰芳、郑兰普、李藏书、张秀峰等十几人,在石家庄的老朋友孙国庆、尚国顺、王军祥、胡晓秋等 20 余人。这吉祥热烈喜气洋洋的场面,更使我俩感到快乐幸福。丽珠感慨地说,这是儿女们为我们补办的一次婚礼,感觉太好了!

回京后,我把北京辛中老同学王顺宏夫妇、高洪榜夫妇、孙德录、牛宝振、韩学义、赵敬存等人请到家来,欢聚一番。我们这些老同学,从辛中参军后,虽然工作岗位不同,但几十年的友谊从未间断。我请他们看了金婚庆典录像片,勾起了大家对辛中战斗生活的回忆,畅谈师生之间、同学之间的真诚友谊。大家认为我俩是幸福美满和谐的家庭,并对廖雨嫣充满激情的主持,生动优美的解说大加赞赏。老同学赵敬存当场赋诗一首:

金　婚　赞

靓男俊女辛中恋,同窗共读笑开颜。
增铎援朝去参军,丽珠笔耕读万卷。
情侣异地倍思念,鸿雁传书十余年。
织女重情盘石坚,牛郎痴爱终如愿。
儿女孝顺享天伦,相敬如宾土变金。
岁岁年年情更浓,夕阳亲吻胜新婚。
幸福生活比蜜甜,夫妻恩爱赛天仙。
莺歌燕舞耄耋年,学友举杯金婚赞。

老同学丁志欣因故未来,专送贺诗一首:

贺增铎、丽珠金婚

金童玉女五十春,鹤发红颜美照人。
业绩宗宗昭显赫,健康长寿钻石婚。

六、十一年漫漫帮教路

(一)“银色之光”帮教活动

2004 年 12 月,由司法部离退休干部局牵头,联合最高人民法院、最高人民检察院、国家安全部、教育部、卫生部离退休干部部门,在北京市未成年犯管教所开展“银色之光”帮教活动。我出任帮教小组组长,至今已持续坚持了 11 个年头。11 年来,我先后成功帮教了 11 名未成年犯。其中,10 名未成年犯已顺利或提前假释出狱,一名因符合国家特赦条件、表现好于今年 10 月特赦出狱。11 年间不管春夏秋冬,不管严寒酷暑,我克服身体、家庭、交通等种种困难,累计到未管所与帮教对象进行 115 次面对面谈话,与帮教对象相互通信 118 封,为 8 名帮教对象在大墙内过了特殊生日。2012 年、2013 年、2014 年春节,我自带花生、瓜子、水果、糖三次到帮教对象所在监区与全中队未成年犯共度春节,以讲故事、座谈“什么是幸福”热议“中国梦、我的梦”的形式,开展互动教育。(我的发言稿附后)我努力用法律唤醒他们的理性,用道德启迪他们的良知,用真情滋润他们的心田,重新点燃他们新生的希望。期间,根据他们家庭的实际困难,我和老同志们先后捐资 3 万多元,为帮教对象购置牙膏、生日蛋糕、出狱新衣、日常用品及书籍、报刊、学习用具等。通过亲情感化、思想解惑和物质帮助，使失足孩子们感到了亲人般的温暖，从而极大地激发了他们改造的积极性，由“要我改造”变为“我要改造”。为了帮助帮教对象顺利回归社会和妥善安置就业，我不顾劳累，累计驱车万余公里，先后深入到北京市门头沟、怀柔、延庆、平谷、海淀等区县农村10次进行家访，同帮教对象的父母亲人见面交谈。同时多方与当地县、区镇司法、村委会等部门沟通，协商帮教对象出狱后的接茬帮教与安置就业，形成帮教合力。其中，我还与怀柔一位热心公益事业的民营企业家达成共识，在其工厂建立了怀柔区安置帮教基地，使两名怀柔籍的帮教对象先后“出了监狱门进了工厂门”，被媒体誉为“北京市未成年罪犯假释就业第一例”。为了巩固帮教对象回归社会后的改造成果，我还会同未管所干警对回归帮教对象跟踪回访5次。我亲眼看到这些回归青年很好地融入了社会，有的当了出租司机，有的在国营工厂上班，有的在中外合资企业当了技术领班，有的在民营企业工作。每个人都有了固定收入，成为自食其力、遵纪守法的好公民。有3位回归青年结婚时，特意邀请我参加婚礼并做他们的证婚人。11年来，我还积极参加中央和北京市有关部门到未管所组织的大、中型帮教活动10次。我每次都作了动情讲话，鼓励未成年犯努力改造，励志新生。累计有1500人次听了帮教讲话，扩大了帮教效果。

连续11年的帮教活动，漫长而短暂。漫长是因为自己伴随着春秋更迭已成了81岁的高龄老人，短暂的是因为自己深深感到帮教工作意义重大而深远，自己做的远远不够。中共中央政治局委员、政法委书记孟建柱同志指出："成功教育好一名服刑人员，不仅挽救了他本人，挽救了他的家庭，对整个社会稳定都具有重要意义。"我切身经历的帮教实践证明，社会志愿者的帮教，有利于服刑人员的教育改造，提高改造质量；有利于预防和减少重新违法犯罪；有利于刑释人员回归社会的安置就业；有利于社会的平安建设、和谐稳定。在一定意义上说，甚至是起到了监狱部门自身难以起到的作用。11年的帮教工作，也赢得了未成年犯的信赖、家长的欢迎，社会的好评以及中组部、中央国家机关工委、司法部、北京市监狱管理局等部门的充分肯定。《法制日报》《中国老年报》《北京日报》《北京晚报》《北京晨报》《京华时报》《北京新生报》《首都监狱工作报》，北京电视台、《法律与生活》等十几家媒体进行了专题报道。帮教活动真正起到了帮教一个人，温暖一家人，影响一片人的良好社会效果。

经司法部领导批准，部离退休干部局于2014年10月29日召开"银色之光"10周年表彰大会。巡视员张伯锁主持，局长马和俊对10年帮教活动作了总结；政治部负责人宣读了"银色之光"先进个人表彰决定，决定授予我"银色之光帮教十周年先进个人”称号，张彦珍副部长亲自为我颁发了特制的一枚精致大奖章。表彰决定“号召全体离退休干部向王增铎同志学习，学习他十年如一日的坚持和执着，学习他无私奉献、关爱下一代的大爱精神，学习他老有所为、发挥余热的进取意识……”这样高的评价使我受之有愧。我在发言中表示：“奖章虽然挂在我的身上，但荣誉不属于我一个人。荣誉应该属于部党组的正确决策和离退休干部局刘和平、张伯锁、马和俊各位局长的及时指导、大力支持和多方帮助；荣誉应该属于先后参加帮教活动的李永、邵桂新、邹德慈、解秀芝、刘景奎等老同志；荣誉还应该属于一向热心关怀、支持鼓励帮教活动的全体老同志们！”这是我的心里话，没有组织和领导的支持，有关同志的协助，帮教活动是不可能坚持这么久的。有的同志问我，你今后如何打算？说真心话，虽然我已到耄耋之年，但只要身体和客观条件允许，我将发扬“小车不倒只管推”的精神，一如既往的坚持下去。作为一个老党员，还有什么比能为党的事业增添正能量而感到幸福和自豪的呢！“老牛自知夕阳晚，不用扬鞭自奋蹄”，我将用夕阳的余辉继续温暖照亮失足孩子们的心，为社会和谐稳定再做新贡献。

（二）“什么是幸福”

——2013 年和未成年犯欢度春节时讲话

告别了胜利的 2012 年，我们迎来了充满新挑战、新期盼、新希望的2013年。去年大年初二,我和大家一起过春节,我讲了个“狼王的故事”,寓意人要知恩、感恩、报恩,我想大家还记得。今年,我们又一起欢度春节,说些什么呢?去年国庆期间,央视新闻联播播放了一组在街头随机采访普通人的新闻。采访只提及一个问题:你幸福吗?面对突发的提问,被采访对象对幸福的理解不尽相同,答案也各式各样。工人说晚上下班回家有热菜热饭,孩子说声“爸爸辛苦了”就很幸福;鞋匠说能有个棚子就很幸福,那样冬天就不冷了;打工者说,能赚到钱春节回家团聚就很幸福;晨练老人说,有退休费拿着,衣食无忧,又有老伴陪着,子女孝顺就很幸福。这一新闻话题在社会各界引起了强烈反响,引起了亿万观众对幸福的纷纷议论。我想你们也会关心幸福的话题。今天我提议和大家也座谈座谈,幸福是什么?怎样才能幸福?请大家各抒己见,谈谈自己的想法。(十几名服刑学员踊跃发言后,我接着说)

幸福是什么?有多种多样的答案。有位著名的西方心理学家马斯洛,他在论述幸福要素时认为人类的需要是分层次的,由低到高有5个因素。一是生理需求(人一生下来就得吃饭穿衣),二是安全需求(人体和精神不受到损害),三是情感和归属需求(人生在世必须有明确的归属感,国家、单位、家庭),四是尊重需求(任何人都需要得到别人尊重,不受歧视),五是自我实现需求(自我价值实现,干成事业,留下贡献)。

我国辞海和词典中关于幸福的解释说:使人心情舒畅的环境和生活是幸福。佛经上说,幸福是感悟一颗平常的心。著名节目主持人杨澜认为,幸福不是天上掉下来的,而是心里长出来的。每个人都可以成为幸福的创造者和给予者,并推动世界的改变。著名主持人崔永元说,睡着觉就是幸福。也有人说,幸福第一条是做自己喜欢做的事,做得让自己满意,让他人也感到快乐。央视春晚毛阿敏唱的歌就叫“幸福”,其中两句歌词大意是:幸福路上虽坎坷,但双手紧握。《新京报》大年三十报上评论:“贺岁声中寻找幸福的源头”中说:“我们越来越明白,所要追求的幸福其实就是一种平淡的、共享的、真实的、进步的生活状态。”可见幸福并无标准答案,也无准确定义,每个人都有不同的理解概念和内涵。

我个人理解的是:幸福是人的各种愿望得到满足后的心理感受。人们满意程度越高,就感觉越幸福;越是努力获得成功,越让人感到幸福;越是需要思考的事物所带来的成就,越让人感到兴福。越是经过自我控制而得到的满足,越让人幸福。幸福是灵魂里自我满意的成就,是自己精神层面感到的和谐,是物质和精神的统一。但是,不同的人有不同的标准,同一个人在不同人生阶段,对幸福也会有不同的理解。不同阶层、不同职业、不同性别、不同年龄对幸福都有各自的解答。其实,幸福并不复杂。人饿了,吃饭就是幸福,吃饱即可;渴时,喝水就是幸福,喝够即可。小的时候,物质匮乏,过生日能吃到一碗鸡蛋面就会开心好久;天热了,能吃上一根冰棍就会心满意足;过年时,能穿上新衣服,再拿上些压岁钱,你会高兴好多天。小时候的这份感觉,无论当时还是现在,回想起来,都觉得幸福满满。对服刑学员来说,积极改造,获得一次积分,打从内心里高兴,这就是幸福。当父母、亲人来探视,你感到幸福。有的学员可能说,真倒霉,年轻轻的就蹲了监狱,埋怨、消极情绪油然而生。但你想想,正是由于政府挽救了你,才终止了你犯罪的可能。在这里你学习劳动,获得教育、改造的机会。肯定地说,这段人生的磨炼能为你未来做一个对社会有用的人铺就坚实的基石。这么想,你会觉得这不是“因祸得福”的幸福吗?在这里,只要待上1年,你会深切地感受到你的文化提高了,顺口背出二三百首诗词不成问题;英语入门了,达到初级甚至更高一点水平了;你的法律意识增强了,知道了法盲的害处;你的劳动习惯养成了,逐步克服了好逸恶劳的坏毛病;你的身体健壮、长高、长胖了,每次父母接见都为你高兴。这就是在这里改造的进步,你不觉得幸福吗?还有一种幸福,当时觉得很平常,其实弥足珍贵,这就是自由!只有你在监狱里失去了自由,才真正感悟到自由是多么的珍贵和幸福。加速改造，励志新生，争取早日回归社会。当你回到日思梦想的父母身边时，你不感到特别的幸福吗？总之，你们犯了罪，政府不丢弃，警官不放弃，社会不遗弃，亲人不抛弃，这难道不是最大的幸福吗？我希望每位学员要知足，知足永远是欢乐幸福的一副良药，而贪婪则是导致罪错的毒剂。希望大家快快乐乐、幸幸福福过好每一天！

如何才能幸福呢？追求幸福是人的本能。我们向往幸福、渴望幸福、感知幸福，但幸福不会从天降，幸福需要付出、奋斗才能实现，幸福要靠双手劳动来创造。对各位学员来说，要想获得幸福，首要的是树立坚定理想和正确目标。只有怀着痛改前非、重获新生的理想，早日回归社会靠自力更生、回报社会的目标，才能使你在改造路上不走弯路，永远向前，天天感到幸福。理想是人们的政治灵魂，理想是思想和行动的总开关。人生就是一条路，这条路难免狭窄，甚至坎坷艰难（你们不是遇到了坎坷吗！）。但路是人走出来的，路也是大家共同点。只有坚持正确的理想目标，在利益与是非面前，在遵规守纪与违规违纪面前，在自觉改造与消极度日面前，才能做出理智的选择。脚踏实地的努力改造，才会改写自己的历史、改写自己的人生。这样，内驱力的改造会使你每天在快乐幸福中度过。“千里之行始于足下”，每天一点一滴做起吧！全新的生活始终是每一位服刑人员追求幸福、感知幸福的起步！

其次是加强身份意识、深挖犯罪根源，是自我解脱、感知幸福的基础。“你为什么来到这里？”“你到这里干什么？”这是每位学员首先要明确的问题。我想，你们都能回答出来：“我是因为犯罪判刑到了这里”、“到这里是服刑改造”！这是正确的回答，说明给自己定位准确，也就是明确了身份意识。认识到身份意识，只是开始。然后，进一步要对昨天犯罪行为有个正确反思，多问几个问什么。反思的关键不仅仅是后悔，而是积极地挖掘犯罪根源。虽然这是痛苦的，但先痛而后快，这同样是一种幸福感。一般来说，导致不良行为因素是“三差五缺失”。“三差”是：道德意识差、法律意识差、自我意识差。道德意识包括荣辱观、幸福观、利益观和人生观，道德真空往往是青少年犯罪的主因。法律意识包括对法律的理解、对法律的态度和守法行为的素养，自我意识包括自尊心、自信心、自主性和自知性。“五缺失”是进取心缺失、同情心缺失、诚实心缺失、宽容心缺失、罪责感缺失。“三差五缺失”会造成一个人的堕落。须知堕落是寻找幸福的歧路，踏上这条迷路反而会离幸福越来越远，你们每个人应该都有这方面的教训感受。当然，“三差五缺失”不一定每个人身上全有，但程度不同地都存在着，这是导致你们犯罪的主要原因。找到“病根”，在警官的耐心教育和自我反思的基础上，就会“药到病除”。知道改造从何做起，改造计划更确切，行为更坚定,配合意识更自觉,这样才能真正从被动改造转变为自觉改造,进步肯定会更明显,幸福感也会时时伴随你。

三是回归社会后要经受“五关”考验,才能得到长久幸福。你们中,有的学员今年就刑满出狱或假释出狱;有的明年或后年,或更长些,但终归要出去。这是你们日夜期盼的,也是努力改造的结果。自己当然高兴,家长也高兴,我也为你们高兴。当你迈出未管所大门的那一刻,你会真正感到幸福已降临到你头上!但是,这仅仅是开始,未来的路还很长,获得长久幸福还有“五关”在那时等着你。一是歧视关。社会各类人员程度不同地对刑释人员的歧视是不可避免的,需要做好充分思想准备,正确面对,不能冲动,坚守自己的改造成果。二是就业关。这是回归后面临的最大问题。或就业、或上学、或学些专门技术(如开车等),都需根据自身条件和家长意见而定。不要眼高手低、要靠勤劳、靠智慧、靠知识创业,自食其力的一生才是快乐幸福的一生。三是交友关。交什么样的朋友,对一个人的健康成长至关重要。近朱者赤近墨者黑,潜移默化的结果必然导致量变引起质变。你们每个人都有深刻的教训。要多交共同互勉的朋友,能志同道合、互相帮助的挚友,能共同进步的诤友。“小兄弟”哥们义气要不得,交友不慎,会葬送一生,懊悔终身。四是抵制不良风气关。我们国家是富强、安定的,市场经济是繁荣的,人民生活水平是年年提高的。但是在市场经济条件下，社会不良风气依然存在，特别严重的是“三毒”、“六害”。“三毒”即黄、赌、毒；“六害”即卖淫嫖娼，制作、贩卖、传播淫秽物品，拐卖妇女儿童，私藏、吸食、贩运毒品，聚众赌博，利用封建迷信或电信、网络欺诈骗钱。要坚决远离“三毒”“六害”，沾上任何一条，你将前功尽弃，可能走上重新犯罪之路，届时悔之晚矣！五是恋爱婚姻关。你们正是青春年华，回归社会后恋爱结婚是正常事。关键是，找什么样的对象要慎重一些。志同道合、互相帮助、互敬互爱、孝敬父母才是最佳伴侣，家庭和谐美满才能一辈子幸福。

以上所说“五关”是对你们融入社会后的严峻考验。你们改造成果是否巩固，你的前途是否美好，关键就是要顺利过关。幸福永远在向你招手，永远在那里等着你。你只要始终有一个积极向上的人生态度，就会懂得幸福、向往幸福、感知幸福、获得幸福。祝愿每位学员都能成为一个永远幸福的人！

（三）“中国梦、我的梦”

——2014年和未成年犯欢度春节时讲话

大家过年好！

“中国梦”这个激动人心的热词，正激荡着祖国大地。我们走过“雄关漫道真如铁”的昨天，跨越到“人间正道是沧桑”的今天，“中国梦”正指引我们向着“长风破浪会有时”的明天前进。

有思即有梦，梦的内容反映的是追求，体现的是抱负，我认为实现中国梦必须达成五点共识。

第一点　何为“中国梦”？

实现中华民族伟大复兴，这就是中华民族近代以来最伟大的梦想。这个梦，凝聚了几代中国人的夙愿，体现了中华民族和中国人民的整体利益，是中华儿女们的共同期盼。中国梦照亮了人们奋发进取的现实愿景。“中国梦”，说到底是人民的梦，是人民幸福的梦。只有人民幸福，“中国梦”才真美丽、真精彩、真温馨、真和谐。

第二点　“中国梦”的深刻内涵是什么？

“中国梦”的深刻内涵简言之，三句话，就是国家富强、民族振兴、人民幸福。

国家不富强，就会被人欺负。我们老同志都是从旧社会过来的，受奴役受压迫亡国奴的味道，我们永远忘不了。民族不复兴，我们就无颜担当龙的传人。“中国梦”源于民族情，是民族振兴的梦。血脉相连的炎黄子孙，哪个不盼望中华民族在世界民族之林中昂首挺立、扬眉吐气！党提出的两个一百年的奋斗目标，就是实现国家富强的保障，即在中国共产党成立一百年时全面建成小康社会，在新中国成立一百年时建成富强、民主、文明、和谐的社会主义现代化强国。习近平同志曾经说过：“我们比历史上任何时期都更接近中华民族伟大复兴目标，比历史上任何时期都更有信心、有能力实现这个目标。”

国富民强，强国才能富民。大河有水小河满，强国也是为了富民。人民不富裕，发展就不算成功；人民不幸福，复兴就不算完成。实现中华民族伟大复兴，就是不断为人民造福，让每个人有更好的教育、更稳定的工作、更满意的收入、更可靠的社会保障、更高水平的医疗卫生服务、更舒适的居住条件、更优美的环境。让我们的孩子成长的更好、工作的更好、生活得更好。进一步说，就是让中国人民过上更加富裕、更有尊严的生活，实现每个人自由而全面的发展，使全国人民共同享有人生出彩的机会，共同享有梦想成真的机会，共同享有与祖国和时代一起成长和进步的机会。

“中国梦”不仅仅是属于中国的，也是属于世界的。对人类有所贡献，也是中国梦的要义和基本内涵。处于伟大复兴进程中的中国，应该坚持把本国人民利益同各国人民共同利益结合起来。我们永不称霸，中国的发展不是建立在掠夺和侵犯他国利益的基础上的，我们始终坚持走和平发展、和谐发展、共同发展、携手发展、合作共赢、共享繁荣的道路。“中国梦”不仅追求国家、民族、人民的和谐统一，而且追求中国、世界、人类的和谐统一。这是中华民族对人类的贡献，她已经赢得了世界人民的广泛称赞。

第三点 “中国梦”靠什么梦想成真?

“中国梦”靠什么梦想成真,六个字:道路、精神、力量。

1. 道路问题。道路问题是关系党的事业兴衰成败第一位的问题。道路选择并非易事,经过几代中国共产党人和中国人民的艰辛探索,我们终于找到了实现“中国梦”的科学道路,这就是中国特色社会主义道路。道路是实现“中国梦”的途径,道路决定中国命运,中国道路为实现“中国梦”扬帆领航。新中国成立65年,特别是改革开放30多年的实践已经无可辩驳的证明,中国现在走的这条路是成功的、正确的,是人民的选择、历史的选择。请看,世界上还有哪个与中国有相同状况的国家比中国发展的更好更成功。由此可见,中国特色社会主义道路是实现“中国梦”的必由之路。因此,我们有充分的理由坚定自己的道路自信、理论自信、制度自信,而没有任何理由重走封闭僵化的老路或者走改旗易帜的邪路。

2. 中国精神是什么?中国精神就是以爱国主义为核心的民族精神和以改革创新为核心的时代精神。中国精神为实现“中国梦”凝心聚力,要实现中国梦,就必须弘扬中国精神。

民族精神是一个民族生生不息薪火相传的精神血脉,是中华民族之魂。五千多年的发展中,中华民族形成了团结统一,爱好和平,勤劳进取。自强不息的民族精神,成为照耀我们民族奋勇前进的不灭灯塔。我们党领导人民在长期奋斗中，不断丰富着伟大的民族精神。在当代中国，爱国主义同社会主义紧密结合，高扬爱国主义、社会主义旗帜，就能最大限度的凝聚共识，团结一切可以团结的力量，形成推动社会发展进步的正能量，就能以此振兴中华。

改革创新始终是激励我们在时代发展中与时俱进的精神力量。创新是民族进步的灵魂，全民族的创造精神和创造能力，是实现中华民族伟大复兴的不竭动力。改革开放使我国各族人民焕发出巨大的创造力，形成了以改革创新为核心的鲜明的时代精神。

民族精神和时代精神是相互交融的，深深地熔铸在民族的生命力、创造力和凝聚力之中，是凝心聚力的兴国之魂，强国之魄。弘扬伟大的民族精神和时代精神，就能增强自强不息的动力，让我们永远朝气蓬勃的迈向美好的未来。

3. 力量，中国各族人民的大团结是我们实现"中国梦"的强大力量。中国力量为实现"中国梦"团结奋斗，团结才有力量，团结是胜利之本。只要全国各族人民包括海内外的华人紧密团结、万众一心，为实现共同理想而奋斗，力量就会变得无比强大。只要全国各族人民心往一处想，劲往一处使，用 13 亿人的智慧汇集起不可战胜的磅礴力量，伟大的"中国梦"就一定会实现。

第四点　实现"中国梦"靠什么保障?

实干兴邦是实现"中国梦"的保障。梦想变为现实,关键在于行动,在于实干。邓小平同志曾经说过:不干,半点马克思主义都没有。同样道理,不干,中华民族伟大复兴只能停留在梦中。空谈误国,实干兴邦,喊破嗓子不如甩开膀子。只有行动第一,实干第一,才能为"中国梦"实现打下坚实的基础,提供根本保障。

实干兴邦,必须坚持求真务实,真抓实干;实干兴邦,必须坚持攻坚克难,前进路上不可能一帆风顺;实干兴邦,必须善于开拓创新,发展是硬道理。只有做到这些才能有力保障"中国梦"的实现。

第五点　服刑人员的梦是什么?

"中国梦"连接了过去与现在,历史与未来,连接了国家与个人,大家与小家,连接了老人、青壮年和儿童,自然也包括了连接你们在座的每位服刑的青少年。刚才十余位学员畅谈了自己的梦想,讲得很好,祝你们的梦想成真,马到成功。

你们现在正处于人生的低谷,不能因此而沮丧和绝望,混日度刑。虽然你们身在服刑失去自由,但你们的心是自由的。失去自由不等于灭失志向,服刑改造不等于丧失梦想,身居高墙不等于理想终结。当前重返社会,与家人团聚的"回归梦"就是你们最迫切、最美好的理想。

如何顺利实现“回归梦”，我认为，你们只要牢记一、二、三、四、五，走好服刑改造路，就能尽快实现自己的回归梦。

一是树立一个目标，即加速改造，励志新生。

服刑人员首要任务是改造，只有自觉真诚改造，才能做到励志新生，早日回归社会。只要目标明确，始终朝着一个方向前进，无论脚步怎么慢，总有到达的时候。只要有理想，终会有实现之时。健康的心态，正确的方向，是实现目标的保障。千万记住：新生的脚步要迈得稳健有力，可以走慢路，允许走弯路，但绝不能走回头路。

二是做好两个结合，即学习与改造相结合；劳动与改造相结合。

要努力学习文化知识，努力学习法律知识，努力学习科学知识，真正做到把刑期当学期。须知黑发不知勤学早，白发反悔读书迟。知识能在素质上提升自己，在精神上丰富自己；知识能使你眼睛明亮，知识能给你前进的力量；知识能给你人生储蓄能量。知识能给你终身受益无穷的智慧。一句话，知识创造财富，知识改变命运。

树立以热爱劳动为荣的意识，劳动使人终身受益。劳动能锻炼人，劳动能培养人，劳动能改造人。“寓教于劳”有利于矫正恶习，有利于转变不良行为习惯，有利于养成遵纪守法的观念，有利于学会劳动技能，为回归社会谋生就业打下坚实基础。

三是三个更加自觉，即更加自觉地知罪、悔罪，反思过去；更加自觉地不忘身份，遵纪守法；更加自觉地服从警官管理，构建和谐的改造关系。

自觉地知罪、认罪、服罪，才能悔罪。知罪、认罪是真正服法的前提条件，真诚悔罪是真实改造的基础和励志新生的内驱力。因此，要把知罪、认罪、悔罪贯穿于改造过程的始终。

牢记服刑身份的现实和服刑人员的义务，既要自己模范遵守“服刑人员行为规范”，又要和服刑人员间相互提醒、互相鼓励，提高自律觉悟，增强自律勇气。做到“服刑一分钟，改造 60 秒”，才能天天有进步，天天有提高，天天有收获。

监狱警官对服刑人员依法严格管理，保障其合法权益；服刑人员真诚改造，自觉遵守监规监纪，才能建立和谐的改造关系。服刑人员是构建和谐关系的一方主体，因此要处处严格律己，自觉遵守各项制度，克服要求放松管理、轻松服刑的错误思想，主动与警官形成良性互动，达到“双赢”，自觉做一名和谐改造关系的建设者和维护者。

四是强化四个意识，即强化改造主体意识；强化监管安全与生产安全意识；强化忧患意识；强化爱国意识。

服刑有止境，改造无终点，时时刻刻将改造化为自己真实的内心第一需要。外因是变化的条件,内因是改造好的决定因素。突出改造为本,把“要我改造”变为“我要改造”。改造是一个漫长痛苦的过程,改造成绩的获得,需要一个长期自律积累的渐进过程。欲速则不达,参天大树是一天天长高的。思想上做到脱胎换骨的改造,法制观念意识的增强,文化素养的全面提升,文明习惯的养成,乃至每一门高自考的通过,都不是轻易获得,而需要付出艰辛的持之以恒的努力。没有付出,就想得到回报,或者有一点付出就急于得到回报,这都是不现实的。要脚踏实地、一步一个脚印地坚持走下去,终会得到回报的喜悦。

坚持安全为天,强化监管安全意识。这就要求你们在日常改造生活中,模范遵守监管安全与生产安全的规定,与危害、威胁监管安全与生产安全行为彻底划清界限,远离各种违禁品,抵制各种不利于安全的行为,做监管安全与生产安全的宣传者和维护者。

改造是触及灵魂的一种深刻变化,服刑期间面临许多意想不到的困难和问题。要有忧患意识,有应对突发事件的思想准备。在警官指导下,及时克服困难与阻力,经常清理有碍改造的思想和不良行为,保持高度自觉和清醒。用自重、自省、自律、自励迎接各种挑战与考验。

强化爱国意识。我们要热爱我们伟大的祖国,国家好、民族好、大家才会好。国家发展进步,人民才会幸福安康；国家富强文明，公民才会拥有自己的尊严；国家朝气蓬勃，公民才会有新的希望。虽然你们因触犯法律受到刑罚，但国家仍然抱着治病救人的态度，真诚的挽救、教育你们。因此应该将内心的感动化为改造的动力，以自己的实际行动体现到加速改造、报效国家的具体行动上来，这才是服刑人员爱国意识的最好诠释。

五是五个不能忘记。不能忘记党和政府的关怀；不能忘记社会各界的关爱；不能忘记监狱的教育与生活；不能忘记监狱警官像父母、像医生、像老师一样地亲切教诲；不能忘记父母的养育之恩和亲人的期盼。

人生最大的痛苦莫过于失去自由，人生最大的慰藉是在逆境中亲情的不离不弃。党和政府无微不至的关怀，社会各界通过各种形式表达出的无私关爱，监狱优越的改造学习环境、充足的生活保障，警官们诲人不倦、循循善诱的育人精神，父母含辛茹苦的养育之恩，作为一个有良知的人，这种情、这份爱，难道应该忘记吗？滴水之恩，当涌泉相报。要常怀感恩之心，常思报国之志。感恩是美德，感恩是胸怀。一个有感恩之心的人，他的内涵就大，他的外延也广。常思报国之志，他的改造动力就大。要下决心，用改造好的成果，用回归社会后做一个自食其力的合格好公民的行为，作为对祖国、对社会、对亲人的最好回报。

实现服刑人员的梦想，还应该有个共识，即幸福不会从天而降,梦想不会自动成真,天上不会掉馅饼。只有自觉地把人生理想、个人幸福融入到国家、民族的复兴伟业之中,把个人梦想与中国梦紧密联系在一起,才会梦想成真。服刑学员们,加油!只要按照“一、二、三、四、五”去做,“回归梦”肯定会早日实现。重返社会后,两个一百年的目标正向你们招手。我相信,你们会以自力更生、勤劳致富的成绩迎接这美好的未来!

谢谢!

(四)帮教对象来信摘录

（一）

“王爷爷,自从去年12月与您认识以来,我就得到了亲人般的关心和帮助,有了一位爷爷给自己孙子的温暖。您说的为人之道,使我出去后想报复女友的想法一下子就转变了。我现在也会想念她,但不是报复,而是一些美好的回忆。我现在与父亲的感情也增进了许多,这都是在爷爷的帮助下才得以实现的。您使我明白了作为儿子,应该多体谅父母的难处。回去后我一定做个孝顺的儿子,踏踏实实做人,绝不辜负您对我的希望,争取做一名对国家建设有用的人。”

“王爷爷您的岁数都已经那么大了,冬天顶着寒风,夏天顶着酷暑来少管所看我,还两次去我家看望,您能去我家是我怎么都没想到的事。”(以上是帮教对象杨某来信)

（二）

“王爷爷，这一年，可以说是终身难忘的一年。因为这一年改变了我的人生，使我从此振作起来了，对改造充满了信心，对生活充满了希望。”

“说实话，每次见到你的时候，心里都是特别的高兴，并且也无比的辛酸。高兴的是又看到了不是亲人胜似亲人的爷爷，感受到了家的温暖和亲人的关爱；而心酸的是又看到了您的皱纹，这么大岁数了，却不能在家坐享天伦之乐，却还要为我们这些犯了罪的孩子四处奔波劳累，心中无比内疚，您太累了！”

“王爷爷，现在的我，是一个对自己充满信心充满自信，有理想的我，有目标的我。再也不是以前那个没有理想、没有追求、自暴自弃的我了。这一切功劳都归功于您的耐心帮教、无私的关爱，并带着一颗赤诚的心来帮助我，才让我看到了曙光、看到了光明，才塑造了现在的我。”（以上是帮教对象彭某来信）

（三）

“参加了 2008 年 1 月 28 日的帮教会，回来后我心里一直有一种莫名的冲动，您对我们的教诲，至今还在我的记忆中。您潸然落泪的情景，深深地打动了我，以至于使我的心情无法平息，久久不能入睡。您不是亲人胜似亲人般地关爱，感染着我。对于一个为革命事业付出全部青春，年过七旬的老人而言，本应在家享受天伦之乐、儿孙之福。但您却在为我们这些昔日危害社会、伤天害理的'不孝子'四处奔波，播撒爱心，您用行动证明了世间处处充满爱。"

（注：写信的未成年犯袁某以前并不是我的帮教对象，我的帮教对象因是怀柔籍，春节前夕为了扩大帮教面，我与怀柔司法局长和怀柔热心公益事业的民营企业家刘殿君共商，并征得未管所领导同意，将怀柔籍30多名未成年犯召集一起，作为当地政府的一次亲情帮教活动。司法局长、刘殿君经理和我分别讲了话，效果很好。袁某听了我的讲话有感而发，写了这封信。看到袁某有改造决心的信，经未管所领导同意，我开始帮教他。）

"王爷爷，收到您的来信，我格外高兴。此时的心情，我实在无法用语言来形容。您的来信，我认真的反复的读了许多遍，对于您的要求与期望，我也作了总结，列入到我的改造计划之中。并且有听君一席话胜读十年书之感，心情也随之豁然开朗。面对漫漫的刑期，我似乎更有信心了，浑身上下有用不完的劲。王爷爷，请您原谅我未经您的允许，便把您的信件给予他人传看，相信您也不会责怪于我。因为读过您的来信，我深受触动，我想您的教诲也一定会激励他人的。我深信您也希望看到我身边的服刑人员一同进步，一同改过自新，正如您说何乐而不为。"

“王爷爷，感谢您陪我走过的日子，您们给了我很大的动力。每当我有什么想不好的或失落的时候，我总会将您的来信读上几遍。我会努力的，用自己的努力创造未来，创造生活。”

“今天是我20岁的生日，本以为又要默默度过这个生日。没想到警官妈妈竟带我见到了王爷爷，一起为我过生日。一个精致的蛋糕，一个精美的水果盘，一桌丰盛的生日宴，还有和蔼可亲的王爷爷。望着眼前这一切，我感觉鼻子酸酸的。好久没有过生日了，是王爷爷让我重温了家的感觉。王爷爷对我帮教1年多了，在这期间他与我一直保持书信联系。每每在我最需要帮助的时刻，他都会出现在我身边。就如同今天一般，从小缺少家庭温暖很少过生日的我，在这高墙电网之内，竟感到了如此真挚的爱。这份不是亲情却胜似亲情的爱，已经升华到了对我们失足青少年的痛惜与挽救之情。王爷爷本是应该在家享受天伦的年纪了，可他却义无反顾，为感化挽救我们而四处奔走。我得到了减刑、担任罪犯生活委员，这些都是王爷爷对我教育感化的结晶……”（这是帮教对象袁某在《新生报》登载的“尺牍真情”文章的摘录）

“在这里的日子一天一天的短了。此时此刻，我对这个铁门铁窗空洞的环境，充满了感恩之心、感激之情。我不知道未来是什么样子，但我一定不会忘记这里帮助、教育我的警官和您一次又一次激励我影响我的话语。我要把监狱生活总结为我人生的转折点,新生的基石,轻装上阵,坚定信念,为我而新生扬帆起航！王爷爷,希望您保重身体,更要感谢您在这几年里对我的照顾帮助及教育指引。没有您我是不会这么顺利走过人生的坎坷,不会这么快成长起来,我无以为报,但我会铭记在心。”(以上是帮教对象袁某来信)

(四)

“王爷爷,非常感谢您这么长时间对我的关心与帮助,您放心我一定不会让您失望的。是您的关怀温暖了曾经失落的心,让我看到了社会对我的希望与关心,给了我莫大的信心,帮助我走出了最低谷的时期。”

“王爷爷,前些天监区警官告诉我,为了我顺利出狱和家里沟通,王爷爷冒着严寒到延庆农村我家里,和我父母谈话,我知道后激动的哭了。您这种无微不至的关怀,我一辈子也忘不了。我出狱后一定以一个改造好的新面目面对社会和亲人,请爷爷放心吧!”

“起初我刚来到这里时,并没有很好地融入到这个集体。但在我消极的时候,遇到了我人生中的领航人,他就是和我结成帮教对子的王增铎老爷爷。他已经 78 岁高龄了,他非常关心我的改造情况,并定时对我进行帮助教育。在王爷爷的帮助下,让自己冰凉的心被慢慢融化。我也把自己的心事向王爷爷诉说，把王爷爷当成自己亲爷爷一般。通过王爷爷的帮助，我已经改正恶习，我才一直维持低调做人、高调做事的心态。所以，在改造中我收获了许多成绩：三好学员、英语、日语初级、中级证书、花卉园艺证书、计算机操作员证书，这对我出监后的工作有很大的帮助作用。”（以上是帮教对象晏某来信）

（五）

“王爷爷，您跟我说的话，我这几天消化了，明白了原来没有想过的问题。您举的那两个例子‘小孩学走路’和‘农民为什么剪枝’我想确实是这样。我现在摔了一个跟头，但我不能气馁，要对自己有信心”！

“马上要出监了，回想一下时间过得真快呀！这段时间多亏了您对我的帮助教育，要不然不可能有今天的我。9 月 1 日是我的生日，当我听到您要来给我过生日的时候很惊讶，心情很激动，没想到我这么一个孩子让您对我这样重视。现在回想起来，那时的情景就会出现在脑海。我觉得这个生日是从小到大最有意义的生日，这一天我不会忘记。在这里，我谢谢您对我的帮助教育，让我从一个懵懵懂懂，遇到问题不能正确处理的孩子，变成了今天的我。让我对别人有感恩之心，知道怎样善待别人，知道了包容、理解、宽容、忍让，知道了百善孝为先，尊敬父母、尊敬师长，让我知道了很多很多，谢谢您！”（以上是帮教对象蔡某

来信)

（六）

“王爷爷,我每次和您见面都有很多收获,现在我每天坚持练字五、六篇。知道您摔伤了这个消息的时候,我的心一下子提了起来,您现在怎么样？我真挺担心的。爷爷,虽然我和您是在帮教过程中认识的,可我早已把您看成我亲爷爷一样。是您陪我过生日和中秋节,是您指导我正确的改造和如何在我够分的时候平静心态。这次您受伤了,我却什么也做不了,唯一能做的是写封信问候您……”(帮教对象梁某来信)

（七）

“我在这里不能踏踏实实的去投入改造,心里总是想外面的世界。我也经常说出去后一定好好做人,但不知从何做起。是王爷爷您给了我希望,给了我信心,让我看到了阳光,知道我并没有被抛弃,并没有被社会鄙视。您在指点我、点化我,还有干警在开导我,父母在拥抱着我,让我对以后的改造有了动力、有了目标。我会走好改造路,用一个崭新的我去回报您们！王爷爷,我开始学计算机了。从零开始,我先从电脑入门入手会把基本操作掌握的。我会经常看一些历史书籍,把自己变成一个有涵养的人;会学着取他人之长补己之短;我还准备今年自考法律专业,让我做到知法、懂法、不犯法,去塑造一个全新的自

我,我不会辜负您们的!”(帮教对象彭某来信)

（八）

“2015 年 1 月 22 日,是一个让我难忘的日子,王爷爷您的到来让我无比的激动。一直以来,我都有些自悲,感到无助。也许是经历的挫折,让我有些灰心意冷,我时常感到我所犯下的罪过是那样的不可原谅。那种感觉并非多么痛而是悲……王爷爷您的到来让我心中压抑已久的情绪有了变动,听完了您的教诲之后茅塞顿开,豁然开朗,原来一切都是我造成的。您说的享乐主义这四个字,毁了我的前半生。现在我知道错了,知道什么该做,什么不该做,我会时刻约束自己,管住自己,从自身做起,走得直,坚定不移。”

“王爷爷,通过两次谈话接触,我感到您对失足青少年的热情亲切,多方面鼓励我们重生,使我真的很感动。年前大冷天,您还来看我,让我感到惊讶。当时感觉无法形容,我将您给我的糖果分给了班里服刑学员,他们很开心,一直在感谢王爷爷。”

“王爷爷,每一次和您见面,都会有所收获,每一次都能让我有所感悟。您现在年龄比我姥爷还要大呢,但没想到您是一个与时俱进的新潮老人。本以为这种新时代的想法,您可能不大理解,但没想到您比我厉害,能够很有见解的对我的未来进行分析,真的很棒!让我不把自己禁锢在自己的思想里，给了我一个更大的空间，让我的眼界瞬间发生了变化。您给我的感觉让我想起一句古话："家有一老如有一宝啊！"（帮教对象孟某来信）

（九）

"王爷爷，一转眼又1个月过去了。在这1个月里我非常充实。就像您说的一样，'转移、回避、叙说、升华'我将这四个词牢记在心，并且也都发挥出作用，尽量控制自己的心态，争取让自己的心情积极起来。遇到不高兴的事，就尽量转移自己的注意力，不让自己往坏处想。"

"监区开了减刑会，准备为我减刑1年，这样离回家又近了一步。但我绝不会放松自己的改造意识，我会随时提醒自己的身份，牢记您的教诲，请爷爷放心吧！"（帮教对象何某来信）

（十）

"王爷爷，自从那天与您见面后，我的心情很激动，这几天我也一直在思考您对我说的话和留给我让我思考的问题。那天我身体有些不适（发烧），所以没跟您待太长的时间，我希望下次见面能跟您多说说心里话。那天您跟我说的那四个危害，我一直在思考。您说的不错，一进入大墙内无论是对自己、对家人、对被害人和对社会都是一种伤害，而且有些伤害是根本无法弥补的。我现在能做到的只有踏实改造，多挣分争取减刑，早日回家。我现在刑期还剩 11 个月,但有时候我的心里确实很浮,根本踏实不下来。那天您跟我说完之后,我也想了想,确实应该对我剩余刑期改造生活做一个详细的规划。第一是我应该平复自己的心,让自己的心踏实下来,这样才能保证我踏实服刑。第二就是多学习知识,多看看书,学习些关于法律方面的知识,出去后绝不再知法犯法,给社会安定添麻烦。第三就是劳动时认真,力争掌握一门劳动技术,出去以后用自己学到的找份工作,最起码能养活自己……其实,真正应该做的就是一定认清犯罪危害,真正改造好。失足未必千古恨,今朝立志做新人,出去后决不再犯罪了。我的计划有哪些不足,希望您给我指出来,望您的谆谆教导成为我改造路上的一盏明灯。我自己的爷爷在初中时就去世了,我很少与跟您年龄相仿的人待着聊天。所以我见您就有一种特殊的亲切感,愿意常跟您一起待着聊天。您放心,我一定不忘您跟我说过的话,一定踏实改造,争取早日回到社会上来。”(帮教对象刘某来信)

附录1　一位老人与N个少年犯的情缘

——《法制日报》记者　于呐洋

一位少年笑呵呵地向一位老爷爷鞠躬，慈祥的老人伸出一双大手正欲牵起少年的手……这是一幅用铅笔精心勾画的素描，温馨的画面背后是一个浪子感动的心。2009年春节前夕，这张亲手制作的粉红色的贺年片从北京市少管所一位少年犯的手里寄给了一位老人。

“爷爷，您放心吧！我现在挺好的，您自己多保重身体！”这是一个问候电话，电话里的少年刚出狱找到了工作，他没有忘记几年来这位爷爷无微不至的关怀。

一张张贺年卡片、一个个电话、一封封来信，这些都是来自北京市少管所少年犯，而他们心怀感激的爷爷，就是王增铎。

今年75岁的王增铎离休前任司法部监狱管理局副局长。2004年12月8日，国家机关“两院四部委”，即最高人民法院、最高人民检察院、司法部、安全部、教育部和卫生部的老领导和离退休老干部，启动“银色之光”帮教活动，王增铎带领司法部离退休干部帮教小组成员李永、邵桂新、解秀芝、邹德慈等先后与4名特困未成年犯结成了帮教对子。自2004年起，王增铎带领帮教小组先后26次前往北京市少管所，与4名帮教对象开展面对面谈心帮教。在他的鼓励和帮教下，4人先后被评为改造积极分子，3人获得减刑，2人提前释放，一人获得假释，另一人当上了服刑人员班长。

王增铎因为对少年犯们付出的爱心和努力，日前被评为全国离退休干部先进个人。

今年19岁的A（化名）是王增铎帮教的第一个少年犯，2004年12月8日王增铎与A结对子当天，就与A进行了长谈。A从小父母离异由奶奶抚养长大。2002年9月，年仅16岁的他为了帮女朋友筹集租赁花店的费用，抢劫出租车司机，被判处有期徒刑两年。A服刑改造后，他的父亲再没看望过他，没有给过他一分钱，女友也和他断绝了联系，他的日常生活用品，只能靠干警的接济来维持。面对亲人的抛弃，A对社会充满了仇恨，他的内心逐渐自闭起来，变得倔强、固执、冲动。

王增铎与A第一次就长谈了几个小时，帮助他解开心里的疙瘩。第二天，王增铎又给A的母亲打电话，希望转告他的父亲能到少管所看望A。此后,王增铎有几次驱车100余公里,到北京门头沟区深山里的斋堂镇A家,亲自做A父亲的工作。当父亲第一次来到少管所看望A时,父子俩抱头痛哭。在王增铎的帮助下,父子间的隔阂逐渐化解。

面对王增铎的帮助教育,A慢慢开启了尘封已久的心灵。他在来信中写道:“爷爷,您好!您来少管所看我,我非常感激。我虽然犯了罪,但您给予了我亲爷爷和家人般的温暖和关爱。您来少管所帮助教育我,使我重新认识了自己给亲人带来的伤害。您对我说的每一句话,我都会牢记于心。我会好好地改造,脱胎换骨,重新做一个您的好孙子、爸爸的好儿子……”A服刑期间写给王增铎的信有十几封,比写给他父亲的还要多。

2006年A刑满释放回家之前,为使他有一个良好的家庭教育环境,使他远离犯罪,70多岁高龄的王增铎再次来到A的家里,与斋堂镇政府、司法所、村委会和A的父亲见面,落实A释放后的安置帮教问题。现在A已经有了一份稳定的工作,他常常打电话给王增铎,像孙子和爷爷一样聊聊天。每次接到A的电话,王增铎都不断地鼓励他。

2007年,B刑满释放当天即被用人单位录用,他与来自怀柔家乡的某企业签订“劳动合同书”。同一天,怀柔区社区矫正安置帮教基地与北京市未成年犯管教所，签订“共建协议书”。至此，企业参与社区矫正安置帮教的模式将在怀柔推广。而这一切的“红娘”，则是王增铎和他带领的司法部离退休干部帮教小组。

“2006年11月7日，从那天起王爷爷走进了我的生活。他细致耐心地和我聊天。后来听我的家里人说，王爷爷还冒雨去我家走访，我家在怀柔偏远的山里，我听了特别感动。”B感叹地说。

2009年2月24日，王增铎和司法部退休干部刘景奎专程来到北京市少管所和警官妈妈尹德兰一起，为出生在单亲家庭的未成年犯C过20岁生日。这是C自母亲去世后兴高采烈地度过的第一个生日。

C七岁时母亲因病去世，从此就再也没有人给他过生日。吃着香甜的蛋糕，望着年逾花甲的老人，C眼含着热泪说：“长这么大，母亲去世后从没有人给我过过生日。今天我20岁生日。是两位与我素不相干的老爷爷们和警官妈妈一起给我过生日，我一定不忘你们的恩情，把你们的关心帮助化为改造的动力，用自己良好的改造成绩回报两位老爷爷。”

“孩子们犯罪时只有十五六岁，他们出狱后也才二十岁左右，人生对他们来说还只是个开始。我年纪大了，做不了别的，但是我愿意以我的人生经验去开导他们，帮助他们早日走上正路。孩子们的本质并不坏，他们的犯罪大都是年轻冲动、不懂法律、不计后果导致的。所以我根据每个孩子的特点，为每个人制定一个专门的帮教计划。我觉得孩子们就像我的亲孙子，我就像是他们的亲爷爷，我有责任帮助他们！”金秋十月的一天，当王增铎谈起这些曾经走过弯路的孩子们时，老人的话语中充满感情，几次落泪。正是这位瘦弱、善良并有强烈责任感的老人以年迈之身多次走进孩子们深山的家中探访，数十次到北京市少管所和孩子们谈心。

几年来，4 名帮教对象共给王增铎写信 36 封。王增铎不会用电脑，每次都是手写厚厚的一沓回信。“孩子，千万记住：新生的脚步要迈得稳健有力，可以走慢路，允许走弯路，但绝不能走回头路……”在王增铎那一封封几千字的信中充满了爱与鼓励，他循循善诱的讲解擦亮了一颗颗蒙上灰尘的心灵。有些帮教对象家庭困难，王增铎就带领帮教小组捐款捐物，给孩子们购买牙膏、肥皂、衣物等日常用品和字典、文具、农村实用技术等学习用品和书籍。

就这样，王增铎的信虽然是写给一个孩子，但却在少管所很多少年犯中传看。从“教育一个人”到“影响一片人”，这种效果得到了干警和家长们的认可。

“有的朋友劝我，这么大年纪了应该安享晚年，别管这么多闲事了。但我不觉得这是闲事，我认为这是我应该做的,那么多渴望的眼睛在等着我。现在我帮教的几个孩子有的出狱了,我又在寻找新的孩子作为帮教对象。我想,只要我的身体允许,我将一如既往地做下去!”王增铎坚定地说。

从A、B、C……到未来的众多少年,这就是一位老人与N个少年犯之间的深厚情缘!

(原载《法制晚报》2009年11月5日版)

附录2　一个老人和十个失足少年

——《北京晚报》记者　孙　莹

爷孙重逢分外亲

家住平谷的曾亮是王增铎帮教的第六个孩子。曾亮出狱两年多了，王老一直想要去家里回访，他惦记着曾亮回到社会的生活。

从市区到平谷，开车需要2个多小时。对于一个80岁的老人来讲，这一去就是一天的舟车劳顿，王老却并不在乎自己的辛苦。

“都已经释放的人了，您干吗还大老远去回访呢？”记者有些不解。老爷子乐呵呵地说：“我也是为了看看孩子改造和我们帮教的成果，看着他们回家没再出事，安安稳稳过日子，我才能放心。”

到了事先约好的地点，曾亮和父亲已经等在路边。车子停稳，王老赶紧下车。曾亮迎面跑了过来，一下搂住了老人：“王爷爷……”

“哎,好久想来看看你,长高了,也胖了,出息喽……”王老上下打量着高高壮壮的曾亮,亲切地拍拍对方的肩膀,满脸笑容地不停夸赞。

爷孙俩时隔两年多重逢,这份亲切毫无修饰,毫不做作。

到了家里一落座,曾亮便向王爷爷汇报起自己的出狱生活。

曾亮说,刚释放回来时,他在一个二手车店打工。眼见着老板连坑带骗,他不愿意一起同流合污,违背良心,只干了三个月就回到平谷收桃。

“没有吃不了的苦,只有享不了的福。”曾亮说,他做买卖实诚厚道,对桃农们说话也客气,大家都愿意找他。不到三个月他就挣了12,000元钱。现在他在门窗厂找了个稳定的工作,一个月3000元工资。“现在学点东西,以后自己干。”

“好,好!”王老听着,很是欣慰:“你品性好,也懂事,我放心了。”

曾亮告诉记者,在狱中王爷爷曾鼓励他继续上学,可他怕受歧视,想稳稳当当找份工作挣钱养家。王爷爷听了很理解,说:“就按你自己的想法吧,只要再不犯法,凭自己的力量生活。”两年来,无论干什么工作,他都以这句话为准则。

“现在回想起来，进了监狱也后悔也不后悔。要说后悔，就是自己没能正常上学毕业。但说不后悔，是因为不进去就不懂法，没准以后还会犯更大的错误。”曾亮说。

未管所里的生日宴

在采访之前，记者一直有个疑问，很多少年犯罪是家长都管不了的，一个非亲非故的老人帮教，又能起多大作用？于是，追寻答案就从曾亮和王老的故事开始。

“那是2011年6月，我正在队里上课，管教说有个老爷爷要跟你结帮教对子，我去了就看到一个和蔼可亲的老人坐在那儿。”曾亮回忆说。

“你是因为什么事进来的？”王爷爷低声问道。“我表哥找我帮忙去教训一下欺负他的同学，我一镐靶打在对方的后脑勺上，把人打伤了，被法院判刑两年。”曾亮有些羞愧地回答，丝毫没有隐瞒。

“你觉得这么做值吗？”王爷爷追问着。“不值！”曾亮低下了头。“以后可别遇事就冲动……”王老对曾亮开始了教育引导。

“那天见面一个多小时，王爷爷给我的感觉就是特别和蔼。他给我讲的就是平平常常的道理，引导我自己反思。而不是像说教，叫我必须怎么做。”

当年9月1日是曾亮18岁的生日,农村出生的曾亮对于生日挺看重。可这个标志着长大成人的特殊的生日,对于身在未管所的他来讲,注定只能是平凡的一天。

“8月31日,管教告诉我,王爷爷第二天要来所里给我过生日!”曾亮至今都记得听到这个消息时的惊讶。“未管所里这么多人,有几个能得到这个机会!”

9月1日上午,曾亮被干警带到教学楼的阅览室,眼前的场面让他惊呆了。王爷爷和他的父母已经等在里面,生日蛋糕、花生瓜子摆了一桌子。

“今天是你18岁生日,我给你买了蛋糕,跟你父母一起给你过成人生日。”说着,王老将寿星“皇冠”戴在曾亮头上,和干警一起点燃生日蜡烛。

“从小到大我都没带过生日帽,当时就觉得王爷爷跟我再生父母一样!”大家拍着手唱完生日歌,曾亮感动得要给王爷爷下跪。“唉,不兴这个,男儿膝下有黄金!”王老一把将曾亮拉起,还不忘教导:“今天这个生日对你意义很大,既是你在监狱中过的唯一一次生日,也是你18岁成人的生日。成人意味着什么,意味着责任和担当!”

面对着生日的烛火,曾亮许下了自己的愿望,祝他的王爷爷身体健康,全家人身体健康。

当年12月,北京已经入冬,曾亮要刑满出狱了。出狱前几天,王老特意买了一件羽绒服送给曾亮,让他穿着暖和的新衣服回家。如今曾亮长胖了，穿不了了，但他一直把衣服珍藏着。“我会永远珍惜王爷爷的恩情。”

事实上，在监狱服刑的人最怕被人抛弃、歧视，因此落魄时别人的关心、鼓励和帮助。哪怕只是点滴之情、举手之劳，也会被他们永远牢记。

曾亮的父亲告诉记者：“孩子在未管所里服刑虽然才一年时间，但变化很大，懂事、有孝心了，还用自己的工资给我们买了洗脚盆，我发自肺腑地感谢他王爷爷和未管所的干警们！”

为孩子们谋个出路

给予孩子们关心和照顾，鼓励他们上进；帮助孩子们正确认识自己的错误根源，积极改造，甚至化解他们的家庭矛盾，王老觉得这些帮教只是一方面。他深知，未管所的服刑人员年少入狱，受教育程度普遍较低，回到社会上，就业就成为大问题。这也成为失足少年能否顺利回归社会，改过自新，走上正路的关键。

2007 年 6 月的一次家访时，王老正巧碰上北京沟门金属福利加工厂的总经理刘殿军。刘总是个热心公益的人，而王老则惦记着孩子们的出路。两个人一拍即合，最终促成未管所与怀柔司法局联合在北京沟门金属福利加工厂建立了安置帮教基地,使怀柔籍的失足少年在刑释后有了企业接收。

几年来,加工厂共接收从未管所释放的刑释人员22人,现在大多已经成为企业骨干。王老的帮教对象张滨就是其中的一个幸运儿。

出狱前的一段时间,张滨一家为他的就业问题很费了一番脑筋。"我姐夫是承包修路工程的,父母原本想让我跟着姐夫干,可他那边一旦没活了就没事干了,工作不稳定。"张滨告诉记者,在他最纠结的时候,是王爷爷给了他建议:"还是得学点技能,会一技之长走到哪儿都有饭吃。"

由于张滨的良好表现,王老和未管所推荐他去沟门金属福利加工厂,负责数控机床加工工作。"出狱前,王爷爷让我多看看电视,了解就业形势。他告诉我,就业可不容易,现实与幻想完全不一样,回到社会必须有好的心态。"

一开始,张滨的月工资2000元。因为有了王老给打的预防针,张滨很珍惜这个机会。"不管钱多钱少,走出监狱就有了工作,就是给了我一个适应环境的平台。"半年学徒,他还买了基本机械加工方面的书自学。"我得好好干,才能对得起帮助我的人。"

如今,一技傍身的张滨已经到了一家知名汽车厂工作,担任车间班长,收入也大幅提高。在王老回访时,张滨拿出了一张照片说:"王爷爷,这是我爱人和女儿。"王老仔细端详着照片："女孩好呀，是爸爸贴心的小棉袄！几个月了？"张滨兴奋地回答："6 个月了。"

"王爷爷，还有个事，领导准备让我当线长，负责一条生产线的工作。"王老露出了一脸灿烂的笑容，忙不迭地鼓励："有出息，好好干吧！"

"王爷爷虽然不是我的亲人，却把我当亲人一样照看。没有他，我可能连 2000 块钱都挣不着。"对于王爷爷给自己指引的"新生"，张滨充满感恩。

老局长的高墙情节

2004 年，中央国家机关"两院四部委"（最高人民法院、最高人民检察院、司法部、安全部、教育部和卫生部）在未管所启动"银色之光"帮教活动。王增铎作为司法部帮教小组组长，一直坚持帮教至今。

十年来，这位司法老人冒着严寒酷暑不仅先后到狱内与 10 名帮教对象面对面谈心百余次，书信沟通百余封。通过给失足少年过生日、共度佳节等多种形式，帮助失足少年树立正确的人生观、价值观，还先后转辗门头沟、平谷、怀柔、延庆、海淀、房山和大兴七个区县，行程近万公里，对每一个帮教对象都进行了家访和回访。经他帮教的未成年犯，除一人尚在服刑外，9 人获得减刑，顺利或提前假释出狱。

记者跟随王老回访整整一天时间,老人愣是没有半点疲态,那红光满面、精神矍铄的劲头儿一点不输给年轻人。可是,毕竟王老也是80岁高龄了,还身患糖尿病。在颐养天年的年纪,他却为一些无亲无故的失足少年帮教、家访、联系工作,常年奔波,只有付出,毫无索取,老爷子这是图个啥呀?

"我啥也不图,就图他们能改邪归正,不再犯罪。"老爷子呵呵一乐,打趣道:"我管了一辈子犯人,也算有点情节。离休了别的事也干不了,就能干这个。把尽可能多的孩子教育好,也算做点善事,也是一种满足。只要允许,就会一直干下去!"

(原载《北京晚报》2014年7月2日版)

附录3 最美不过夕阳红

——记老领导王增铎的十年帮教路

记者 刘青龙

“夕阳是晚开的花，夕阳是陈年的酒；夕阳是迟到的爱，夕阳是未了的情。多少情爱，化作一片夕阳红！”这虽是《最美不过夕阳红》歌中的一段词，但在现实生活中，司法部监狱管理局原副局长王增铎——这位八旬的老人。在10年里，将他的情与爱倾注于失足少年身上的故事，也正是《最美不过夕阳红》这首赞歌在现实生活中的真实写照。

情牵少年犯 夕阳红感召浪子心

“过去管着全国的罪犯，今天就帮助教育一个人，我一定要帮助教育好他！”这是2004年国家机关“两院四部委”(最高人民法院、最高人民检察院、司法部、安全部、教育部和卫生部)的老领导和离退休老干部，在未管所启动“银色之光”帮教活动时，王增铎老人与失足少年杨玉结成帮教对子后，对记者说过的一句话。

也正是这句话，使王增铎这位司法老人踏上了漫漫10年的帮教路。“家住北京门头沟区的杨玉，还在嗷嗷待哺时就父母离异，从此他与父亲的情感隔阂越来越深。17岁那年因筹措女友租赁花店的钱抢劫出租车司机，被法院以抢劫罪判处有期徒刑2年。刚入狱时的他性格偏激、爱抬杠，经常与同室的未成年犯因一点小事就争吵不休，成为有名的杠头。”时任杨玉管区长的路远对他的情况记忆犹新。

王增铎针对杨玉的情况，不仅制订了详细的帮教工作方案，还专门给杨玉的养母打去电话，希望他的父亲能够到未管所看望自己的儿子，从而逐渐化解他们父子间的隔阂。2005年2月1日，当王增铎到未管所帮教时，杨玉从老人手里接过生活日用品时泪水夺眶而出，终于在亲情的感召下敞开了心扉。“自2004年8月到未管所服刑改造，父亲和养母从来没有看望过我，没有存过一分钱，女友也彻底断绝了联系，平时只能靠干警的接济来维持日常生活用品。也正是父亲的抛弃，女友的背叛，使我内心逐渐自闭起来，养成了倔强、固执、冲动的性格和报复心理。”采访中杨玉对当时的心态回忆道。

“为彻底消除他偏激的态度和报复心理，每次到未管所帮教时，我都不厌其烦地从父子亲情、交友之道和人生价值等方面与他真诚地进行交流。最终，在干警、心理咨询师的帮助下，我们有效地矫治了他偏激、固执、倔强、爱冲动的性格，消除了他报复女友和家人的心里。”回忆起对杨玉的帮教工作王增铎老人欣慰地说。

为巩固帮教成果，重圆父子亲情，2005 年 4 月 22 日记者随同王增铎老人专程去了杨玉的家里进行家访。最终，在当地司法所、居委会的帮助下，王增铎老人化解了父亲对儿子的成见。在 5 月 10 日第一次走进未管所看望杨玉，使他在监狱内重新找回了父爱，并于当年底 11 月顺利回归社会，开始了崭新的生活。

2012 年 5 月 12 日，王增铎老人还专门应邀参加了杨玉的婚礼并证婚。在婚礼上，已是运输汽车司机的杨玉热泪盈眶地对王增铎老人说：“王爷爷，您就是我的亲爷爷。是您的爱温暖了我，使我曾经彷徨的心有了归宿，不仅得到了父爱，今天还娶上了媳妇，我一定做个好儿子、好丈夫。”

十年帮教路 大墙内外送真情

王增铎与蔡小雨结成帮教对子是在 2011 年 6 月的一天。那天下着毛毛细雨，老人打着伞走进二管区。“你因为什么事进来的?”“因为打架用镐靶将对方打伤,被法院判刑两年。”蔡小雨羞愧地回答道。“值吗?”王增铎追问着。“不值”蔡小雨低头回答道。“以后要好好做人,别遇事就冲动!”王增铎对蔡小雨进行耐心地教育引导。

“那天见面一个多小时,王爷爷给我的第一感觉就是和蔼可亲,不像一名离退休干部,更像是普通的一位老人。”今年3月18日回访时,蔡小雨对记者描述着见到王增铎老人的第一感觉。

2011年9月11日上午9点钟,正在车间劳动的蔡小雨被干警带到教学楼。当他一头雾水地推开阅览室的门,眼前的场面让他惊呆了。“今天是你的18岁生日,我特地买了蛋糕,与你父母亲一起给你过成人生日,来戴上生日帽。”说着王增铎将生日帽戴在蔡小雨头上,并与干警一起点燃生日蜡烛。再次唱完生日歌,蔡小雨激动得要给王增铎下跪。“不兴这个,男儿膝下有黄金!”王增铎一把将蔡小雨拉起。“今天这个生日对你意义很大,既是你在监狱中过的唯一一次生日,也是你18岁成人的生日。成人意味着什么,意味着责任和担当!”“那天,王爷爷还从个人责任、家庭责任到社会责任,给我进行了详细的讲解。”蔡小雨对在监狱过生日的情况始终念念不忘。

虽然在未管所里只有六个月的帮教时间,但蔡小雨对王爷爷的帮助始终念念不忘。采访中他拿出一件羽绒服对记者说："这是前年 12 月刑释时王爷爷送我的羽绒服，当时穿在身上暖在心里。现在虽然已经瘦了，但我会永远珍惜它保存好，这是王爷爷的一片情。"采访结束时，蔡小雨的父亲对记者说："孩子在未管所里服刑虽然才一年时间，但变化很大懂事、有孝心了，还用自己的工资给我们买了洗脚盆，我发自肺腑地感谢他王爷爷和未管所的干警们！"

今年 3 月 19 日，王增铎又来到第九个帮教对子梁朝的家中，与他的家人、司法所和居委会一起研究梁朝刑释后的安置和帮教工作，使梁朝的家人倍受感动。他的姑姑还专门为王增铎老人唱了两首歌，以表达自己内心的感激之情。

十年的时间，王增铎老人不仅先后与 10 名帮教对象面对面谈心 108 次，书信沟通 106 封，还通过给未成年犯过生日、共度佳节，宣讲革命史、"中国梦"和雷锋精神等多种形式，帮助未成年犯树立正确的人生观、价值观，使大墙内的未成年犯感受到了社会老人的真情与关爱。而且通过家访等形式了解帮教对象的家庭生活状况，化解他们的家庭矛盾，得到了帮教对象及其家人的尊重与称赞，向大墙内外传递了耄耋老人的一片真情。

耄耋老人心　亲情溢满回归路

今年3月18日上午，王增铎来到怀柔"阳光中途之家"，回访他的第三个帮教对象彭坤。"王爷爷，这是我爱人和孩子。"说着，彭坤将照片递给了王增铎。这位八十岁的老人仔仔细细地端详着照片，"女孩，女孩好呀，是爸爸的贴心小棉袄！几个月了？"王增铎迫不及待地询问着。彭坤兴奋地回答道："6个月了"。看着王爷爷脸上幸福的笑容，彭坤向记者回忆起与王爷爷第一次见面的情形。

那是2007年1月9日深冬三九的第一天，俩人见面就开始了热情洋溢的谈话。"我今天来，是了解一下你的家庭状况、改造情况和对罪行的认识程度，并想与你结成帮教对子，征求一下你个人的意见。""我愿意，非常愿意。"彭坤兴奋的回答道。"那你就先跟我们谈谈自己的成长经历和犯罪过程吧！"王增铎边认真地听着彭坤的叙述，边不停地在本子上记录着。"你在未管所两年多的时间里都学了什么东西？"王增铎询问道。"去年9月，我获得了减刑一年的奖励，现在正参加新闻专业高等教育自学考试，还没有考过一科。"彭坤简要地介绍着自己改造收获。"新闻专业不好学，你过去也没接触过，将来也不一定用得上，考虑能否学点法律方面的知识，对自己走好今后的人生路有所帮助。还要多学点技术，尤其是电脑方面的，将来都用得着！”王增铎的建议，立即得到彭坤的响应。“第二期计算机班，我就报名参加，您放心吧。”“此外，你制定个改造计划，把每一段时间要完成什么，实现什么样的目标，具体的写出来，写信寄给我。”说着，王增铎将写好的地址的纸条递到彭坤的手中。“当时，王爷爷给我的感觉就像自己的亲人。”彭坤滔滔不绝地回忆了三年时间里老人对他帮教的每一细节。

为了能够帮助刑满释放的未成年犯走上正道，2007 年 6 月王增铎利用家访的时机，帮助未管所与怀柔司法局联合在北京沟门金属福利加工厂建立了安置帮教基地，使怀柔籍的未成年犯在刑释后有了企业接收。据北京沟门金属福利加工厂刘殿君总经理介绍说：几年来，他们共接收从未管所释放的刑释人员 22 人，现在大多已经成为企业的骨干，彭坤就是其中的一个。

2009 年 5 月，彭坤刑释后来到安置帮教基地就业，在那里他从数控机床加工学起，半年后转到福田汽车厂工作，一直担任车间班长，一个月有了 6000 元的收入。采访时，彭坤告诉王增铎老人一件喜事：“王爷爷，领导已经找我谈话了，准备让我当线长，负责一条生产线的工作。”王增铎听到这一喜讯脸上露出灿烂的笑容，并鼓励道：“有出息，好好干吧！”

最美不过夕阳红,10年的时间里,王增铎用世间真情和人间大爱,给予了未成年犯无私的关爱,使他们走出人生低谷,顺利地回归社会,实现了青春的梦想和人生价值,成为自食其力、遵纪守法的好公民。

(原文刊载在《首都监狱工作报》2014年4月20日第11期)

(作者后记:本书于2015年11月完稿,在编写中,得到北京释圣律师事务所续涛同志帮忙打印、校对,特此致谢!)

图书在版编目(CIP)数据

八十回眸:政法亲历记/王增铎著. —北京:法律出版社,2016.4

ISBN 978-7-5118-9303-1

Ⅰ.①八… Ⅱ.①王… Ⅲ.①政法工作—中国—文集 Ⅳ.①D926.1-53

中国版本图书馆CIP数据核字(2016)第064162号

八十回眸　政法亲历记	王增铎 著	策划编辑 宋杰鹏 责任编辑 宋杰鹏 装帧设计 汪奇峰

开本 A5
版本 2016年5月第1版
出版 法律出版社
总发行 中国法律图书有限公司
印刷 北京九州迅驰传媒文化有限公司
印张 12.625 **字数** 210千
印次 2016年5月第1次印刷
编辑统筹 法律出版社
经销 新华书店
责任印制 沙　磊

法律出版社/北京市丰台区莲花池西里7号(100073)
电子邮件/info@lawpress.com.cn
网址/www.lawpress.com.cn
销售热线/010-63939792/9779
咨询电话/010-63939796

中国法律图书有限公司/北京市丰台区莲花池西里7号(100073)
全国各地中法图分、子公司电话:
第一法律书店/010-63939781/9782
重庆公司/023-65382816/2908
北京分公司/010-62534456
西安分公司/029-85388843
上海公司/021-62071010/1636
深圳公司/0755-83072995

书号:ISBN 978-7-5118-9303-1　　定价:80.00元
(如有缺页或倒装,中国法律图书有限公司负责退换)